إدارة المدرسة وإدارة الفصل
أصول نظرية وقضايا معاصرة

إدارة المدرسة وإدارة الفصل
أصول نظرية وقضايا معاصرة

تأليف
الدكتور/ ياسر فتحي الهنداوي
كلية التربية - جامعة عين شمس

الناشر
المجموعة العربية للتدريب والنشر

2012

فهرسة أثناء النشر إعداد إدارة الشئون الفنية - دار الكتب المصرية

الهنداوي، ياسر فتحي

إدارة المدرسة وإدارة الفصل: أصول نظرية قضايا معاصرة/

تأليف: ياسر فتحي الهنداوي

ط1 ـ القاهرة: المجموعة العربية للتدريب والنشر

295 ص : 24x17 سم.

الترقيم الدولي : 978-977-6298-26-2

1- المدارس ـ تنظيم وإدارة

2- التعليم ـ البحوث التربوية أ- العنوان

ديوي: 371,2 رقم الإيداع : 2011/9972

الطبعة الأولى

2012

الناشر

المجموعة العربية للتدريب والنشر

8 أ شارع أحمد فخري - مدينة نصر - القاهرة - مصر

تليفاكس: 22759945 - 22739110 (00202)

الموقع الإلكتروني: www.arabgroup.net.eg

E-mail: info@arabgroup.net.eg

elarabgroup@yahoo.com

بسم الله الرحمن الرحيم

﴿ وقل ربي زدني علما ﴾

صدق الله العظيم

(سورة طه: 114)

الإهداء

إلى

فتحي الأب.. رحمه الله

وفتحي الابن وأخيه يوسف ... حفظهما

الله

د. ياسر

المحتويـات

نشأت الإدارة المدرسية بصورة حديثة نسبيا كمجال فرعي للدراسة داخل المجال الأكبر لها المعروف بالإدارة التعليمية، وحتى نهاية الأربعينيات من القرن العشرين لا نجد سوى بحوث نادرة وبرامج رسمية قليلة عن الإدارة في المجال التربوي بصفة عامة، فقبل تلك الفترة كانت مداخل الإدارة التعليمية والمدرسية موازية لتلك الموجودة في الصناعة والتجارة. وبالفعل كان هناك اعتراف عام بأن الإدارة في المجال التعليمي تُعد - بشكل كبير - صورة منعكسة للإدارة في مجالات الصناعة، وعليه اشتق الأساس المعرفي لها من قطاع الصناعة إلى حد بعيد، إلا أن هذه الصورة ما لبثت أن تغيرت خاصة مع نمو بحوث الإدارة التربوية وتطورها وتأثرها بمفاهيم وأساليب العلوم الاجتماعية الأخرى، وظهور التخصصات المتداخلة بين الإدارة التربوية والعلوم الاجتماعية الأخرى.

وبمجرد أن بدأت الإدارة التعليمية كمجال بحثي أكاديمي بظهور أقسام الإدارة التعليمية في جامعات الولايات المتحدة في منتصف القرن العشرين تقريبا - ثم بعدها مباشرة في المملكة المتحدة، ثم في العديد من الدول الأخرى- بدأ المتخصصون والممارسون لها يطورون نماذج بديلة تأسيسا على ملاحظاتهم وخبراتهم في المدارس والمؤسسات التعليمية المختلفة.

وعلى الرغم من النشأة الحديثة للإدارة المدرسية - ووحداتها الفرعية إدارة الفصل - إلا أنها نمت وتطورت حتى اقتربت من مرحلة النضج العلمي، ورغم أنه يعول عليها بالدرجة الأولى في نجاح العملية التعليمية في الدول المتقدمة، إلا أن الوضع لدينا ما زال دون المستوى في الاهتمام بها سواء على مستوى البحث أو الممارسة.

ومن هنا يأتي هذا الكتاب الذي بين أيدينا كمحاولة لإضافة لبنة جديدة للكتابات العربية السابقة يبني عليها وينطلق منها ويحاول الإضافة إليها لتنمية الفكر والممارسة في مجال مازال أحوج لذلك لاسيما في مجتمعاتنا العربية.

وينقسم الكتاب إلى بابين رئيسيين:

الباب الأول: ويتناول الأصول النظرية لإدارة المدرسة وإدارة الفصل، ويتضمن ثلاثة فصول على النحو التالي:

- الفصل الأول: إدارة المدرسة: أصول نظرية وأُسس فكرية.

- الفصل الثاني: التنظيم المدرسي.

- الفصل الثالث: إدارة الفصل: أصول نظرية وحالات عملية.

والباب الثاني: يعرض لبعض القضايا المعاصرة في إدارة المدرسة وإدارة الفصل ويتضمن خمسة فصول على النحو التالي:

- الفصل الرابع: تمكين المعلم.

- الفصل الخامس: العدالة التنظيمية في المدارس.

- الفصل السادس: الالتزام التنظيمي في المدارس.

- الفصل السابع: أداء المعلمين لسلوكيات المواطنة التنظيمية.

- الفصل الثامن: إدارة الأداء وتقويمه في المدارس.

و الله نسأل أن يسد هذا الكتاب بعض الفراغ في مجال إدارة المدرسة وإدارة الفصل، وأن ينفع به الباحثين والممارسين لإدارة المدرسة وإدارة الفصل في مصر والعالم العربي، وآخر دعوانا أن الحمد لله رب العالمين.

و الله من وراء القصد،،،،،،

د. ياسر فتحي الهنداوي

القاهرة: أكتوبر 2008

الباب الأول

الأصول النظرية

لإدارة المدرسة وإدارة الفصل

الفصل الأول

إدارة المدرسة
أصول نظرية وأُسس فكرية

مقدمة:

الإدارة إحدى العلوم الاجتماعية حديثة النشأة نسبيا، وهي علم متداخل التخصصات، حيث تستفيد من مفاهيم ومبادئ مجموعة من العلوم الأخرى مثل علم الاجتماع، وعلم النفس، والسياسة، والاقتصاد، والإحصاء؛ ولذلك نشأت تخصصات وفروع بحثية بينية Interdisciplinary تربط بين الإدارة وغيرها من العلوم، وقد كان لذلك أثر إيجابي على تطور علم الإدارة ونموه.

ومما يميز الإدارة عن بعض العلوم الأخرى أنها لا تقتصر على جانب العلم فقط وإنما هي مع ذلك وربما قبل ذلك ممارسة ومهنة لا غنى عنها في أية منظمة، ويعد ذلك أيضا أحد مظاهر ثراء علم الإدارة، حيث تضيف هذه الممارسات المهنية خبرات مهمة في مجال علم الإدارة.

ويتضح من ذلك أن الإدارة ليست علمًا نظريًا فقط، وإنما هي في الأساس علم تطبيقي عملي، يمكن تطبيق مبادئه ومفاهيمه في مجالات تطبيقية مختلفة، يصبح معها لكل مجال خصوصية تميزه عن غيره من المجالات، وهذه الخصوصية منبعها ومنشؤها خصوصية وطبيعة عمل كل مجال أو قطاع من القطاعات؛ فالإدارة في القطاع الصحي مثلا (إدارة المستشفيات) لها خصوصية نابعة من الطبيعة الفنية لعمل المستشفيات والتي تختلف عن طبيعة عمل قطاعات أخرى مثل قطاع الصناعة، وبالمثل تكون للإدارة في القطاع التربوي خصوصية تميزها عن قطاع الصناعة والقطاع الصحي وغيرها من القطاعات.

أولاً: طبيعة الإدارة

الحقيقة الراسخة أنه لضمان نجاح أية منظمة فلابد من وجود إدارة ناجحة في قلب تلك المنظمة.

إلى أي مدى تتفق مع المقولة التي ترى أن سبب تخلف كثير من دول العالم الثالث يرجع إلى تخلف نظم إدارتها، وأن السبب الأساسي لفشل بعض المنظمات المجتمعية - ومن ضمنها المنظمات التعليمية - يكمن في سوء إدارتها؟

الإدارة Management /Administration:

توجد الإدارة حيثما توجد الجماعات الإنسانية، ومن ثم توجد الإدارة في أية منظمة - صغيرة كانت أم كبيرة - سواء كانت مصنعا أو شركة، مستشفى أو مدرسة، مصلحة أو وزارة، أو حتى في المنزل.

- **في رأيك لماذا توجد الإدارة داخل أية منظمة؟**
- **أليس من الممكن إتمام العمل من خلال تحديد أدوار العاملين أنفسهم ومن ثم يعتبر وجود الإدارة ترفا زائدا؟**

إن مصطلح إدارة بالعربية يقابله بالإنجليزية مصطلحان هما Management، و Administration، ويبدو أنه لا يوجد فرق واضح مقبول بين المصطلحين في اللغة الإنجليزية، غير أن كلمة Management أكثر استخداما في بريطانيا وأوربا وأفريقيا، بينما كلمة Administration أكثر تفضيلا في الولايات المتحدة وكندا وأُستراليا.(1)

وعموما فإنَّ هناك تعريفات متعددة للإدارة من أهمها ما يلي:

- «الإدارة تعني النشاط الموجه نحو توفير التعاون المثمر والتنسيق الفعال بين الجهود البشرية المختلفة العاملة من أجل تحقيق هدف معين بدرجة عالية من الكفاءة».(2)
- «الإدارة هي التنسيق بين الموارد من خلال عمليات التخطيط والتنظيم والتوجيه والرقابة لغرض تحقيق أهداف محددة».(3)

● الإدارة هي جميع المندمجين في الاستخدام الفعال للموارد المتاحة بالمنظمة سواء كانت تلك الموارد أموالاً أو آلات أو بشراً.(4)

● الإدارة تصف السلوك المعقد لأولئك المسئولين عن القرارات التي تحدد تخصيص الموارد المادية والبشرية داخل المنظمة.(5)

● «الإدارة عملية مستمرة تستند إلى مفاهيم وأساليب علمية تهدف إلى تحقيق نتائج محددة باستخدام الموارد المتاحة للمنشأة بأعلى درجة من الكفاءة والفعالية في ظل الظروف الموضوعية المحيطة».(6)

● «الإدارة عملية مستمرة مؤسسة على بناء معرفي، مكون من مفاهيم وأساليب مشتقة من عدة علوم، بهدف تحقيق نتائج محددة للمنظمة بأعلى كفاءة وفعالية ممكنة في ظل الظروف البيئية المحيطة والاستثمار الأمثل للموارد البشرية والمادية المتاحة».(7)

وباستقراء التعريفات السابقة يمكن ملاحظة ما يلي:

● الإدارة ليست غاية في حد ذاتها وإنما هي الوسيلة الأساسية لتحقيق أهداف المنظمة.

● الإدارة تتضمن مجموعة من العمليات الأساسية هي: التخطيط، والتنظيم والتوجيه، والإشراف، والرقابة.

● الإدارة تعمل على استغلال الموارد (المادية والبشرية وغيرها) المتاحة لدى المنظمة.

● الإدارة تتضمن جانبين أساسيين هما جانب الممارسة أو المهنة، وجانب التنظير أو العلم.

ومما سبق يمكن النظر إلى الإدارة على أنها علم ومهنة تتعلق بالاستخدام الفعال والكفء للموارد المادية والبشرية المتاحة من أجل تحقيق الأهداف التنظيمية.

● والآن ما رأيك في النظر إلى الإدارة... هل ينظر إليها باعتبارها علماً أم باعتبارها مهنة؟

● حاول تحليل التعريف السابق، مشيرا إلى معنى العلم والمهنة؟

● ما المقصود بالموارد المادية والبشرية المتاحة؟

● هل هناك فرق بين الاستخدام الفعال والكفء للموارد، أي بين الكفاءة والفعالية؟

● ما الأهداف التنظيمية؟ وكيف يتم تحديدها؟

> تذكر أن: الفعالية تتمثل في القدرة على تحقيق الأهداف وتتعلق بجودة المخرجات، أما الكفاءة فتتعلق بجودة العمليات، أي حسن تحويل المدخلات إلى مخرجات.

وتتوقف فعالية المدارس كمنظمات تعليمية على فعالية الإدارة الموجودة فيها. وحقيقة الأمر أن وظائف الإدارة في الأوضاع المدرسية وإن كان لها بعض الخصوصية النابعة من خصوصية الفئات التي تتعامل معها، إلا أنها لا تختلف عنها في كثير من الأوضاع والمجالات الأخرى، وقد أكدت إحدى الدراسات على سبيل المثال أن الأدوار الإدارية لمدير المدرسة وغيره من المديرين في المجالات الأخرى هي في الواقع متقاربة، ومع تأكيد الدراسة للتشابه الكبير بين تصور المديرين لأدوارهم في التعليم أو في غيره من المجالات الصناعية والتجارية إلا أنها أشارت أيضاً إلى بعض الفروق المميزة للإدارة المدرسية عن غيرها، ومن أهم هذه الفروق ما يلي: [8]

● أن مديري المدارس ينشغلون بإدارة الأعمال اليومية للمدرسة بدرجة قد لا تمكنهم من التفكير في التخطيط المستقبلي للعمل.

● أن مديري المدارس تتمركز وظيفتهم حول الأفراد والأشخاص من معلمين وعاملين وتلاميذ وآباء وما يرتبط بذلك من متطلبات تميزهم عن زملائهم في المجالات الأخرى.

● أن سلطة مديري المدارس أقل من نظرائهم في الميادين الأخرى لاسيما فيما يتعلق بالموارد المادية والبشرية.

● أن مديري المدارس أكثر عرضة للرأي العام، وقد يسبب ذلك بعض الضغوط عليهم.

● أن عمليات السلطة وتفويضها والاشتراك في اتخاذ القرار أقل بكثير بالنسبة لمديري المدارس عما هو عليه الحال بالنسبة لزملائهم في الميادين الأخرى.

● أن مديري المدارس يواجهون مشكلة نقص العاملين في الخدمات الكتابية والسكرتارية بصورة أكثر من زملائهم في الميادين الأخرى.

ثانياً: مفهوم الإدارة المدرسية

الإدارة المدرسية School Management هي الإدارة التي تكون على مستوى المدرسة، فالمدرسة كمؤسسة اجتماعية تضم جماعات إنسانية - تسعى لتحقيق أهداف تعليمية محددة -

تحتاج إلى إدارة لتنسيق الجهود واستغلال الموارد المتاحة بكفاءة وفعالية من أجل تحقيق الأهداف المدرسية.

وقد نشأت الإدارة المدرسية بصورة حديثة نسبيا كمجال فرعي للدراسة داخل المجال الأكبر لها المعروف بالإدارة التربوية/التعليمية، وحتى عام 1950 لا نجد سوى بحوث نادرة وبرامج رسمية قليلة عن الإدارة في المجال التربوي بصفة عامة، فقبل هذه الفترة كانت مداخل الإدارة المدرسية موازية لتلك الموجودة في الصناعة. وبالفعل كان هناك اعتراف عام بأن الإدارة في المجال التعليمي - مع ابتداع النظم البيروقراطية والمركزية الضخمة للتعليم العام - تُعد بشكل كبير صورة منعكسة للإدارة في مجال الصناعة، وعليه اشتق الأساس المعرفي لها من قطاع الصناعة إلى حد بعيد، إلا أن هذه الصورة ما لبثت أن تغيرت خاصة مع نمو بحوث الإدارة التربوية وتطورها وتأثرها بمفاهيم وأساليب العلوم الاجتماعية الأخرى، وظهور التخصصات المتداخلة بين الإدارة التربوية والعلوم الاجتماعية الأخرى مثل الاقتصاد، والتمويل، والعلاقات الإنسانية، والقانون، والسياسة، والتخطيط.[9]

وقد ظهرت أقسام الإدارة التعليمية وانتشرت في جامعات الولايات المتحدة في منتصف القرن العشرين تقريبا، كما تأسست بعدها مباشرة في المملكة المتحدة، وتبعتها كثير من الدول الأخرى. وقد ساعد ذلك على التطور السريع للإدارة المدرسية كمجال للبحث والدراسة خاصة مع تزايد أعداد الملتحقين ببرامج الإدارة المدرسية في معظم دول العالم.[10]

ويذكر كدويل Caldwel,2001 أن مفهوم الإدارة المدرسية يكتنفه غموض وتشتت واضح وأحد أسباب ذلك هو الجدل القائم بين الإدارة المدرسية كمجال للبحث والدراسة (كعلم)، والإدارة المدرسية كمجال للممارسة والتطبيق (كمهنة).[11] ولعل ذلك يتفق مع ما سبق إيضاحه عند الحديث عن مفهوم الإدارة عموما.

ويرى توني بوش Tony Buch, 2003, 2008 - وهو أحد أساتذة الإدارة التعليمية المعاصرين - أنه بالفعل لا يوجد تعريف واحد شامل مقبول لمفهوم الإدارة في المجال التعليمي سواء الإدارة المدرسية أو الإدارة التعليمية، وذلك لأن تطورها تم استخلاصه بصورة كبيرة من تخصصات أكثر رسوخا مثل علم الاجتماع وعلم السياسة والاقتصاد والإدارة العامة، وأن الإدارة التعليمية كمجال

للبحث والممارسة اشتقت في البداية من مبادئ الإدارة المطبقة في الصناعة والتجارة خاصة في الولايات المتحدة وأنه بمجرد أن بدأت الإدارة التعليمية كمجال بحثي أكاديمي بدأ المتخصصون والممارسون لها يطورون نماذج بديلة تأسيسا على ملاحظاتهم وخبراتهم في المدارس والكليات.[12]

إن هذا التعاون الموجود بين التخصصات والمناظير المتعددة المختلفة خلق ما يمكن وصفه بالغموض المفاهيمي Conceptual Pluralism فكل نظرية تقدم تفسيرا معينا للسلوك والأحداث في المؤسسات التربوية.[13]، ويعني ذلك أيضا أن نظريات الإدارة التعليمية تنزع للمعيارية فيما يتعلق بكيفية إدارة المدارس أو ما ينبغي أن تكون عليه الإدارة المدرسية.

ويرى شاكر محمد فتحي 1996 أن علم الإدارة - بما يضمه من مفاهيم ومبادئ - يشكل الأساس النظري لإدارة المنظمات المجتمعية المختلفة، سواء كانت حكومية أم غير حكومية، تجارية أم صناعية أم تعليمية أم غير ذلك من المنظمات، وبعبارة أخرى أن إدارة المنظمات - مهما كان نوعها - تعتبر جانبا تطبيقيا لمفاهيم علم الإدارة ومبادئه.[14]

وقد حاول بعض الباحثين تعريف الإدارة المدرسية بصورة إجرائية على أنها تشير إلى واجبات إداريي المدارس مثل مدير المدرسة والمعلمين الذين يعملون على الوصول إلى الهدف النهائي من التربية وهو تحقيق الذات للمتعلمين، ويتضمن ذلك القيادة، والتخطيط، والتنظيم، والتحفيز، والرقابة.[15]

وهناك تعريفات أخرى متعددة للإدارة المدرسية من أهمها ما يلي:[16]

● أنها جميع الجهود المنسقة التي يقوم بها مدير المدرسة مع جميع العاملين معه (من معلمين وإداريين وغيرهم) بغية تحقيق الأهداف التربوية داخل المدرسة، وذلك بما يساير ما يهدف إليه المجتمع من تربية أبنائه.

● أنها كل نشاط يهدف إلى تحقيق الأغراض التربوية بكفاءة وفعالية، وينسق ويوجه الخبرات المدرسية والتربوية، وفق نماذج مختارة ومحددة من قبل هيئات عليا أو هيئات داخل المدرسة.

● أنها عمليات تخطيط وتنسيق وتوجيه كل عمل تعليمي أو تربوي يحدث داخل المدرسة من أجل تطوير وتقدم التعليم.

وإجمالا لما سبق يمكن إيضاح أن الإدارة المدرسية هي مجال للدراسة والممارسة يتعلق بعمل المدارس، فالإدارة المدرسية معنية بتحقيق الأهداف التربوية داخل المدرسة من خلال تنسيق جهود جميع أعضاء المجتمع المدرسي من إداريين ومعلمين وغيرهم، وهي عملاً فردياً

يقتصر على مدير المدرسة وإنما هي عمل تشاركي بين مدير المدرسة وبقية فريق الإدارة المدرسية وغيرهم من المعنيين بالعملية التعليمية داخل المدرسة.

وبناء على ما سبق يمكن تعريف الإدارة المدرسية كما يلي:

> الإدارة المدرسية هي عملية تنسيق الجهود واستغلال الموارد المدرسية المتاحة لتلبية الاحتياجات التربوية، ومساعدة التلاميذ على التعلم إلى أقصى حد تسمح به قدراتهم، وتهيئتهم للحياة والاندماج في المجتمع.

ثالثاً: الإدارة المدرسية وعلاقتها بالإدارة التعليمية

إن علاقة الإدارة المدرسية بالإدارة التعليمية هي علاقة الجزء بالكل، والعام بالخاص، فالإدارة المدرسية هي الوحدة الأساسية للإدارة التعليمية، وبلغة نظرية النظم تعتبر الإدارة المدرسية نظاما يتكون من مجموعة نظم فرعية داخلية متفاعلة مثل نظام إدارة شئون الطلاب، ونظام إدارة شئون العاملين...إلخ. كما أن الإدارة المدرسية - في حد ذاتها - تمثل نظاما فرعيا من نظام الإدارة التعليمية التي تعتبر أيضا نظاما فرعيا من نظام الإدارة العامة في المجتمع.

ولذلك ذهب بعض الباحثين إلى أن «أفضل طريقة لتعريف الإدارة المدرسية هي النظر إليها كمنظومة فرعية لمنظومة أكبر هي منظومة الإدارة التعليمية التي تعد بدورها منظومة فرعية من النظام المجتمعي تتأثر به وتؤثر فيه».[17]

وبناء على ما سبق تتضح العلاقة الوثيقة بين طبيعة عمل كل من الإدارة المدرسية والإدارة التعليمية، فكلاهما موجه لتحقيق الأهداف التعليمية المرسومة، والاختلاف بينهما هو اختلاف في المستوى أو الدرجة، وليس اختلافاً في النوع.

رابعا: أهداف الإدارة المدرسية

أكد معظم المنظرين على أهمية الغرض أو الأهداف في التعليم، على سبيل المثال يرى بعض العلماء أن الهدف يمثل الوظيفة المحورية للإدارة،[18] فمن المهم أن تكون الإدارة عملية إيجابية تحدد استراتيجية وأهداف المنظمة وتضمن أن المنظمة تعمل نحو تحقيق هذه الأهداف بكفاءة وفعالية.[19]

ويتمثل الهدف الرئيسي للإدارة المدرسية في تحقيق أهداف المدرسة، فالإدارة في أية منظمة ليست غاية في حد ذاتها، وإنما هي الوسيلة لتحقيق الأهداف المنوطة بالمنظمة التي تعمل فيها، وبما أن الهدف الأساسي للمنظمات المدرسية هو تربية الطلاب وتعليمهم وتحقيق النمو الشامل لشخصياتهم من جميع الجوانب معرفياً ومهارياً وأخلاقياً، يصبح الهدف الرئيسي للإدارة المدرسية هو حشد الجهود وتوظيف الموارد المتاحة بالمدرسة وتوفير الخدمات التي تساعد على تربية الطلاب وتعليمهم وتحقيق النمو المتكامل لشخصياتهم.

وتأسيسا على ما سبق فإن الإدارة المدرسية تسعى لتحقيق عدة أهداف من أبرزها ما يلي:

● توفير كل الظروف والإمكانات التي تساعد على تحقيق النمو الشامل والمتكامل للطلاب وفق ما تسمح به قدراتهم وإمكاناتهم.

● متابعة الخطط التربوية وتقديم التسهيلات اللازمة لتنفيذها بفعالية.

● العمل بشكل مستمر وتعاوني مع أولياء الأمور وغيرهم من المعنيين لتحقيق حاجات التعلم لجميع الطلاب.

● تنسيق جهود العاملين بالمدرسة من أجل سرعة إنجاز المهام المدرسية.

● توفير مناخ ملائم من العلاقات الإنسانية الطيبة داخل المدرسة ومع أولياء الأمور والمجتمع المحلي.

● تهيئة فرص التنمية المهنية المستمرة للعاملين بالمدرسة.

● تحسين طرق أداء العمل داخل المدرسة وفي الفصول الدراسية.

● العمل على التطوير والنمو المستمر للمدرسة.

خامساً: الوظيفة الرئيسية للإدارة المدرسية

ربما لا تختلف وظيفة الإدارة المدرسية في عالمنا المعاصر عن وظيفتها فيما عاشته البشرية من عصور سابقة منذ وجود المدارس، وذلك من حيث كونها عملية تنظيم الجهود وتنسيقها لتحقيق رغبة الدول والشعوب في إعداد أبنائها تربويا وفكريا. فالوظيفة الرئيسية للإدارة المدرسية عامة هي تهيئة الظروف وتقديم الخدمات التي تساعد على تربية التلاميذ وتعليمهم رغبة في تحقيق النمو المتكامل لهم؛ وذلك لنفع أنفسهم ومجتمعاتهم. وتتضمن هذه الوظيفة العمل على نمو خبرات العاملين في المدرسة وفقا للصالح العام. [20]

وتتحقق هذه الوظيفة من خلال عدد من المبادئ والتوجهات، من أهمها ما يلي: [21]

- الإيمان بقيمة الفرد وجماعية القيادة مع ترشيد العمل.
- حُسن التخطيط والتنظيم والتنسيق ثم المتابعة والتقويم.
- اتخاذ القرارات المتعلقة بسياسة العمل في المدرسة بأسلوب سليم.
- اتباع الأساليب الإيجابية في حل مشكلات العمل المدرسي.
- الإدراك التام لأهداف المرحلة التعليمية، ومكانتها بين السلم التعليمي.
- الإدراك التام لخصائص نمو التلاميذ وما يستلزمها.
- الإلمام بمناهج المرحلة التعليمية وما تهدف إليه.
- الوقوف على الصعوبات التي تعترض العمل داخل المدرسة.
- معرفة احتياجات البيئة ومشكلاتها واقتراح الحلول لها.

سادساً: منظومة الإدارة المدرسية

النظام أو المنظومة System هي «الكيان المتكامل الذي يتكون من أجزاء وعناصر متداخلة تقوم بينها علاقات تبادلية من أجل أداء وظائف وأنشطة تكون محصلتها النهائية بمثابة الناتج الذي يحققه النظام كله». [22] أو هو مجموعة من المكونات أو الأجزاء المتكاملة والمتفاعلة معا والتي تسعى لتحقيق هدف أو مجموعة من الأهداف المحددة.

والحقيقة أن مفهوم النظام يمكن تطبيقه على كل شيء في حياتنا تقريبا، فالمجتمع نظام، وجسم الإنسان نظام، والسيارة نظام، والمدرسة نظام، والفصل الدراسي نظام.... **(هل تستطيع توضيح ذلك)؟!**

وكل نظام عادة ما يتكون من مجموعة من النظم الفرعية، كما قد يكون - في حد ذاته - نظاما فرعيا من نظام أكبر..... **(هل تستطيع ذكر أمثلة تدعم هذا القول)؟!**

فإدارة المدرسة كنظام تتكون من مجموعة من النظم الفرعية مثل نظام إدارة شئون الطلاب، ونظام إدارة شئون العاملين.. وهي في حد ذاتها تعد نظاما فرعيا من نظام أكبر هو نظام الإدارة التعليمية المحلية التي تعد أيضا نظاما فرعيا من نظام إداري على مستوى أكبر وهكذا.

و تتكون المنظومة من أربعة عناصر أساسية هي:

● المدخلات Inputs.
● العمليات Processes.
● المخرجات Outputs.
● التغذية الراجعة Feedback.

حاول البحث والتفكير في المقصود بكل مـن المصـطلحات السـابقة: المـدخلات، العمليات، المخرجات، التغذية الراجعة؟

يتضمن كل نظام من مجموعة من المدخلات التي تجرى عليها مجموعة من العمليات لتحويل المدخلات إلى مخرجات، وتأتي التغذية الراجعة لتصحح وتعدل مسار النظام من خلال ما يتوافر من معلومات عن مدى جودة المخرجات؛ حيث إن القصور في المخرجات قد ينشأ عن ضعف المدخلات، أو ضعف في عمليات التحويل ذاتها.

والحقيقة أن لمفهوم النظم أو المنظومة الكثير من الفوائد التحليلية من أبرزها ما يلي: [23]

● أن الظاهرة التي تتخذ شكل النظام ترتبط ارتباطا وثيقا بالبيئة التي توجد فيها، ومثل هذا الارتباط يفسر لنا كثيراً من سلوك تلك الظاهرة.

● أن المخرجات ما هي إلا نتيجة حتمية لنوعية وكفاءة المدخلات والأنشطة بالنظام.

● أن كفاءة الأنشطة ومستوى العمليات التي يمارسها النظام تتأثر إلى حد كبير بجودة المدخلات ووفرتها.

● أن المدخلات يمكن أن ينتج عنها مخرجات متباينة في المستوى والجودة، وذلك تبعا لتباين كفاءة الأنشطة وفعاليتها.

● أن ما يتحقق عن النظام من مخرجات يعود ليؤثر في قدرته على استقطاب موارد (مدخلات) جديدة، كما يؤثر في أنواع الأنشطة التي يقوم بها ومستوى تلك الأنشطة.

ويمكن النظر للإدارة المدرسية كمنظومة تتكون من عدة عناصر على النحو التالي: [24]

أ- المدخلات Inputs:

وهذه المدخلات هي التي تعطي للإدارة مقوماتها الأساسية وتحدد غايتها، وعلي مدى جودتها يتوقف نجاح أو فشل النظام المدرسي بأكمله، حيث إنها تمثل الطاقة التي تستوردها المنظومة من البيئة المحيطة، كما تمثل المؤثرات التي تستثير دينامية المنظومة، وتضم هذه المدخلات مجموعة من النظم الفرعية Sub-System أهمها:

رسالة المدرسة وفلسفتها وأهدافها:

وهذه الرسالة تمثل المهمة الأساسية للمدرسة، والتي تتلخص عادة في تقديم الخدمة التعليمية والبرامج المخططة ونشر الثقافة التربوية الحديثة في المجتمع، أما فلسفة المدرسة فتعبر عن التوجه العام لها ونوع الخدمة المقدمة لتلاميذها، وتعطي هذه الفلسفة تصورا عن أهداف التنظيم المدرسي وقيمه ومعاييره. في حين نجد أن أهداف المدرسة هي ترجمة لرسالتها إلي غايات محددة توجه النشاطات والجهود.

السياسات والتشريعات:

والسياسات تعني هنا المبادئ التي تدعم قواعد العمل، وتساعد على تحقيق أهداف المدرسة بنجاح، وهي عادة مكتوبة للاهتداء بها في القرارات، في حين أن التشريعات تتضمن القوانين والأنظمة واللوائح والإجراءات المتبعة في التنظيم المدرسي.

العناصر البشرية:

وهي كل العناصر والطاقات البشرية الموجودة في المنظومة المدرسية من إداريين، ومعاونين، وهيئات تدريس، وتلاميذ، ومستخدمين، وهذه الفئات يمكن النظر إليها كما يلي:

● **المديرين أو النظار ومعاونيهم:** وهؤلاء يمثلون «عقل المنظومة» ويتحملون مسئولية تخطيطها وتوجيهها وقيادتها وتقييمها واتخاذ القرارات بشأن كل عنصر في المنظومة، وتحمل مسئولية مواجهة أية تغيرات والتكيف معها.

● **الهيئة التدريسية:** وهي أكبر المدخلات بعد الطلاب، وتشكل كفايات وفعاليات هذه الهيئة أساسا مهما لنجاح المنظومة الإدارية، حيث إنها تقوم بالإضافة إلي التدريس بمساعدة المديرين

أو النظار في قيادة عملية التعلم والتعليم، وتنفيذ السياسات والأغراض العامة والتفصيلية للمدرسة.

● **التلاميذ:** وهم المادة الخاصة للمنظومة الإدارية.

● **عناصر بشرية أخري:** وتتضمن الأفراد والعناصر العاملة المعاونة للإدارة المدرسية في المجالات المختلفة، كالعاملين في الشئون المالية والإدارية التنفيذية والفنيين، كذلك العناصر العاملة في مجالات الخدمات الإضافية (وخاصة مجالات الرعاية الاجتماعية والصحية والنفسية... إلخ) وعلي مدي نجاح هذه الفئات البشرية في عملها يتوقف أداء الإدارة المدرسية في عملها، وبالتالي أداء المنظومة المدرسية كاملة.

الموارد والإمكانات المالية والمادية:

وتشكل هذه الموارد وتلك الإمكانات واحدا من أهم مدخلات المنظومة. فالموارد المالية تزود الإدارة بالقوة الشرائية الضرورية للحصول على المدخلات الباقية. وبديهي أن نقص الموارد المالية يعتبر المسئول الأساسي عن الكثير من المشكلات التي تواجه الإدارة المدرسية، والتي تؤثر بالتالي، بدرجة أو أخرى على أداء النظام التعليمي بأكمله.

أما الإمكانات المادية فترتبط أساسا بالبنية التعليمية المتاحة وتسهيلاتها، ومدي صلاحيتها للأغراض التعليمية، بفصولها ومرافقها وإمكانات التوسع فيها، أو إحلالها، كما تشتمل الإمكانات المادية أيضا على كل التجهيزات والمعدات العلمية والمعملية والتكنولوجية المتاحة، والمكتبات بتجهيزاتها المختلفة والملاعب المتاحة للأنشطة، والتجهيزات الخاصة بالأثاث المدرسي... إلخ.

منظومات الخدمات الإضافية:

وهي كل الخدمات التي تساعد الإدارة المدرسية في أداء عملها ومن بين أهم هذه النظم، النظم الصحية التي تركز على العناية الصحية بالتلاميذ، ونظم الرعاية النفسية والاجتماعية التي تستهدف العناية بالتلاميذ نفسيا وحل مشكلاتهم الاجتماعية كلما أمكن ذلك. وهناك نظم خدمات أخري مثل نظم التغذية، ونظم الرعاية البدنية. إلخ.

المنظومة المعلوماتية الفرعية:

تعتبر هذه المنظومة أداة الربط بين المنظومات الفرعية داخل المدرسة وبين كافة عناصر البيئة

الخارجية. وتتعلق هذه المعلومات بأساليب العمل والتشغيل التي تستخدمها الإدارة المدرسية في شئونها الداخلية، هذا إلي جانب البيانات والمعلومات الأخرى المتعلقة برسالة المنظومة وأغراضها، وتلك المتعلقة بالقيود التي تفرضها البيئة في شكل سياسات عامة للتعليم، أو لوائح أو قرارات منظمة للعمل هذا إلي جانب المعلومات اللازمة لاتخاذ القرارات المختلفة بالمدرسة سواء أكانت تتصل بالماضي أو بالظروف الحالية أو بالتوقعات والاحتياجات المستقبلية.

الوقت:

وهو المورد الذي تتحرك فيه كل الموارد الأخرى داخل المنظومة الإدارية.

ب- العمليات Processes:

وهي جوهر عمل الإدارة المدرسية وهي تتصل بطبيعة التفاعلات والأنشطة التي يتم بها تحويل المدخلات إلي نواتج ومخرجات للمنظومة المدرسية، باعتبارها منظومة مفتوحة. وليس من اليسير فهم طبيعة هذه العمليات في منظمة معقدة كالمدرسة أو قد نلجأ لتفسيرها من خلال ما اصطلح على تسميته بالصندوق الأسود Black Box (وهو مفهوم يستخدم في دراسة النظم الكبيرة ذات الأعداد الكثيرة من النظم الفرعية والتي يصعب حصرها كالتعليم).

على أنه من المتاح تصور هذه العمليات إذا اتجهنا إلي النظر في هذه العمليات على أنها وظائف وأنشطة إدارية تعمل كمنظومات فرعية داخل منظومة الإدارة المدرسية. وفي هذا السياق يصبح من السهل فهم العمليات كصندوق أبيض White box يشتمل على عمليات محددة وواضحة وان كانت هناك خلافات متعددة حول هذه العمليات، فإن هناك اتفاقا على مضمونها وأهميتها.

وفيما يلي هذه العمليات:

التخطيط Planning:

وهو العملية الأساسية للإدارة والتي يتم خلالها تحديد الغايات والوسائل عن طريق إصدار القرارات ورسم السياسات، ووضع البرامج والميزانيات التي تساعد على الموازنة بين الأهداف من جهة والموارد والإمكانات من جهة أخري، وذلك خلال سياق زمني وبيئي محدد. وتختص هذه العملية بالترجمة العلمية للأهداف التعليمية وما يجب أن ينفذ من برامج، وبصفة عامة تتضمن هذه العملية:

- توضيح الأهداف وتنسيقها وتصنيفها حسب أهميتها.
- اقتراح البرامج المحققة وتنسيقها وتصنيفها حسب أهميتها.
- اقتراح البرامج المحققة لهذه الأهداف.
- تقرير الإجراءات اللازمة لتنفيذ البرامج.
- وضع معايير للأداء وجدولة الأعمال زمنياً.
- رصد الواقع والحقائق والمتغيرات والموارد المتاحة وطرح البدائل الملائمة.

التنظيم Organizing:

ويشتمل التنظيم على «تقسيم العاملين إلى مجموعات»، تنضوي كل مجموعة منها في إدارة أو قسم أو شعبة وتوزيع لأعمال في كل إدارة وقسم على الأفراد العاملين به، وتحديد واجباتهم، وتنسيق مجهوداتهم، وتحديد السلطة والمسئولية، ونطاق الإشراف، وتوضيح خطوط الاتصال بين الإدارات والأقسام، وذلك حتى ينساب العمل بكفاءة، وتتسلسل خطواته وتتناسق جزئياته.

وبناء على ما سبق تشمل هذه العملية ما يلي:
- تحديد المهام المطلوبة لتنفيذ البرامج والخطط المدرسية.
- تحديد اختصاصات الأقسام والوحدات والأفراد وتحديد العلاقات التنظيمية بين أفراد المجتمع المدرسي.
- وضع الإجراءات الكفيلة بتطوير الهيكل التنظيمي للمدرسة.
- توزيع الإمكانات المادية والبشرية على السياسات المدرسية المختلفة وبرامجها بشكل أمثل.

التوجيه / الإشراف Supervising:

تختص هذه العملية بتزويد أفراد المجتمع المدرسي بالإرشادات والمعلومات اللازمة لكيفية تنفيذ السياسات المدرسية وأنشطتها المختلفة، وتشمل هذه العملية ما يلي:
- التوجيه المرحلي لسياسات المدرسة وإجراءات تنفيذها.
- التوجيه المستمر لأفراد المجتمع المدرسي.
- القضاء على الصعوبات وحل المشكلات التي تعترض التنفيذ.
- التوجيه العلمي والإداري والفني لعمليات تنفيذ السياسات المدرسية وأنشطتها.

الرقابة Control:

ويقصد بالرقابة قياس النتائج المتحصلة للتأكد من مطابقتها للمعايير التي تتضمنها الخطة الموضوعة. وإذا كانت هناك انحرافات عن هذه المعايير، فإن مهمة الرقابة أن تتعرف على هذه الانحرافات أو الفروق وتبحث عن أسبابها، وتصمم لها العلاج المناسب، وتضعه موضع التنفيذ، وتتأكد من تصحيح الأخطاء وإعادة العمل إلي المسار السليم. وتشمل عملية الرقابة ما يلي:

● وضع معايير لمستويات الأداء.
● تصحيح الأخطاء.
● إعادة النظر في السياسات المدرسية وبرامجها.

التمويل وإعداد الميزانيات Budgeting:

تختص هذه العملية بتحديد مصادر الحصول على الأموال اللازمة لتنفيذ السياسات المدرسية، وتوزيعها على أوجه الإنفاق المختلفة، ووضع الميزانيات الخاصة بكل سياسة وأنشطتها على حدة.

ج- المخرجات Outputs:

وهى الصورة النهائية للمدخلات بعد مرورها بالعمليات. ويمكن اعتبار المخرجات هي الهدف العام من منظومة الإدارة المدرسية، الذي يتمثل في تزويد جميع العناصر البشرية بالمعلومات والمهارات والاتجاهات التي تساعدهم على تنفيذ عمليات المنظومة بكفاءة وفعالية، وأيضًا تربية التلاميذ ومساعدتهم على التوافق والحياة السوية مع مجتمعهم، وبذلك تعد المخرجات بمثابة المحصلة النهائية الملموسة لكل تفاعلات ونشاطات المنظومة والتي تعود إلي البيئة أو المجتمع المحلي، وعموما هناك عدة مخرجات لأي نظام إداري ومنها المدرسة.

● القرارات والسياسات والاستراتيجيات (وما يتصل بها من إجراءات).
● تلاميذ مزودون بمعارف ومهارات وقيم مرغوبة واتجاهات إيجابية.
● عناصر بشرية قادرة على النمو الذاتي والتنمية المهنية المستمرة.
● أداء محسن للأفراد والجماعات الصغيرة في التنظيم المدرسي.
● رضا الأفراد الوظيفي، وتوثيق علاقاتهم.
● مزيد من الخبرات والمعلومات الإدارية.
● خطط لتطوير المدرسة.

د- التغذية الراجعة Feedback:

يمثل هذا العنصر عملية ضبط لعمل منظومة الإدارة المدرسية وتفاعلها وتكيفها مع متغيرات البيئة المحيطة. وذلك لأن جوهر التغذية الراجعة ينطوي على جانبين أساسيين، أولهما جمع المعلومات المتعلقة بكل عمليات المنظومة ومخرجاتها الفعلية ومدى مناسبتها للأهداف المنشودة، وقدرة المنظومة على التفاعل والاستيعاب لمكونات البيئة القريبة والبعيدة، ومدى تمتع المنظومة بالقبول والرضا العام من قبل البيئة المحيطة ومؤسساتها، وأيضاً قدرة المنظومة على مواجهة التغيرات الناجمة عن التغيرات الحادثة في مناحي الأنشطة المجتمعية. وثانيهما تحويل هذه المعلومات إلى مدخلات جديدة للمنظومة، الأمر الذي يفيد في المحافظة على استقرار منظومة الإدارة المدرسية وديناميكية توازنها داخلياً وبيئياً، وكذلك تصحيح مسار التنفيذ وتحقيق الأهداف المرغوبة بكفاءة وفعالية وبأقل تكلفة ووقت وجهد.

هـ- بيئة المنظومة

لابد لأية منظومة من بيئة تتفاعل وتؤثر على أدائها وفعاليتها وتمثل قيودها وعموما هناك نوعان من البيئة.

● البيئة الداخلية.
● البيئة الخارجية

أما عن البيئة الداخلية: فهي تتكون عموما من كل ما يتصل بالتنظيم المدرسي الداخلي، كالظروف التي نشأ فيها ونوع الخدمة التي يقدمها، وحجمه وكيفية تشغيل العاملين وطبيعة وخصائص هؤلاء العاملين، والخصائص الهيكلية للتنظيم.... إلخ.

أما البيئة الخارجية، فهي التي تقع خارج حدود المنظومة وما تشمله من مجتمع محلي محيط بالمدرسة، وحتى المجتمع القومي والعالمي.

وجدير بالذكر أنه على المدرسة الساعية لتحقيق الجودة أن تعمل باستمرار على تقييم نقاط القوة ونقاط الضعف الموجودة في بيئتها الداخلية، والفرص والتهديدات المحيطة بها في البيئة الخارجية، وهو ما يعرف بالتقييم الذاتي للمدرسة Self Assessment والذي يعتمد على أساليب التخطيط الاستراتيجي والتحليل الرباعي للمدرسة كمنظمة، و SWOT هو اختصار لتحليل البيئة الداخلية للمدرسة بما تضمه من نقاط قوة Strengths ونقاط ضعف Weakness، وتحليل للبيئة الخارجية والتي تتضمن فرصاً Opportunities، ومخاطر أو تهديدات Threaten.

سابعاً: صنع القرار المدرسي واتخاذه Making &Taking

يمثل القرارDecision جوهر عمل الإدارة عموما لدرجة جعلت البعض يُقرر أن الإدارة ما هي إلا عملية مستمرة من اتخاذ القرارات، ولعل ذلك راجع لكون القرار بمثابة العنصر الأساسي الذي تدور حوله جميع الوظائف الإدارية. والحقيقة أن عمل القرارات مهمة رئيسية من مهام الإداريين على اختلاف مستوياتهم، بل إن الأمر يتعدى ذلك ليصبح صنع القرار عملا أساسيا لجميع العاملين بالمدرسة؛ فالمدير والناظر والوكيل والمدرس الأول بل والمدرس.. كلهم جميعا متخذو قرارات تتعلق بأعمالهم، كما أنهم مشاركون بصورة أو أخرى في صنع القرارات المدرسية.

وقديما ساد اعتقاد أن القرارات ينبغي أن تتخذ في أية منظمة بواسطة فرد واحد هو المدير أو الرئيس، وما لبثت هذه الصورة أن تلاشت بسبب مجموعة من العوامل، منها تطور الفكر الإداري (ظهور اتجاه الإدارة التشاركية)، وكبر حجم المنظمات، وتضخم مسئولياتها، والاعتراف المتزايد بقصور قدرات الفرد عن الإلمام بكل شيء، فأصبح كثير من المديرين يدركون أن عمل القرار بواسطة مجموعة يمكن أن يكون أكثر دقة وأكثر عمقًا واتساعًا، كما أن الأفراد يكونون أكثر التزاماً بتنفيذ القرارات التي شاركوا في اتخاذهاً وغالباً ما تأتي هذه القرارات بأفكار واتجاهات لا يستطيع الفرد وحده أن يأتي بمثلها.

- **ولكن ماذا نعني باتخاذ القرار؟**
- **وهل هناك فرق بين اتخاذ القرار وصنع القرار؟**
- **وما خطوات اتخاذ القرار الرشيد؟**
- **وما المهارات اللازمة لاتخاذ القرار الرشيد؟**

حاول التفكير والبحث عن إجابة للأسئلة السابقة، وفيما يلي نبذة بسيطة قد تدفعك لمزيد من البحث والتفكير.

هناك تعريفات متعددة لاتخاذ القرار منها أن اتخاذ القرار هو:

● اختيار بديل من بديلين أو أكثر، لأنه إذا لم يوجد في الموقف إلا بديل واحد، فلن يكون هناك قرار يتخذ، وذلك لعدم وجود مجال للاختيار.

- تصرف معين تم اختياره لمواجهة موقف أو مشكلة معينة.

- مسار فعل يختاره متخذ القرار باعتباره أنسب وسيلة أمامه لإنجاز الهدف أو الأهداف التي يبتغيها.

- إصدار حكم معين عما يجب فعله إزاء موقف أو مشكلة معينة بعد تقييم البدائل المختلفة المقترحة.

وتأسيسًا على ما سبق يمكن القول إن القرار هو البديل الذي يُتخذ لحل مشكلة ما، أما اتخاذ القرار فهو تفضيل واختيار بديل من بين مجموعة من البدائل المُمكنة أما متخذ القرار.

خطوات عملية صنع القرار

إن اتخاذ القرار الرشيد هو جزء من عملية أكبر وأشمل هي عملية صنع القرار، حيث يمثل اتخاذ القرار أحد خطواتها الأساسية.

وتمر عملية صنع القرار بمجموعة من الخطوات يمكن تلخيصها على النحو التالي:[25]

- **الإحساس بالمشكلة وتحديدها:** وهي الخطوة الأولى وبدونها لا داعي لاتخاذ القرار أصلا ما لم يتم الإحساس بوجود مشكلة، ويفضل أن تنتهي هذه الخطوة بجملة مختصرة توضع على هيئة سؤال يتطلب البحث عن إجابة أو فرض يمكن اختباره.

- **تحليل المشكلة:** وتتطلب هذه الخطوة القيام بمجموعة من الإجراءات تتمثل في تصنيف المشكلة من حيث تحديد حجمها ومجالها وعناصرها ودرجة تعقدها، وجمع البيانات ذات العلاقة من مصادرها المختلفة، وتحليل البيانات وتصنيفها وتفسيرها، بهدف التعرف على مسببات المشكلة والعلاقة بين العوامل والمؤثرات التي أدت إلى حدوثها.

- **صياغة البدائل:** ويتم هنا صياغة الحلول البديلة للمشكلة في ضوء البيانات والمعلومات التي تم تحليلها في الخطوة السابقة، وكذلك في ضوء ظروف البيئة التي تحيط بالقرار (البيئة الداخلية والخارجية للمدرسة).

- **موازنة البدائل:** وتقتضي دراسة كل بديل في ضوء الهدف من القرار وفي ضوء بيئة القرار، كما أن هناك عدة اعتبارات ينبغي أخذها في الحسبان من بينها تكلفة كل بديل، والزمن اللازم لتنفيذه، وقدرة ومهارة القائمين بتنفيذ القرار.

● **اختيار البديل الأمثل:** بناء على الخطوة السابقة أي بعد دراسة البدائل المختلفة للقرار والمفاضلة بينها، يتم اختيار أفضل البدائل لحل المشكلة، ومن ثم اتخاذ القرار المناسب.

● **تنفيذ القرار ومتابعته:** ويختص تنفيذ القرار بمجموعة الإجراءات التنفيذية اللازمة لخروج القرار إلى حيز التنفيذ. ويتوقف نجاح أو فشل تنفيذ القرار على مدى كفاءة وفعالية العاملين القائمين بالتنفيذ، ومدى اقتناعهم وإيمانهم بأهمية القرار المُتخذ، فضلا عن توافر الإمكانات اللازمة لتنفيذه. أما متابعة القرار فتعني التأكد من أن تنفيذ القرار قد عالج المشكلة بالفعل، إذ ربما لا يؤدي تنفيذه إلى علاج المشكلة بنجاح ومن ثم يتعين اختيار بديل آخر.

ويتضح من ذلك أن صنع القرار Decision Making أعم وأشمل من اتخاذ القرار Decision Taking، فاتخاذ القرار مرحلة من أهم مراحل عملية صنع القرار، وليس مرادفا لصنع القرار، ومرحلة اتخاذ القرار هي خلاصة ما يتوصل إليه صانعو القرار من معلومات وأفكار حول المشكلة القائمة، ومن ثم فإن اتخاذ القرار يعتبر أحد مراحل صنع القرار، بل هو نتاج عملية صنع القرار ذاتها.

وهناك ثلاثة أنواع من المهارات اللازمة للإداري المدرسي الناجح في اتخاذ القرار الرشيد هي:

المهارات الإدارية:

وتتلخص في كيفية أداء الأعمال الإدارية والمالية بكفاءة واتباع اللوائح والقوانين، وأن تكون لديه مهارة حل المشكلات، وإدارة الصراع والخلاف، وكذلك القدرة على التوقع الصحيح ووضع بدائل في ذهنه لحل أية مشكلة، وأن تكون لديه مهارة التفاوض وكذلك مهارة الاستماع الجيد، ويستطيع ترتيب الموضوعات في ذهنه حسب أهميتها، وألا يصادر الرأي الآخر، وأن تكون لديه مهارات المتابعة للأعمال المالية والإدارية والمخزنية وأن يكون على دراية تامة بها.

المهارات الفنية:

أن يكون على علم تام بالنواحي الفنية في المنظمة، وأن يكون على دراية بما يقوم به المعلمون الذين يعملون تحت قيادته، وأن يكون لديه فهم عميق وشامل للأمور، والقدرة على تحمل المسئولية والحزم، والحكم الصائب على الأمور، والقدرة على استخدام الأدوات والوسائل والإجراءات والأساليب التي تُساعده على أداء المهام المتخصصة.

المهارات الإنسانية:

لابد أن يكون المدير قادرا على خلق بناء قوى ومنسجم ومتعاون مع الأفراد الذين يعملون معه فلابد أن يُكِون علاقات اجتماعية ناجحة قائمة على الألفة والتعاون. والتعامل مع مرءوسيه وتنسيق جهودهم وخلق روح العمل الجماعي بينهم، ويتطلب هذا وجود فهم متبادل بينه وبينهم ومعرفته لآرائهم وميولهم واتجاهاتهم، ويجب عليه تقبل الاقتراحات من الآخرين وانتقاداتهم البناءة، وإعطاؤهم الفرصة لإظهار ابتكاراتهم وإشعارهم بالاطمئنان وتلبية طلباتهم وإشباع حاجاتهم.

ثامناً: القيادة المدرسية School Leadership

تحدث القيادة عندما يوجد شخصان أو أكثر، فالإنسان هو الكائن الاجتماعي الذي يكافح باستمرار لتحقيق أهداف محددة. ويهتم الناس بعملية القيادة لإعطاء معنى إلى الشعور بالانتماء إلى الجماعة أو الفريق، ومن ثم يكون الشخص قائدا لأنه تم قبوله من خلال الجماعة أو الفريق؛ ولذلك يصف بعض العلماء القيادة باعتبارها تطبيقاً متكاملاً وديناميا لقدرات القائد التي تُقنع وتستثير وتربط وتوجه التابعين لإنجاز الغايات العامة المشتركة.[26]

ورغم أن جميع الناس قد يكون لديهم فكرة عامة عن المقصود بمصطلح القيادة إلا أن هناك تعريفات مختلفة كثيرة للقيادة في الأدبيات، فيرى بعض الباحثين أنها تعد مفهوما يستعصى على وجود تعريف محدد، وأن الجهود المتعددة في تعريف القيادة تعكس تنوع الفلسفات والاختلافات الواسعة في الآراء.[27]

وقد يفكر بعض الناس في القيادة من خلال تصور الأشخاص ذوي السلطة الرسمية الذين يشغلون دورا أو منصبا معينا في الجماعة، مثلا في المجال التعليمي: مديرو المدارس ونوابهم والموجهون والمشرفون، وتنصح لامبرت Lambert,1998 بأن يتم النظر إلى القيادة باعتبارها فعلاً وليست اسما، من خلال اعتبار القيادة عمليات وأنشطة وعلاقات يندمج خلالها الأفراد أكثر من كونها أشخاصاً ذوي سلطة أو منصب معين.[28]

ومثلما يمكن النظر للقيادة على أنها شغل دور أو منصب معين في الجماعة، فمن الممكن النظر إليها أيضا طبقا لعملية التفاعل Interaction باعتبار التفاعل جوهر مفهوم القيادة، ومن وجهة النظر هذه تعتبر القيادة «طريقة للتفاعل و بصورة أكثر تحديدا التواصل بين القائد وتابعيه،

والقائد هو الشخص الذي يمكن أن يستثير الجماعة أو الفريق لإنجاز الأهداف التي تتعلق بمصالح واهتمامات الجماعة».[29]

ومن وجهة نظر أخرى فقد لا ينظر للقيادة من خلال التفاعل أو الدور المحدد الذي يشغله القائد في الجماعة، ولكن قد ينظر إليها أيضا من خلال المجتمع المؤسسي الذي تعمل فيه، وفي ذلك ترى لامبرت ضرورة إعادة التفكير في القيادة، حيث تعرفها على أنها «عملية تعلم تبادلية تمكن المشاركين في المنظمة من بناء معنى للهدف المشترك الذي يعملون من أجل تحقيقه».[30]

ويرى بعض الباحثين أن محاولة إيجاد تعريف محدد للقيادة ليس بالأمر السهل، وأن أي تعريف للقيادة ينبغي أن:[31]

- يتضمن الأهداف المشتركة ووظائف القيادة.
- يشير إلى الجماعة أو الفريق في حد ذاته.
- يشير إلى حاجات الأفراد ومهاراتهم.
- يشير إلى موقف محدد.
- يشير إلى أن الأدوار والوظائف القيادية ليست فقط حقاً مقصوراً فقط على شخص واحد ولكن يمكن رؤيتها كأدوار ووظائف جماعية.

ومما سبق يمكن إيضاح أن القيادة تتضمن أربعة عناصر أساسية هي:

- قائد يتسم بشخصية مؤثرة ومهارات قيادية لتحقيق هدف أو أهداف محددة.
- مجموعة من الأفراد (التابعين) اللازمين لتحقيق الهدف.
- الموقف الذي تمارس فيه المجموعة عملها.
- هدف مشترك تسعى الجماعة إلى تحقيقه.

ومن ثم يمكن تعريف القيادة المدرسية على أنها **قدرة القائد المدرسي على التأثير في سلوك أعضاء المجتمع المدرسي أو التابعين له - في موقف ما - لحفزهم على إنجاز الأعمال المحددة بغية تحقيق الأهداف المدرسية.**

ولمفهوم القيادة أهمية خاصة في التعليم وخصوصا للمنظمات المدرسية؛ وذلك لأنها تتضمن فريق الإدارة المدرسية والمعلمين والمتعلمين والذين يفترض أن يحققوا أهدافا معينة،

وتحقيق هذه الأهداف يعتمد بصورة كبيرة على القيادة المدرسية الفعالة والقوية، **وقد حدد بعض الباحثين عشرة مبادئ أساسية للقيادة المدرسية الفعالة كما يلي:**[32]

● **القيادة تعني أن يكون هناك منظور شامل:** إنها تعني أن مديري المدارس كقادة تربويين في المدارس يدركون مدارسهم كمنظمات، وقادرين على رؤية جميع الجوانب التي تحسنها ككل، ووجود هذا المنظور الشامل يُمّكن المديرين من تحديد الجوانب المدرسية التي تحتاج تحسينات من أجل تطوير المدرسة بصورة شاملة.

● **القيادة تعني استحضار القيم الأساسية للحياة:** فقيم مثل المحاسبية، والمساواة، والعدالة، والإخلاص، والاحترام ينبغي الاهتمام بها ويجب على مديري المدارس بوصفهم قادة تربويين في المدارس العمل على تنمية هذه القيم وإعادتها للحياة في جميع جوانب الحياة المدرسية.

● **القيادة تعني تشجيع الرؤية:** فالقيادة الفعالة تتطلب التخيل، ومديرو المدارس كقادة للمدارس يحتاجون للقدرة على الحلم، وتخيل الحلول المختلفة للمشكلات، والاحتمالات المتنوعة لمستقبل مدارسهم، كما أنهم يحتاجون أيضا إلى إبقاء مدارسهم على الطريق الصحيح لتحقيق تلك الرؤى.

● **القيادة تعني بناء المدرسة كمنظمة تعلم:** فمديرو المدارس يحتاجون لرؤية مدارسهم كمنظمات دينامية، حية، ونامية. ويعني ذلك إيجاد أفكار جديدة في الحياة المدرسية؛ من أجل استثارة التفكر والتأمل والنمو والتغيير، وعندما يفهم المديرون أنفسهم ويتأملون في الكيفية التي يمكن بها تحقيق النمو المستمر فإنهم يفتحون الطريق للآخرين للتفكر والنمو بالطريقة نفسها.

● **القيادة تعني الفهم والاعتراف بحاجات وإسهامات الآخرين:** فالقيادة الفعالة تعني العمل معا، مع أولئك الذين يعملون على تحسين المدرسة، ولذلك على مديري المدارس كقادة تربويين أن يهتموا بفهم العاملين معهم ويدركوا حاجاتهم ويعترفوا بإسهاماتهم ويشجعوهم على إنجاز مهامهم، إن ذلك يضمن زيادة بذل الجهد بما يجعل الحياة المدرسية نشطة وإيجابية.

● **القيادة تعني الاستجابة المرنة:** فالمديرون كقادة مدارس عليهم قبول أنه ليس هناك مخطط محدد بدقة لما هم مطالبون بعمله. إنهم سوف يجدون أن جميع تحديات القيادة فريدة من نوعها ومن ثم تتطلب منهم تدخلاً ومعالجة فريدة. إن جودة المرونة القيادية تحرر الأفراد في فرق العمل لمواجهة التحديات دون خوف من الفشل أو الحساب.

- **القيادة تعني العمل بتوازن وتدفق:** فمديرو المدارس ينسقون كثيراً من الأنشطة ويشرفون على كثير من المشروعات المختلفة، ومن ثم يحتاجون إلى التأكد من توازن الطاقة التي يقضونها في كل مرحلة، من التصور الفكري إلى الإكمال.
- **القيادة تعني الاعتراف بالتعارض والتعقد الخلاق:** إن الخبرة الواقعية تشير إلى أن المدرسة كيان حي، وحيوي، ومليء بالتناقضات والمعقدات والصراعات التي تشكل جزءًا من الخبرة البشرية، ومن خلال الاعتراف بالصعوبات، ومن خلال عدم تجاهل المشكلات، والأفكار والمشاعر الكامنة تحت السطح، يتيح المديرون لمدارسهم والعاملين معهم الفرصة للانفتاح والشفافية والأمانة، وهذا يساعدهم على اكتشاف الطرق المبدعة للتعامل مع المواقف الصعبة والمعقدة.
- **القيادة تعني إيجاد طريق السلامة:** ويعني هذا أنه على مديري المدارس رؤية الطريق الذي ينبغي اتباعه بصورة غريزية، وربما لا يكون الطريق الأكثر وضوحا ومنطقية ولكنه الطريق الذي يعرفون أنه صحيح في الأساس، بتعبير آخر طريق السلامة.
- **القيادة تعني نمذجة الطريق:** الناس يتطلعون لأصحاب المناصب القيادية من أجل الوضوح والتوجيه، وهذا هو السبب الذي يجعل مديري المدارس بوصفهم قادة مطالبين بنموذج للطريق، ولا يعني ذلك أنهم مثاليون أو أنهم دائما يفعلون كل ما هو صحيح، ففي الواقع عندما يعترف المديرون لأنفسهم وللآخرين بأنهم بشر - لديهم جوانب ضعف ويرتكبون أخطاء مثل الآخرين، فإن الآخرين سوف يعاملونهم على أنهم بشر أيضا، ولذلك تعني نمذجة الطريق أن يتفق ما يعتقده الفرد ويؤمن به مع ما يقوله أو يفعله.

> - **والآن: ما الفرق بين القيادة والإدارة؟**
> - **ما رأيك في القول بأن كل قائد ناجح لابد أن يكون مديرا ناجحا لكن ليس بالضرورة أن يكون كل مدير قائدًا.**

تاسعاً: الفرق بين القيادة والإدارة:

يرى بعض الباحثين أن الإدارة معنية بالوضع الراهن وتفترض البيئة أكثر استقرارا، ووظيفة المدير هي ضمان أداء المهام طبقا للمعايير الموضوعة. أما القيادة وإن كانت تبنى على

الوضع الراهن لكنها تعمل على تجاوزه، فالقادة لديهم دائمًا اتجاه نحو التغيير، حيث يعملون على إعادة الفحص الدائم للظروف الحالية وصياغة الاحتمالات الجديدة.[33]

بمعنى آخر أن الإداري يحافظ على الوضع الراهن، ويقوم بإنجاز العمل وفق الإمكانات المادية والبشرية المتاحة من أجل تحقيق الأهداف المحددة، أما القائد فلا يكتفي بذلك، بل يُطور الأساليب والأدوات، ويحفز العاملين ويكتشف القدرات الكامنة ويوظفها ويستغلها أفضل استغلال ممكن من أجل التحسين والتطوير المستمر في أداء العمل وإنجاز الأهداف.

ويرى كادويل Caldwel, 2001 أن القيادة تتعلق بالتغيير وتستلزم ثلاث عمليات كبرى هي: حشد الناس Aligning People، والحفز Motivating، والإلهام Inspiring، أما الإدارة فتتعلق بتحقيق النواتج، والعمليات الثلاثة الكبرى فيها هي: التخطيط والتمويل، التنظيم وتعيين الموظفين، الرقابة وحل المشكلات.[34]

وقد ميز Sterling and Davidoff, 2000 بين القيادة والإدارة، وذكرا قائمة بالكلمات التمييزية التي عادة ترتبط بكل مفهوم منهما على النحو التالي:[35]

الإدارة	القيادة
تنسق	توجه
تنظم	تحفز
تحافظ	تبادر وتطور
تقلد	تجدد
تستقر	تتوقع
تدرك	تبني الرؤية
ترتب	تبدع
تبني المسارات	تتحرك للأمام
تضع الحدود	تكسر الحدود
تتقبل الوضع الراهن	تتحدى الوضع الراهن

عاشرا: الإداري المدرسي الناجح: صفاته ومهاراته

إلى أي مدى تتفق مع المقولات التالية؟

● إن رجل الإدارة الناجح يصنع ولا يولد.

● النجاح الإداري تعليم وتدريب وخبرة منظمة.

تذكر: بالفعل إن رجل الإدارة الناجح يصنع ولا يولد. أعظم الإداريين الناجحين لم يولدوا هكذا ناجحين، ولكنهم مروا بتجارب واكتسبوا خبرات ومهارات وتعلموا أساليب للإدارة يمارسونها في مؤسساتهم بطريقة منظمة واضحة تميزهم عن غيرهم الأقل نجاحا، ولا شك أن الإداري الناجح لديه قدرات ومهارات متميزة، فهو قد تعلم كيف ينظم عمله ويمارسه بطريقة مرتبة لها منطق، كما تعلم كيف يواجه المشاكل حسب أهميتها وأولوياتها ويتعامل معها. والإداري الناجح لا يبدد جهده في الأمور قليلة الأهمية، ولا يمارس عمله بطريقة عشوائية. وهكذا يكون النجاح الإداري تعليما وتدريبا وخبرة منظمة. [36]

ومن أهم الصفات الشخصية للإداري المدرسي الناجح ما يلي: [37]

1- توافر الصحة الجيدة بجانبيها الجسمي والنفسي: إذ إن ذلك يزيد من فرص نجاحه حيث تساعد القوة الجسمية الفرد على تحمل ضغط العمل الشديد لفترة طويلة، كما تساعده صحته النفسية على الاحتفاظ بأعصابه سليمة تحت هذا الضغط الشديد، واحتفاظه بقدرته على التركيز والتفكير وإصدار الأحكام السليمة.

2- الاهتمام بالمظهر الشخصي والعناية به: فالمظهر الشخصي عامل مهم في التأثير على الآخرين وإعطائهم انطباعا طيب.

3- الطلاقة اللفظية والقدرة على التعبير لأنها وسيلته المهمة في نقل أفكاره للآخرين.

4- القدرة على الإقناع وتكوين علاقات إنسانية طيبة مع الآخرين، وحسن التعامل مع الرؤساء و الزملاء والطلاب وأولياء الأمور وغيرهم.

5- قوة الشخصية والقدرة على التأثير في الآخرين، وجذب ثقتهم.

كما أن الإداري الناجح يتصف في عمله بما يلي: [38]

1- لا يُقدم على أي عمل إلا في ضوء خطة مدروسة دراسة جيدة: فهو لا يبدأ العمل من

فراغ، وإنما يحدد أهدافا واضحة، ويفكر في أنسب الطرق، والأساليب المساعدة على تحقيق الأهداف. (يخطط)

2- يدبر ويوفر الموارد اللازمة للعمل وينظم ويوجه هذا الاستخدام وفقا لقواعد محددة، ويحدد اختصاصات العاملين معه ومسئولياتهم. (ينظم)

3- يحترم مساعديه ويرشدهم ويستفيد من طاقاتهم الخلاقة. (يوجه ويحفز)

4- لا يترك شيئا للمصادفة، بل هو يراقب ويتابع بشكل مستمر (يراقب)

وتشير إحدى الدراسات إلى أن من أهم المهارات الإدارية التي تساعد على نجاح الإداري المدرسي ما يلي:[39]

1- الإلمام بالحقائق الرئيسية للموقف: وهذا يتطلب أن يكون الإداري ذا ذاكرة قوية، وأن تكون معرفته أكثر من الذين يعملون معه.

2- الفهم المهني: وهذا يتضمن الرغبة في العمل الإداري والقدرة على كسب احترام العاملين والتلاميذ.

3- الحساسية للأحداث: وهذه تتضمن الوعي ووضوح الرؤية والنظرة العريضة للمستقبل ووضوح الأهداف، والقدرة على اكتشاف العاملين الضعفاء ومعرفة ما يدور حوله.

4- القدرة على التحليل وحل المشكلات واتخاذ القرار: وهذه تتضمن الكفاءة الشخصية وجودة التنظيم والقدرة على حسن استخدام الوقت وتحديد الأولويات ومعرفة متى تفوض السلطات وجودة توجيه الأسئلة والقدرة على البت والحزم والتحكم.

5- القدرات الاجتماعية: وهذه تتضمن الحزم مع العدل والاستماع للآخرين وتقبل أفكارهم والقيادة والتوجيه وحسن التعامل مع الصراعات وحسن مواجهة المواقف الحرجة، وحسن عرض الموضوعات، وإدارة اللجان والاجتماعات والعلاقات الجيدة مع الزملاء والحماس والطيبة وكسب ثقة الآخرين، وتقديم العون لهم، وخفة الظل، والقدرة على تحميس الآخرين ورفع روحهم المعنوية.

6- المرونة المعنوية: وهذه تتضمن الدافعية والقدرة على العمل لساعات طويلة والقدرة على العمل تحت الضغوط.

7- الابتكارية: وهذه تتضمن اهتمامات متنوعة واسعة وتنوع المعارف والتوصل إلى حلول جديدة ومفيدة للمشكلات.

ويلخص الجدول التالي سمات الإداري المدرسي الناجح:[40]

جدول (3): سمات الإداري الناجح

السمات	الخصائص المادية	المهارات
• التكييف مع الموقف.	• مستوى النشاط البدني	• المهارات الفكرية.
• التفاعل مع الأحداث الاجتماعية.	• المظهر.	• القدرة على الإبداع.
• الطموح والرغبة في الإنجاز.	• الطول.	• الدبلوماسية والتكتيك.
• الحزم.	• الوزن.	• اللباقة في التحدث.
• التعاون مع الآخرين.		• الذكاء.
• القدرة على اتخاذ القرار.		• الإلمام بالعمل.
• الاستقلالية.		• الترتيب والنظام.
• الرغبة في السيطرة والقيادة.		• القدرة على الإقناع.
• الإصرار.		• الذكاء الاجتماعي.
• الثقة بالنفس.		
• تحمل ضغوط العمل.		
• الرغبة في تحمل المسئولية.		

هوامش ومراجع الفصل الأول:

(1)   Buch, Tony, <u>Theories of Educational Leadership and Management</u>, (London: Sage Publication, 2003), P.7.

(2)   عبد الكريم درويش وليلى تكلا، <u>أصول الإدارة العامة</u>، (القاهرة: مكتبة الأنجلو، 1980)، ص 50.

(3)   علي شريف، <u>إدارة المنظمات العامة</u>، (الإسكندرية: الدار الجامعية، 1987)، ص15.

(4)   Statt, D.A., <u>Concise Dictionary of Business Management</u>, (London: Routledge, 1999), p.98.

(5)   Martinelli, A, "Management: General" in N. J. Smelser and P. B. Baltes (Eds.), <u>International Encyclopedia of Social and Behavior Sciences</u>, 2001, p.9170

(6)   علي السلمي، <u>الإدارة المعاصرة</u>، (القاهرة: مكتبة غريب، بد.ت.) ص 17.

(7)   شاكر محمد فتحي أحمد، إدارة المنظمات التعليمية: رؤية معاصرة للأصول العامة، (القاهرة: دار المعارف، 1996)، ص 18.

(8)   محمد منير مرسي، <u>الإدارة المدرسية الحديثة</u>، (القاهرة: عالم الكتب، 1999)، ص ص 18-19.

(9)   Caldwel , B.J., <u>Op.Cit.</u>, p.13581.

(10)   <u>Ibid</u>., p.13581.

(11)   <u>Ibid</u>., p.13580

(12)   يرجى مراجعة ما يلي:

Buch, Tony , From Management to Leadership Semantic or Meaningful Change?, <u>Educational Management Administration & Leadership</u>, vol. 36, no.2,2008, pp. 274-275.

Buch, Tony, <u>Theories of Educational Leadership and Management</u>, <u>Op.Cit.</u>, pp.1-13.

(13)   Everard, K.B. and Morris, G. , <u>Effective School Management</u>, (London: Paul Chapman Publishing, 1990), p. 166.

(14)   شاكر محمد فتحي أحمد، مرجع سابق، ص ص 18-19.

(15)   يرجى مراجعة ما يلي:

Van. Deventer, et al, <u>Op.Cit.</u>, p.66.

Buchel, A.J., <u>Op.Cit.</u>, p.2.

(16)   محمد جمال نوير وشاكر محمد فتحي وهمام بدراوي زيدان، مرجع سابق، ص 7.

(17)   المرجع السابق، ص 48.

(18)   Everard, K.B. and Morris, G. , Effective School Management, (London: Paul Chapman Publishing, 1990), p. 121.

(19)   Steinmann, C.F. Course EDU7040. Study Guide. Foundations of Educational Management. (Gauteng: Vista University, 2000), p.22.

(20)   شاكر محمد فتحي أحمد وآخرون، الإدارة المدرسية في مرحلة التعليم الأساسي، ط2، (القاهرة، مكتبة النهضة المصرية 2006)، ص 49.

(21)   المرجع السابق.

(22)   على السلمى، تحليل النظم السلوكية، (القاهرة، مكتبة غريب، بد. ت)، ص 32.

(23)   المرجع سابق، ص ص 40-41.

(24)   يرجى مراجعة ما يلي:

ضياء الدين زاهر، إدارة النظم التعليمية للجودة الشاملة: أساسيات وتطبيقات، (القاهرة: 2005).

شاكر محمد فتحي أحمد، مرجع سابق، ص ص 58-62.

(25)   يرجى مراجعة ما يلي:

محمود محمد أحمد أبوعابد، اتجاهات حديثة في القيادة التربوية الفاعلة، (الأردن - إربد: دار الأمل، 2006) ، ص ص 455-456.

شاكر محمد فتحي أحمد، مرجع سابق، ص ص 178-180.

(26)   Van der Westhuizen, P.C., Effective Educational Management. (Pretoria: Kagisho Tertiary, 1999), p.187.

(27)   Cawood, J., Kapp, C.A. and Swartz, J.F.A.. Dynamic Leadership. (Cape Town: NASOU Ltd, 1989), p.14.

(28)   Lambert, L., How to Build Leadership Capacity. Educational leadership, Vol.55, no.7, 1998, p.18.

(29)   Van der Westhuizen, P.C., Op.Cit., pp.187-188.

(30)   Lambert, L.. , Op.Cit., p.18

(31)   Cawood, J., Kapp, C.A. and Swartz, J.F.A.. Op.Cit., p.14.

(32)   يرجى مراجعة ما يلي:

Sterling, L. and Davidoff, S., The Courage To Lead. A Whole School Department Approach, (Cape Town: Juta & Co. Ltd, 2000.), pp.14-19.

Kgothule R. J., "A Programme for Facilitating Effective Leadership for Inclusive Schooling", Thesis Submitted in Fulfillment of The Degree Philosophy Doctor, School of Education, Faculty of Humanities, University of The Free State, Bloemfontein, 2004, pp.13-15.

(33)   Ubben, G.C.,et al., The principal: creative leadership for schools, (New York: Allyn and Bacon, 2001), p.13.

(34)   Caldwel , B.J., School Management , in N. J. Smelser and P. B. Baltes (Eds.), International Encyclopedia of Social and Behavior Sciences, 2001, p.13580

(35)   Sterling, L. and Davidoff, S. , Op.Cit., p.13

(36)   علي السلمي، الإدارة المعاصرة، مرجع سابق، ص 259.

(37)   محمد منير مرسي، مرجع سابق، ص ص 92-93.

(38)   علي السلمي، الإدارة المعاصرة، مرجع سابق، ص ص 263-264.

(39)   محمد منير مرسي، مرجع سابق، ص ص 85-87.

(40)   عادل محمد زايد، الأداء التنظيمي المتميز: الطريق إلى منظمة المستقبل، (القاهرة، المنظمة العربية للتنمية الإدارية، 2002)، ص 26.

الفصل الثاني

التنظيم المدرسي

مقدمة:

التنظيم المدرسي عنصر لا غنى عنه للإدارة المدرسية، فهو الهيكل أو الإطار العام الذي تعمل فيه الإدارة، كما أنه عملية أساسية من عمليات الإدارة، وهذا التعقد في ظاهرة التنظيم أدى إلى اختلاف الآراء وتعارضها في كثير من الأحيان في التعامل مع ظاهرة التنظيم.

ويتكفل التنظيم بإعداد الجهاز اللازم لإنجاز أعمال المدرسة، وتوزيع الواجبات على أعضاء هذا الجهاز بما يحقق التنسيق بين جهودهم لتحقيق الأهداف المرجوة، وتحديد التقسيمات الإدارية اللازمة التي تناسب طبيعة العمل، وكذلك تحديد المسئوليات والسلطات اللازمة لتحمل هذه المسئوليات، علاوة على تحديد أنماط الاتصال بين أعضاء المجتمع المدرسي.

أولا: المدرسة كمنظمة The School as an Organization

من أهم ما يميز المجتمعات المعاصرة ظهور المنظمات المتنوعة، وكلما زاد تقدم المجتمع وصف بأنه مجتمع أو دولة مؤسسات/منظمات. وقد نشأت المنظمات لتحقيق الحاجات الإنسانية (المتنوعة والمعقدة في مجالات مختلفة) والتي عادة ما يصعب تحقيقها بصورة فردية.

فالمستشفيات منظمات قامت لتوفير الخدمات الصحية للأفراد، والمصانع منظمات قامت لتوفير المنتجات الصناعية (أيًا كان نوعها)، والمدارس - على اختلاف أشكالها ومستوياتها - منظمات قامت لتقديم الخدمات التعليمية والتربوية لأبناء المجتمع.

والمنظمة عبارة عن نظام اجتماعي متكامل يضم عناصر متفاعلة ومتعاونة من أجل الوصول إلى أهداف معينة. ويمكن تعريفها بأنها «نظام مستمر من الأنشطة الإنسانية والمتناسقة التي

تستخدم في تحويل مجموعة من الموارد البشرية والمادية والمالية والفكرية من أجل حل المشكلات التي تعترض إشباع بعض الرغبات الإنسانية، وذلك بالتفاعل مع النظم الأخرى في البيئة المحيطة».[1]

ويفهم من ذلك أن المنظمة عبارة عن هيكل أو بنية اجتماعية فنية تضم مجموعة من الأفراد يؤدون مجموعة من الأدوار أو الوظائف المتكاملة لتحقيق أهداف محددة.

وعادة ما تؤدي المنظمة نوعين من المهام: مهام وظيفية / فنية، ومهام إدارية، وبالنسبة للمدارس كمنظمات تتمثل المهام الفنية أو الوظيفية في تعليم وتدريب المتعلمين بالطريقة التي تحقق نموهم وذواتهم كراشدين في المجتمع، أما المهام الإدارية فتتمثل في تخطيط وتنظيم المهام الوظيفية لجميع العاملين بها متضمنة مدير المدرسة وغيره من الإداريين والمعلمين والمتعلمين.[2]

ومن المهم تنفيذ المهام الإدارية بأفضل صورة لمصلحة المهام الفنية، فحتى تؤدي المدرسة وظائفها بصور ملائمة يجب أن تدار بالصورة المثلى؛ فالإدارة الفعالة للنظام المدرسي تعد متطلبا سابقا للتعليم والتعلم الفعال.[3]

والمدارس كمنظمات تشترك في كثير من الخصائص مع غيرها من المنظمات الأخرى، كما تختلف عنها في بعض الخصائص، ومن أبرز الخصائص التي تشترك فيها المدرسة مع غيرها من المنظمات أنها جميعا تتصف بما يلي:[4]

- وجود هيكل / بنية من الأدوار الرسمية أو المكانات المرتبة في هيراركي اجتماعي يحدد التوقعات السلوكية الملائمة لأعضائها (أداء الدور).
- وجود تجمع من الكائنات البشرية الذين ترتبط سلوكياتهم بالأدوار التي يؤدونها داخل الهيكل أو البناء التنظيمي.
- وجود ما يمكن تسميته بالبنى والعمليات غير الرسمية أو السياسية المصغرة بين الهياكل الرسمية والأفراد.
- وجود أهداف وقيم ومعتقدات واتجاهات وأفكار مشتركة - بصورة قوية أو ضعيفة - تظهر من خلال الطقوس، والأدوار، واللغة ومن خلال المناظير والأوضاع التي يتبناها الأفراد في المؤسسة، ومن خلال التعامل مع الآخرين والتي تشكل ما يسمى بثقافة المنظمة والثقافات الفرعية لأقسامها.

● وجود حالة من التفاعلات المستمرة بين أعضاء المنظمة والأفراد والجماعات داخلها.

أما الفروق الأساسية بين المدرسة وغيرها من المنظمات الأخرى فتتمثل فيما يلي:[5]

● أن المستفيدين من المدرسة (التلاميذ) معظمهم عادة ما يقعون تحت سن الرشد، ويلزمون بالحضور إلى المدرسة في سن معينة، وليس لديهم حرية تركها عندما يريدون.

● أن الهيئة العاملة بالمدرسة (من المعلمين والإداريين) تعد هيئة عاملة راشدة - تعمل على بناء المعرفة والقيم - بينما يكون أغلب المشاركين الآخرين من الأطفال.

● أن نواتج المدرسة متعددة الأوجه ومن الصعب قياسها بدقة.

● الطبيعة غير الواضحة للحدود التنظيمية المدرسية؛ فهذا الغشاء شبه النفاذ يسمح بالتناضح بين المدرسة والمجتمعات المحلية التي تتجسد المدرسة فيها بعمق.

ثانيا: ماهية التنظيم المدرسي

يمكن النظر إلى التنظيم من ناحية كونه البناء الذي يتم في إطاره أداء الأنشطة وإنجاز المهام المختلفة وهو هنا يصبح مرادفا لكلمة المنظمة Organization، كما قد ينظر إلى التنظيم بوصفه العملية الثانية المهمة من عمليات الإدارة، بعد عملية التخطيط، فعملية التنظيم Organizing تتلو بل تصاحب عملية التخطيط Planning وتعادلها في الأهمية؛ فبينما يتكفل التخطيط بالأعمال التي تقود إلى تحقيق الأهداف يتكفل التنظيم بإعداد الجهاز اللازم لإنجاز تلك الأعمال وتوزيع المهام بين أعضائه والتنسيق بينها من أجل تحقيق الأهداف.

ويعرف علي السلمي التنظيم بأنه عبارة عن هيكل من العلاقات الشخصية حيث يتم التمييز بين الأفراد طبقا للسلطة أو المركز، أو الدور الذي يقوم به كل منهم، ونتيجة ذلك تتحدد العلاقات الشخصية وتميل التصرفات السلوكية للأفراد إلى الالتزام بالأنماط المتوقعة، وبالتالي تقل الفجائية والغموض في تلك التصرفات. [6]

والتنظيم داخل المدرسة يعني تقسيم أوجه النشاط التعليمي اللازمة لتحقيق أهداف المدرسة وخططها، وتجميع مكونات كل نشاط في قسم أو إدارة أو تخصص مناسب. [7]

وتعتبر عملية التنظيم انعكاسا لخطط وأهداف المدرسة، فبمجرد تحديد الأهداف ورسم الخطط وتحديد كيفية استخدام الموارد البشرية والمادية المتاحة...تأتي مرحلة البدء في عملية

التنظيم من حيث تحديد الأنشطة الضرورية لتحقيق الأهداف، وتقسيم هذه الأنشطة إلى مهام وأنشطة فرعية وتوصيفها، وتخصيص الموارد المادية والبشرية اللازمة لإنجاز الأنشطة الأساسية والفرعية للمدرسة.

وفي ضوء ذلك تتضمن عملية التنظيم ما يلي: [8]

● تحديد الإطار الفكري «فلسفة» التنظيم «مركزي أم لا مركزي، يؤمن بالتوجهات الإنسانية أم الآلية المادية.. »

● تشكيل الإطار العام لترتيب علاقات الأفراد أعضاء التنظيم، وهو ما يطلق عليه الهيكل التنظيمي.

● توزيع الأنشطة والمهام المختلفة بين أجزاء الهيكل التنظيمي «أي تحديد الاختصاصات الأقسام والوحدات المختلفة في التنظيم»

● تحديد أسس المساءلة والمحاسبة وحدودها لشاغلي وظائف التنظيم.

● ترتيب نمط تدفق العلاقات التنظيمية بين شاغلي الوظائف «علاقات الإشراف والرئاسة والمرءوسية».

● تحديد القواعد والضوابط التي يلتزم بها شاغلوا الوظائف التنظيمية «السياسات».

● تحديد إجراءات ونظم العمل في مختلف المجالات.

● تنظيم أساس استخدام الموارد المادية وضبط علاقاتها بالأفراد «من له حق استخدامها ومتى وكيف؟»

ثالثا: مبادئ التنظيم المدرسي الفعال

وضع علماء الإدارة والتنظيم مبادئ متعددة ومتنوعة للتنظيمات الناجحة أو الفعالة، ومن أهم أسس ومبادئ التنظيم المدرسي الفعال ما يلي: [9]

1- مبدأ تحديد الهدف:

إن تحديد أهداف التنظيم هو نقطة البدء وأساس إنجاز أية وظيفة، فتحديد الهدف ضرورة يفرضها واقع ممارسة الوظائف الإدارية وتوحيد الموارد بالمنظمة نحو بلوغ هذه الأهداف.

2- مبدأ تقسيم العمل والتخصص

يمثل تقسيم العمل والتخصص ضرورة لعدة أسباب منها: تعدد مجالات المعرفة وتشعبها مما يصعب على فرد واحد الإلمام بها، كما أن الطاقة الذهنية والبدنية للفرد محدودة؛ ومن ثمّ لا يستطيع فرد واحد الاضطلاع بجميع الأنشطة.

3- مبدأ الوظائف

يجب أن ينشأ التنظيم حول الوظائف وليس حول الأفراد، حتى لا ترتبط حياة التنظيم بحياة الفرد ومدى بقائه واستمراره في العمل؛ لذلك يجب البدء بتحديد الوظائف ثم البحث عن الأفراد الذين تتواءم قدراتهم مع هذه الوظائف لتسكينهم فيها.

4- مبدأ وحدة التوجيه:

ويعني أن يتلقى الفرد الأوامر والتعليمات من رئيس واحد فقط بحيث يتعامل المرءوس مع رئيس واحد فقط بما يحقق المسئولية الإدارية، ويحدد التسلسل القيادي من أعلى لأسفل، ويزيد من فعالية الفرد في عمله.

5- مبدأ نطاق الإشراف:

يجب ألا يزيد عدد الأفراد الذين يخضعون مباشرة لرئيس واحد عن القدر المناسب حتى يستطيع أن ينسق بين جهودهم ويوجههم بالقدر الكافي. ويختلف العدد من إدارة إلى أخرى وحسب طبيعة العمل، وعموما يُحدد نطاق الإشراف من 10-20 بالنسبة للموظفين وبين 3-8 بالنسبة للإداريين.

6- مبدأ تسلسل القيادة:

بمعنى أن يتضمن التنظيم نوعا من التسلسل الوظيفي لتوضيح العلاقة بين الرؤساء والمرءوسين.

7- مبدأ التكامل:

بمعنى تجميع الأعمال أو الوظائف المتشابهة في وحدة واحدة، وهذا يتطلب تجنب الازدواج والتداخل في المهام وأوجه النشاط التي تؤديها الوحدات المختلفة.

8- مبدأ توازن السلطة والمسئولية:

بمعنى أن يقابل المسئولية عن عمل معين السلطة الكافية لإنجاز هذا العمل، فلا مسئولية بدون سلطة.

رابعا: مكونات التنظيم المدرسي

تتعدد عناصر التنظيم المدرسي كهيكل وكعملية أساسية من عمليات الإدارة. والتنظيم ككيان أو بناء يحتوي على عدد من المكونات بعضها ملموس وبعضها الآخر غير ملموس، وتتمثل المكونات الملموسة في الوظائف، والأنشطة، والأفراد أعضاء التنظيم، والعلاقات القائمة بين الأنشطة من ناحية والأفراد بعضهم ببعض من ناحية أخرى، أما المكونات غير الملموسة فيتمثل بعضها في القيم والأهداف المشتركة بين أعضاء التنظيم، والدوافع والحاجات وأنماط السلوك والاتجاهات السائدة في التنظيم.

1- الهيكل التنظيمي للمدرسة

قد يرادف بعض الباحثين بين الهيكل التنظيمي للمدرسة والتنظيم المدرسي، ومرد ذلك وجهة النظر التي ترى التنظيم المدرسي باعتباره بناءً أو هيكلاً من الوحدات أو الأقسام والعلاقات، إلا أن الأمر عادة لا يقتصر على ذلك وإنما يتجاوزه بحيث يمكن النظر أيضا إلى التنظيم كعملية جوهرية من عمليات الإدارة.

ويقصد بالهيكل التنظيمي Organizational Structure الأسلوب الرسمي الذي تستخدمه الإدارة في توزيع الأعمال والمسئوليات والسلطات بين الأفراد، وتحديد العلاقات فيما بينهم وتجميعهم في وحدات أو أقسام، وتصميم أدوات ووسائل التنسيق والاتصال الفعال بين هذه الوحدات والأقسام. [10]

وبذلك يحدد الهيكل التنظيمي المنهج الإداري المتبع لأداء الأعمال في أية منظمة، ويُعرف بأنه تقسيم عمل المنظمة إلى وحدات وأقسام إدارية تقوم بينها علاقات محددة، وتتضمن ممارسة السلطات وإبلاغ التعليمات والمعلومات. [11]

ومما سبق يمكن القول إنَّ الهيكل التنظيمي هو الإطار الرسمي الذي يحدد درجة التخصص وتقسيم العمل بين الوحدات والأفراد، وعدد المجموعات الوظيفية أو المهنية، وعدد المستويات

الإدارية، ولمن يتبع كل شخص، ومن هم الأشخاص الذين يتبعون له، وما سلطات ومسئوليات كل منهم، وما طرق وأساليب الاتصال فيما بينهم، وكيف يتم التنسيق بين وحداتهم أو أقسامهم.

يتضمن فريق العمل داخل المنظمات المختلفة وحدات ووظائف إدارية متنوعة تتدرج في بنية أو هيكل معين يطلق عليه الهيكل التنظيمي داخل المنظمة. فنجد مثلا داخل المدارس وحدات أو أقسام إدارية مختلفة، مثلا قسم شئون العاملين، وقسم شئون الطلاب.. إلخ، كما نجد وظائف إدارية متعددة تشمل مثلا مدير المدرسة، ونائب المدير أو مساعده، ورؤساء الأقسام التعليمية أو المعلمين الأوائل، وأحياناً المعلمين. وهذه الوظائف يوجد بينها علاقات محددة وتسلسل رئاسي محدد، يتضمن ممارسة السلطة وتفويضها من المستويات الإدارية العليا في الهيكل التنظيمي إلى المستويات الإدارية الأدنى لتسهيل إنجاز الأعمال التنظيمية.

والهيكل التنظيمي بهذا المفهوم يختلف عن الخريطة التنظيمية Organizational Chart والتي تمثل فقط رسما تخطيطيًا مبسطًا للعناصر الأساسية في الهيكل التنظيمي، وليس لكل محتوياته، وهناك عدد من الجوانب التي ينبغي الاهتمام بها، والتساؤلات التي يجب الإجابة عنها عند تحليل الهيكل التنظيمي لأيه منظمة، ومن أهم هذه الجوانب والتساؤلات ما يلي:(12)

- درجة وضوح الأهمية النسبية للأنشطة.
- مدى وضوح الصلاحيات والمسئوليات.
- التنسيق والتكامل بين الوحدات
- الاختصاصات والمهام.
- تفويض السلطات
- قدرة التنظيم على خدمة المناطق الجغرافية المختلفة
- نسبة الوظائف الإشرافية إلى الوظائف التنفيذية.

2- السلطة والمسئولية

تعد السلطة والمسئولية من أهم عناصر التنظيم عموما. فيلاحظ أن جميع المنظمات الاجتماعية تسيطر على أعضائها، ورغم ذلك تمثل مشكلة السيطرة أو الرقابة Control مسألة مهمة خاصة بالنسبة للتنظيمات الرسمية Formal Organization.

ما المقصود بالتنظيمات الرسمية؟ وهل هناك تنظيمات غير رسمية؟ وما الفرق بين التنظيم الرسمي والتنظيم غير الرسمي في هذه الحالة؟

إن التنظيمات الرسمية هي تلك التنظيمات التي قامت بصورة مقصودة ومخططة لإنجاز أهداف محددة، ولكنها عادة لا تتمكن من الاعتماد على أعضائها لأداء واجباتهم بدون حوافز إضافية، ولذلك تؤسس المنظمات نظاما رسميا لتوزيع المكافآت والعقوبات من أجل دعم التوقعات والتعليمات والأوامر التنظيمية.[13]

وتمثل السلطة أساس السيطرة التنظيمية، وعلاقات السلطة تمثل جزءاً مكملا للحياة المدرسية، حيث تمثل الجوهر الأساسي في معظم علاقات المعلم - الطلاب، أو الإداريين-المعلمين، أو الرئيس-التابعين.[14]

والسلطة Authority هي حق إصدار الأوامر للآخرين، أو هي الحق في توجيه جهود الآخرين ودفعهم إلى التعاون حتى يمكن تحقيق أهداف المنظمة.

ويجب الفصل بين مفهوم السلطة والقوة؛ فالسلطة هي المحرك الرئيسي لأي تنظيم رسمي، أما النفوذ أو القوة Power فهي انعكاس لسلوك الأفراد داخل التنظيم، وناتج من نواتج التنظيمات غير الرسمية.[15]

وتمثل السلطة في المدرسة خاصية أساسية للحياة المدرسية لأنها توفر الأساس الشرعي لسيطرة الإداريين والمعلمين والطلاب؛ فالمصدر الأساسي للسيطرة هو السلطة الرسمية المستمد من المكتب أو الموقع الوظيفي وليس من الشخص شاغل الوظيفة في حد ذاته.

وتوجد السلطة عند تحديد المعتقدات أو المعايير العامة في المدرسة التي تشرع استخدام النفوذ/القوة، ويميز عالم الاجتماع الشهير ماكس فيبر بين ثلاثة أنماط للسلطة هي: السلطة الكاريزمية، والتقليدية، والقانونية.[16] ويقسم آخرون السلطة التي تمارس في العمل الإداري داخل المنظمات إلى ثلاثة أنواع هي: السلطة التنفيذية، والسلطة الاستشارية، والسلطة الوظيفية.[17]

ما الفرق بين الأنماط أو الأنواع المختلفة للسلطة في رأيك؟

يرتبط بمفهوم السلطة مفهوم آخر على درجة كبيرة من الأهمية في العمل الإداري وهو تفويض السلطة ويمكن تعريف التفويض Delegation بأنه العملية التي يتم بها نقل مهمة أداء بعض الأعمال أو التصرفات من فرد أو مجموعة إلى فرد آخر أو مجموعة أخرى والتي تؤدي إلى اتخاذ قرار معين. فتفويض السلطة ما هو إلا تصريح بأداء عمل ما، وعلى الرئيس أن يتأكد أن السلطة المفوضة للمرءوسين بالقدر الكافي لإنجاز العمل المطلوب، وأن المرءوس على دراية كافية بالأسلوب المناسب لاستخدام هذه السلطة. [18]

وفي المنظمات المدرسية يعتبر مدير المدرسة المصدر الأول للسلطة، ومهمة مدير المدرسة كإداري مدرسي School manager هي العمل على تحقيق التعليم والتعلم في مدرسته بواسطة جهود الآخرين، ولا يمكن لمدير المدرسة ممارسة الإدارة الناجحة دون تفويض سلطة أداء معظم مسئولياته، ودون مشاركة المدير للعاملين معه في السلطة والنفوذ والمسئولية تفتقد المدرسة إلى القدرة على الإبداع والتكيف. [19]

وهناك ثلاثة مبادئ أساسية لنجاح عملية التفويض هي: [20]

● **تعادل السلطة مع المسئولية:** بمعنى أن تكون السلطة كافية لتنفيذ المسئولية الملقاة على عاتق المرءوس.

● **تكامل مسئولية الرئيس:** فالمبدأ المعروف أن تفويض السلطة لا يعني إعفاء مفوضها من مسئوليته، حيث يظل الرئيس المباشر مسئولا مسئولية كاملة عن إتمام العمل ويسأل في ذلك أمام رؤسائه.

● **وحدة الأمر:** ومضمون ذلك أن كل مرءوس مسئول مسئولية كاملة ومباشرة أمام رئيس واحد فقط في أي وقت من الأوقات وليس مسئولا لأكثر من هذا الرئيس الواحد.

والآن حاول البحث والتفكير في الأسئلة التالية؟

- ما مزايا تفويض السلطة؟

- هل هناك عيوب محتملة للتفويض، متى يحدث ذلك؟

- ماذا يترتب على انتهاك مبادئ التفويض الناجح للسلطة؟

المسئولية وعلاقتها بتفويض السلطة

إذا كانت السلطة حق للرئيس فإن المسئولية هي التزام من جانب المرءوس. وعلى ذلك قيل إنه من الممكن تفويض السلطة، ولكن لا يجوز تفويض المسئولية Responsibility Can not be Delegated.

وتنشأ المسئولية عادة نتيجة العلاقة التي تربط بين الرئيس والمرءوس، فالسلطة تنساب من الرئيس إلى المرءوس الذي يصبح عليه التزام بتنفيذ ما يطلب إليه بمقتضى هذه السلطة.

ماذا يترتب على عدم تحمل المرءوس للمسئولية أو عدم التزامه بأداء الواجبات المكلف بها؟

3- رسالة المدرسة ورؤيتها Mission & Vision:

تعتبر الرسالة والرؤية من أهم عناصر البناء الاستراتيجي لأية منظمة ومن ضمنها المنظمات المدرسية، ومن الأهمية بمكان أن يتوافر للمدارس القادة والمدراء ذوو القدرة والمهارات الكافية لتحديد الرسالة وبناء الرؤية، حيث اتضح أن التحديد الدقيق لرسالة المنظمات عموما، والحرص على صياغة رؤيتها، ووضوح ذلك في أذهان العاملين بالمنظمة عادة ما يكون له انعكاس إيجابي على تحسن الأداء التنظيمي والنمو المستقبلي للمنظمات المختلفة.

ويمكن تحديد رسالة المدرسة بأنها المبرر من وجود المدرسة، أو الغاية الكبرى التي قامت المدرسة من أجل تحقيقها، والأثر الذي تسعى إلى تأكيده في المجتمع، وهي توضيح لشخصيتها وهويتها وتعريف بتوجهاتها، وهي قائمة تتضمن إعلان المدرسة لأهدافها وفلسفتها وتعريف المجال الذي تعمل فيه ويميزها عن غيرها من المنظمات.[21]

وتنبع أهمية تحديد رسالة المدرسة من عدة أمور من أهمها ما يلي:[22]

- تعطي الرسالة تعريفا واضحا ومحددا للغرض من وجود المدرسة.
- تضمن الرسالة الإجماع من قبل العاملين على غايات المدرسة وأهدافها وأنشطتها.
- تساعد الرسالة على تحديد الميزات التنافسية للمدرسة.
- تحدد الرسالة ماهية النمو وأنماطه والاتجاهات التي تسعى المدرسة إلى تحقيقها في المستقبل.
- تساعد الرسالة على تحديد هوية المدرسة عن غيرها من المنظمات.

- تحدد رسالة المدرسة المميزات والقيم التي تسعى المدرسة إلى تحقيقها، وكذلك الأعمال والاستراتيجيات التي سوف تتبعها.
- تؤدي الرسالة إلى بث روح الولاء والحماس لدى العاملين بالمدرسة.

ومما هو جدير بالذكر أن رسالة المدرسة يجب أن تكون متسقة مع رسالة النظام التعليمي ككل في المجتمع.

أما رؤية المدرسة فتعبر عن الصورة التي تريد المدرسة أن تحققها لنفسها في المستقبل، أو الأحلام المطلوب تحقيقها والتميز الواجب إحداثه، وبالتالي هي الآمال والتطلعات التي تهدف المدرسة إلى تحقيقها في الأجل الطويل.[23]

ولرؤية المدرسة أهمية كبيرة في نجاح أية عملية تطوير أو تحديث داخل المدرسة، وهناك الكثير من الأسباب التي تجعل الرؤية مهمة بالنسبة لأية مدرسة منها أن الرؤية:[24]

- تؤدي إلى زيادة درجة الدافعية لدى العاملين في المدرسة نحو الإنجاز والأداء الأفضل.
- تساعد على التقدم في تحقيق أهدافها خاصة عندما تكون الأهداف واضحة ومفهومة من العاملين في المدرسة.
- توجد فرص التحقق من التقدم والنجاح الذي حدث في المدرسة.
- تؤدي إلى خلق روح الفريق بين العاملين في المدرسة، وتوجه كل طاقاتهم نحو تحقيق الأهداف المنشودة.

ومما سبق يمكن إيضاح أن تحديد الرسالة وصياغة الرؤية، والسعي نحو إنجاز الرسالة وبلوغ الرؤية المستقبلية للمنظمة إنما يتطلب إدارة مؤهلة ذات مهارات وكفاءات إدارية متنوعة.

خامسا: أنواع التنظيم المدرسي

تضم المدرسة كمنظمة تعليمية نوعين من التنظيم هما:[25]

التنظيم التكنولوجي (البيئة المادية)

ويشمل الأدوات والمواد الأولية والتكنولوجيا المستخدمة وغيرها، ووظيفة هذا التنظيم هي وظيفة اقتصادية بالدرجة الأولى، لأن اهتمامه ينصب على الاهتمام بتقديم الخدمة التعليمية

للمستفيدين على نحو أفضل، وبما يحقق جودة التعليم ويزيد من فعالية المنظمة، وأيضاً يعظم الحوافز لأعضاء التنظيم.

التنظيم الاجتماعي (البيئة الاجتماعية)

ويتكون من أنماط العلاقات الناشئة بين أفراد المجتمع التعليمي، الذين يعملون معاً ويتفاعلون معاً من أجل تحقيق الأغراض التربوية والتعليمية، وتحدد هذه الأنماط السلوك المتوقع للفرد في المنظمة التعليمية وكذلك السلوك الذي يتوقعه الفرد من الآخرين في المنظمة، ويطلق على هذا التنظيم المناخ المدرسي أو ثقافة المدرسة .

وينقسم التنظيم الاجتماعي إلى:

التنظيم الرسمي Formal Organization:

ويتكون من السياسات والقواعد والإجراءات والأوامر والتعليمات التي تحدد نمط العلاقات الواجب توافرها بين الأفراد في المدرسة من أجل تحقيق الأغراض التربوية والتعليمية بكفاءة وفعالية.

التنظيم غير الرسمي Non-Formal Organization:

ويشير إلى العلاقات الاجتماعية التي تنشأ بين الأفراد في المنظمة التعليمية وعلى مختلف مستوياتهم التنظيمية، بمعنى آخر يشير التنظيم غير الرسمي إلى العلاقات التنظيمية الفعلية التي تنشأ نتيجة التفاعل بين الخطة التنظيمية وضغوط العلاقات الاجتماعية بين أفراد المنظمة نتيجة لاحتكاكهم وتفاعلهم في العمل، وبذلك فإن التنظيم غير الرسمي يمكن أن يسهل أداء التنظيم الرسمي لمهمته، وفي ذات الوقت من الممكن أن يعوق أداءه.

ومن الجدير بالتنويه أن هناك علاقة متبادلة بين التنظيم التكنولوجي والتنظيم الاجتماعي، حيث إن التنظيم الاجتماعي يعمل على تشكيل وإعادة تشكيل التنظيم التكنولوجي، حتى يمكن تقديم الخدمة التعليمية للمستفيدين بالجودة المطلوبة، وكذلك زيادة رضا الأفراد في المدرسة، وبالمثل فإن تغير التنظيم التكنولوجي يتطلب تكييف التنظيم الاجتماعي أو تعديله.[26]

سادسا: تطور التنظيم المدرسي:

مر التنظيم المدرسي بمراحل متعددة ارتبط فيها بتطور نظريات التنظيم ذاتها، ويلخص علي السلمي مراحل تطور نظريات التنظيم كما يلي:[27]

1- النظرية الكلاسيكية أو التقليدية Classical or Traditional Organization Theory

وتضم هذه الفئة نظريات التنظيم التي تركز على عناصر «العمل والهيكل التنظيمي» باعتبارها عناصر التنظيم الأساسية وما يترتب على ذلك من «تحديد للسلطة وتوزيع المسئولية وتعيين نطاق الإشراف والرقابة»:

وتتميز النظرية الكلاسيكية بصفة عامة بكونها نظرية مثالية أي تصف ما يجب أن يكون دون أن تصف الواقع بطريقة مباشرة، كما أنها نظرية رشيدة تفترض الرشد في أعضاء التنظيم وتعتبرهم من المعطيات أي لا يؤثرون في السلوك التنظيمي.

وأخيرا فإن النظرية الكلاسيكية تنظر إلى التنظيم على أنه نظام مغلق Closed System أي منعزل عن البيئة التي يوجد فيها، **ومن أمثلة النظرية الكلاسيكية للتنظيم النماذج التالية:**

● نظرية البيروقراطية   Bureaucracy
● نظرية الإدارة العلمية   Scientific Management
● نظرية التقسيم الإداري   Theory of Departmentalization

وترتكز تلك النظريات جميعًا على العناصر التالية:

● تقسيم العمل والتخصص.
● تسلسل السلطة.
● هيكل التنظيم الرسمي.
● نطاق الإشراف أو الرقابة.
● مبدأ الرشد.

2- النظرية الحديثة للتنظيم Modern Organization Theory

تضم تلك الفئة مجموعة من النظريات التنظيمية التي تخالف النظرية الكلاسيكية في اتجاهها للتركيز على العمل والهيكل الرسمي، إذ نجد أن تلك النظريات الحديثة بدأت تأخذ في الاعتبار

عناصر تنظيمية أخرى مثل: الإنسان، التكنولوجيا، والبيئة الاجتماعية - التي يمارس فيها التنظيم نشاطه، ومن النظريات التي تحت هذه الفئة ما يلي:

نظريات التوازن التنظيمي Equilibrium

كما عبر عنها كثير شستر برنارد وهربرت سيمون ومارشن وسيمون وغيرهم. ومنطق تلك النظريات أن هناك نوعًا من التبادل بين الفرد والتنظيم؛ فالفرد يقدم الجهد والعمل والولاء للتنظيم في مقابل الأجر والمرتب والمزايا المادية والمعنوية التي يتيحها انتماؤه للتنظيم، والفرد يحاول تحقيق التوازن بين ما يقدمه للتنظيم وما يحصل عليه، وكذلك التنظيم يحاول تحقيق ذات التوازن، وعلى ضوء تلك الفكرة يمكن تفسير الكثير من مظاهر السلوك التنظيمي.

النظريات الإنسانية للتنظيم:

تقوم تلك المجموعة من النظريات على أساس مبدأ مهم هو التركيز على الإنسان باعتباره العنصر الحيوي في التنظيم، والذي تدور حوله جميع مظاهر التنظيم الأخرى. وتتفاوت النظريات الإنسانية للتنظيم من حركة العلاقات الإنسانية في بداية ظهورها حوالي عام 1930 وما بعدها والتي تميزت بجانب كبير من عدم التعمق لحقيقة الدور الإنساني في التنظيم، ولجأت إلى التعميم والمبالغة في أهمية الإنسان، إلى النظرية السلوكية للتنظيم التي تقوم على فهم واضح وعميق لحقيقة السلوك الإنساني ومحدداته التنظيمية.

وتشارك النظريات الإنسانية للتنظيم النظريات الكلاسيكية اهتمامها بعناصر التنظيم الأربعة (التخصص، تقسيم العمل، تسلسل السلطة، هيكل التنظيم الرسمي ونطاق الإشراف)، غير أنها أدخلت عليها تعديلات أساسية وهي دراسة تلك العناصر التنظيمية على ضوء السلوك الإنساني والتفاعل بين الأفراد داخل التنظيم وانعكاسات ذلك على تلك العناصر المادية. كذلك أبرزت تلك النظريات الإنسانية أهمية التنظيم غير الرسمي Informal Organization.

ويمكن القول إن نظريات الإدارة العلمية والبيروقراطية والتقسيم الإداري (النظريات التقليدية) تقوم على أساس النموذج الرشيد للتنظيم Rational Approach، والذي يرى أن كل عنصر من عناصر التنظيم يؤدي وظيفة محددة ويخضع للرقابة والسيطرة من جانب إدارة التنظيم، والنموذج الرشيد ينظر إلى التنظيم باعتباره نظاماً مغلقاً أي أنه منعزل عن البيئة الخارجية التي يمارس نشاطه في إطارها، وذلك يشير إلى أن أي تغير أو تطور في التنظيم مرجعه عناصره

الداخلية وليس عملا خارجيا عنه. من ناحية أخرى فإن النموذج الرشيد يعني أن كل شيء بالتنظيم يتم وفقا لتصميم الإدارة ورغباتها، أي أنه لا يحتوي على أي شيء لم تضعه الإدارة فيه. على هذا الأساس فإن النموذج الرشيد يرفض فكرة التنظيم غير الرسمي باعتباره شيئاً دخيلاً ليس من تصميم الإدارة. أما النظريات الحديثة في التنظيم فيطلق عليها «النموذج الطبيعي» للتنظيم، إذ يتم بناء نظرية التنظيم استناداً إلى أفكار ومبادئ علم البيولوجي، حيث يشابه التنظيم النظام البيولوجي فهو عبارة عن مجموعات من الأجزاء التي يمارس كل منها وظيفة معينة، ولكنها في مجموعها تشكل نظاماً متكاملاً. كل جزء من أجزاء التنظيم المتكامل يؤثر في الأجزاء الأخرى ويتأثر بها، والتنظيم يعتبر نظاماً مفتوحاً Open System بمعنى أنه يتفاعل مع البيئة المحيطة ويتأثر بها، أي أن هناك بعض أنواع التغير والتطور في النظام التي تحدث بسبب مؤثرات خارجية وليست من داخل التنظيم، وينطوي التنظيم على إمكانيات للتأقلم والتكيف السريع Adaptation Mechanisms مع التغير في البيئة الخارجية. [28]

فكر وابحث في السمات والمبادئ الأساسية لنظريات التنظيم المختلفة.

سابعا: المدرسة المتعلمة نموذج معاصر للتنظيم المدرسي

أجمع الباحثون على أن تغييرًا جذريًا على مستوى التنظيم المدرسي لابد أن يحدث لبناء المدرسة كمنظمة متعلمة من خلال التخلي عن الهياكل والأساليب والافتراضات الإدارية التقليدية، وتبني أنماط إدارية حديثة، تكون ملائمة لخلق ثقافة التعلم و تتلاءم مع المعارف والرؤى القادمة. ولا يمكن أن يحدث هذا بدون تحول تنظيمي وشخصي، ومن ثم نادى بعض الباحثين بضرورة تفعيل أنشطة إدارة التغيير لتشمل هيكل المدرسة، وفلسفتها وقيمها الأساسية وأهدافها التنظيمية.

ومن الأهمية بمكان التفريق بين مفهومي المنظمة المتعلمة والتعلم التنظيمي، حيث يُنظر إلى عملية التعلم التنظيمي على أنها أحد العناصر الأساسية لبناء المنظمة المتعلمة، فهناك فرق بين هيكل المنظمة وعملياتها. [29]

ويرى أمين النبوي، 2009 أن الاستعراض السريع لتطور الفكر التنظيمي وانعكاساته على المدرسة، يؤكد بالفعل الحاجة إلى تغيير ما ؛ فالمدرسة ما هي إلا «مدرسة المصنع» أو «آلة» كبيرة يجب إدارتها من خلال فنيين مهرة، هدفها تحويل «الموارد» المادية والبشرية إلى أدوات أو أرباح

أو أحد ضرورات نظم الإنتاج التي تميز مجتمع «الحداثة» أو «الصناعة». فالمدرسة في القرن العشرين أصبحت عملية ميكنة للصغار لانخراطهم في ثقافة الحداثة، ولتحقيق تلك الميكنة "Mechanization"، كان لابد من استخدام السلطة المركزية، بما يحقق صهر الاختلافات في الأنماط وأساليب التعلم والرغبات والطموحات والتطلعات وصهرها جميعاً في بوتقة الاتساق مع المعايير وإنتاجية المدرسة وغيرها من إفرازات الحداثة والصناعة، وأصبحت «المحاسبية» كمعيار من معايير الفعالية المدرسية تقاس وفقاً لما تخططه وزارات التعليم والمؤسسات المسئولة عن وضع المعايير ومستويات الأداء بدلاً من أن تكون المدرسة مسئولة مباشرة عند أداء الطلاب، وتحت محاسبية الطلاب والأسر، فالمدارس لم تعد معنية بالتعلم Learning ولكنها معنية بإعداد رأس المال البشري، وتلك طامة كبرى تواجه التعليم، فلا يمكن إعداد البشر بتلك الطريقة التي تجعل منهم مجرد «آلات» أو «أدوات» للإنتاج، فالبشر كائنات لها جوانبها الأخلاقية والنفسية والروحية التي لا يجب إطلاقاً تجاهلها؛ ومن هنا بدأ مع بداية مجتمع ما بعد الحداثة أو مجتمع ما بعد الصناعة، البحث عن بديل آخر للمدرسة أو على الأقل مفهوم آخر للمدرسة، يباعد بينها وبين المفهوم التقليدي القاصر، وبدأ البحث عن أشكال أو أنماط بديلة للتربية، وتزايد الاعتقاد في إمكانية أن تحل مراكز التعلم المجتمعية Community Learning Centers محل المدارس باعتبارها نواة مجتمع ديمقراطي، تعاوني وتشاركي ومستمر في النمو إذ إنه يمكن للتعليم القائم على أساس الجماعة Community-Based-Education أن يكون بديلاً عن النظم المدرسية الثابتة والتقليدية والهرمية.

وبدأ يظهر مفهوم مجتمعات التعلم Learning Community كاستجابة لدعوات وكتابات في الستينيات والثمانينيات من القرن الماضي تتحدث عن ضرورة جعل التعلم طبيعياً كما هو الحال مع الكائن البشري، فكما ينمو الأطفال بشكل طبيعي، يتنفسون ويأكلون ويكبرون.... يمكن لمجتمع التعلم القائم على الاهتمام والعناية والتشجيع والمساندة أن يدفع كل طفل للتعلم في سياق من العلاقات الحميمة وبعيداً عن التسلطية والهرمية السائدة في المدارس. [30]

ومن هنا فإننا نحتاج إلى نموذج المدرسة المتعلمة أو التنظيم المدرسي القائم على التعلم، ونعني أن تقوم المدرسة ببناء أنظمة لها القدرة والقابلية للحصول على المعرفة ضمن خطة طويلة الأجل، تمكنها من إجراء عمليات تغيير مستمرة. وبشكل أوضح أن تعمل المدرسة كمنظمة متعلمة على ما يلي: [31]

- الاستعانة بطاقاتها التنظيمية من أجل الاستجابة إلى المتغيرات المختلفة.

- العمل على تنمية قدرات التعلم الفردي، والذي قد يتطلب منها إجراء تغييرات على هيكلها وثقافتها التنظيمية، بالإضافة إلى تغيير في تصميم الوظائف.

- إيجاد أرضية واسعة لمشاركة موظفيها - والمستفيدين منها - في صنع القرارات وتبادل المعلومات بحرية.

- تشجيع التفكير النظمي وبناء ذاكرتها التنظيمية.

- ضمان عمليات التعلم المستمر وتطوير القدرات لكل أفراد المدرسة، بالإضافة إلى كل من يتعامل معها بشكل دائم.

- التطوير الذاتي والمستمر للمنظمة ككل، والعمل على وضع قنوات تربط تعلم الأفراد بسياسات المنظمة واستراتيجياتها.

ثامنا: أدوار ومسئوليات أعضاء هيكل التنظيم المدرسي

إن الأفراد المسئولين عن توفير الأشكال المختلفة من الخدمات والقيادة في المدرسة متعددون، ومن أهمهم مدير المدرسة، ونائب/مساعد المدير، والمعلم، وغيرهم. ولاشك أن هؤلاء جميعا لابد أن يتوافر فيهم سمات القيادة الكفؤة على جميع المستويات.[32]

أ- مدير المدرسة School Principal:

تعد وظيفة مدير المدرسة واحدة من أعظم الوظائف أهمية في النظام التربوي ككل،[33] وهناك مقولة لأحد مشاهير التربية في أمريكا● مؤداها أنه لا يمكن أن توجد مدرسة متميزة دون أن يكون على رأسها مدير متميز، كما أنه لا يمكن أن تكون هناك مدرسة متدنية الأداء بينما يكون مديرها متميزا، وبعبارة أخرى أن المدير المتميز يستطيع أن يحول مدرسته - مهما كان مستواها - إلى مدرسة متميزة.[34]

ومن المعروف أن مدير المدرسة هو القائد الأول في مدرسته وهو المسئول الأول عن جميع أعضاء المجتمع المدرسي، معلمين وطلابا وغيرهم، ولذلك تتعدد مسئوليات وواجبات مدير المدرسة وقد أكدت ذلك نتائج المشروع الوطني الأسترالي عن القيادة والتدريب الإداري لمديري المدارس؛ حيث أشارت إلى أن وظائف وأدوار مديري المدارس تتطور في اتجاهات مختلفة،

لاسيما مع تزايد المطالبة المستمرة من أولياء الأمور، وأيضا الحكومات من أجل زيادة المحاسبية المدرسية. [35]

وبالفعل يعد مدير المدرسة مسئولا عن جميع الأنشطة المدرسية، ورغم أنه من الممكن أن يقوم بتفويض بعض هذه الوظائف إلى المرءوسين مثل نائبه أو مساعديه أو المعلمين أو غيرهم فإن هناك بعض المهام التي لا يمكن تفويضها حيث يجب على مدير المدرسة القيام بها بنفسه، ومن أمثلة هذه المهام ما يلي: [36]

● حق المدير في القرار.
● التخطيط.
● توزيع العمل وتفويض الصلاحيات.
● تنظيم ومتابعة تنفيذ الواجبات.

ويرى بعض الباحثين أن وظيفة مدير المدرسة الفعال متعددة الأوجه وتتضمن جانبين أساسيين هما: [37]

● أن مديري المدارس يجب عليهم تطوير وتحسين ومراقبة المعرفة والمهارات المهنية في مجتمعاتهم المدرسية.
● أن مديري المدارس يجب أن يعملوا مع مجتمعاتهم المحلية لخلق توجه عام من التوقعات التي تدعم وتقوي تنفيذ هذه المعارف والمهارات.

وإجمالا لما سبق يمكن تلخيص أبرز مسئوليات مديري المدارس عموما في العناصر التالية: [38]

وضع الخطة السنوية للمدرسة.

لكي يضمن مدير المدرسة سلامة العمل في مدرسته لابد أن يكون هذا العمل مخططا بدقة قبل بداية العام الدراسي، ولذلك يجب وضع خطة عمل تغطي كل الأنشطة المدرسية طوال العام. والخطة المدرسية هي برنامج عمل يتمكن به العاملون في المدرسة من بلوغ أهدافهم في تحسين عمليتي التعليم والتعلم.

ويبدأ دور مدير المدرسة التخطيطي بدراسة الأهداف العامة للتعليم وأهداف المرحلة

التعليمية التي تنضوي تحتها مدرسته، ثم أهداف السياسة التعليمية مركزية ومحلية. ويقوم بوضع أهداف للتعليم في مدرسته تمثل المخرجات التي يريد تحقيقها والأغراض التي تتخذ كموجهات للسلوك الإداري والفني. وهو في ذلك يعمل على إشراك العاملين معه في هذه العملية، ويساعدهم على تحديد أهداف المدرسة وبرامجها ومشروعاتها.

التنظيم الداخلي للمدرسة.

يقوم مدير المدرسة بعملية تنظيم الأعمال المدرسية، ويقتضي منه ذلك تحديد المسئوليات والسلطات ونواحي الإشراف وعملية الاتصال، وبعبارة أخرى يحدد المهام والموارد المطلوبة لإنجاز الأنشطة المدرسية المختلفة، ويختار الأفراد ويحدد المسئوليات ويعطي سلطات للعاملين ويحدد العلاقات، ويضع محكات للتقويم.

الإشراف التربوي:

يعمل مدير المدرسة على حسن سير العملية التعليمية وتحسينها باستمرار، فمدير المدرسة يعد مشرفا تربويا مقيما يساعد المعلمين عموما والجدد منهم خصوصا على فهم أهداف المرحلة التي يعملون بها، ودراسة المناهج الدراسية بما تضمه من مواد ومقررات دراسية وطرق تدريس وكتب وغيرها، ومساعدتهم على تنفيذها.

ومن جهة أخرى يعمل مدير المدرسة على إحداث التنمية المهنية للمعلمين، من خلال حثهم على القراءة والاطلاع وتوفير الكتب والمراجع بمكتبة المدرسة، وزيارة المعلمين في حجرات الدراسة وقاعات الأنشطة للوقوف على الإيجابيات فيدعمها، والسلبيات فيقومها، من خلال الاهتمام بالتدريب داخل المدرسة، وتقديم النصح والإرشاد للمعلمين في تقديم الدروس وتنفيذ المنهج والتعامل مع الطلاب.

اتخاذ القرارات المدرسية

إن المهمة الرئيسية لمدير المدرسة هي اتخاذ القرارات المدرسية التي تحافظ على حسن سير العملية التعليمية، وإذا كان مدير المدرسة هو الذي يتخذ القرارات فإن عملية صنع القرارات يجب أن تشمل جميع المعنيين بالقرارات داخل المدرسة. ويقوم مدير المدرسة بالتعاون مع العاملين وبمشاركتهم بوضع بدائل لحل المشكلات، وهذه المشاركة قد تتضمن أيضا الطلاب وأولياء الأمور والخبراء من المجتمع المحلي..إلخ

ويقوم مدير المدرسة باتخاذ القرارات في التوقيت المناسب ويخبر أعضاء المجتمع المدرسي بها ويتابع تنفيذها وتقويمها.

الإشراف على الشئون المالية والإدارية بالمدرسة

تقع على مدير المدرسة مسئولية حسن سير الأعمال الإدارية والمالية بالمدرسة، إذ إنه عادة الرئيس المباشر للعاملين في الشئون المالية والإدارية، ومن ضمن الواجبات الأساسية للمدير في هذا الإطار إعداد التقارير السنوية عن العاملين بالمدرسة، ومنح العاملين الإجازات وفق اللوائح والقوانين، وتشكيل اللجان الخاصة بجرد العهد وخزينة المدرسة من وقت لآخر، والإشراف على أعمال السكرتير والمعاون وأمين التوريدات والمخازن بالمدرسة، ونظرا لاتساع نطاق اختصاصات مدير المدرسة فإنه من المناسب دائما أن يعهد ببعض الاختصاصات إلى الوكلاء والمدرسين الأوائل كل فيما يمكن أن يؤديه على أكمل وجه.

ب- نائب المدير/ المدير المساعد Deputy / Assistant Principal:

أثناء العقود الثلاثة الأخيرة من القرن العشرين، تم النظر إلى نائب المدير أو مساعده باعتباره مجرّد شخص ما يتحمل بعض العبءِ عن مدير المدرسة، ونظرا للتغيرات المستمرة التي طرأت على مجال الإدارة المدرسية أصبح ينظر إلى نائب المدير كوظيفة أساسية ومكملة ولا غنى عنها لنجاح وفعالية الإدارة المدرسية.

وبينما يظل مدير المدرسة عادة محط أنظار المجتمع، فإن نائب المدير هو الذي يتفاعل مع الطلاب بصورة أكبر، كما أنه الشخص الذي يراه الطلاب أكثر من مدير المدرسة ولذلك يعتبر أكثر تأثيرا من المدير في يوم الطلاب وفي حياتهم المدرسية اليومية، ومن ثم تؤكد أدبيات الإدارة المدرسية على الدور المهم الذي يشغله نائب المدير.[39]

إن نائب المدير هو الرجل الثاني في المدرسة ويجب أن يتصرف كمدير المدرسة في حالة غياب المدير. وعادة ما تكون هناك علاقة خاصة من الثقة بينه وبين مدير المدرسة، ويكون على علم بجميع المسائل الحيوية في المدرسة، حيث إن إرشاداته ومهاراته الإدارية لها أهمية كبرى في حسن سير العمل بالمدرسة.[40]

وقد فحص كل من Scoggins and Bishop (1993) أكثر من (26) مؤلفا في مجال الإدارة المدرسية واستخلصا منها عشرين واجبا من الواجبات الشائعة لنائب المدير من أهمها:[41] المحافظة

على الانضباط، ومتابعة الحضور، والإشراف على الأنشطة الطلابية، ودعم المستخدمين وتقويمهم، والإشراف على المباني المدرسية، والتوجيه، والإشراف على الجدول المدرسي، والنيابة عن مدير المدرسة في حالة غيابه. وقد جاءت المحافظة على الانضباط المدرسي في المرتبة الأولى ضمن مسئوليات مساعد المدير، والإشراف على الحضور في المرتبة الثانية، بينما جاء الإشراف على الأنشطة الطلابية، ودعم المستخدمين، والإشراف على المباني المدرسية في المرتبة الثالثة والرابعة والخامسة على التوالي.

وبصفة عامة يشترك النائب / مساعد المدير مع المدير في وضع الخطة المدرسية السنوية ومناقشتها في مجلس إدارة المدرسة، كما يعاون مدير المدرسة فيما يسند إليه من أعمال إدارية أو فنية ويؤدي واجبات مدير المدرسة عند غيابه، فيتولى الإشراف على الشئون الفنية والإدارية والمالية بالمدرسة، ويحل محله في رئاسة جلسات مجلس إدارة المدرسة، وجمعيتها العمومية. وفي الحالات العادية يوكل إليه مدير المدرسة بعض المهام بصفة دائمة كالإشراف على النشاط المدرسي وشئون العاملين بالمدرسة وأعمال الامتحانات، والإشراف على العهد المدرسية المختلفة، ومتابعة الأعمال الخاصة بشئون الموظفين في المدرسة وحضورهم وغيابهم وإجازاتهم، كما يشرف على أعمال المستخدمين في المدرسة وتنسيق العمل فيما بينهم. كما عليه أن يتابع أعمال الخدمات المدرسية كالصحة المدرسية والمواصلات، وعليه أن يشارك في عضوية اللجان والمجالس المدرسية بحكم وظيفته.[42]

ج- المدرس الأول Head Teacher:

يعد المدرسون الأوائل أو رؤساء الأقسام Heads of Department أكبر أعضاء الهيئة التدريسية سلطة، والتاليين في خط السلطة بعد نائب المدير، وهم الوصلة المباشرة بين المدير والمعلمين، وتوجد بعض الوظائف والمسئوليات المحددة التي يجب تفويض سلطة التصرف فيها إلى رؤساء الأقسام من أجل تطوير مهاراتهم الإدارية مثل رئاسة اللجان، ووضع الجداول الزمنية.[43]

وتعتبر وظيفة المدرس الأول من الوظائف الرئيسية في التعليم لما لها من أثر في الناحية الفنية والإدارية للعمل المدرسي. فالمدرس الأول هو الموجه الفني لزملائه، فيوجه زملاءه بناءً على خبرته وتجربته، ويختلط بهم فيتعرف على دقائق عملهم ونواحي قوتهم وضعفهم وعلاقتهم بتلاميذهم، فهو بالنسبة لهم كموجه مقيم، وهو حلقة وصل بين إدارة المدرسة ومدرسي المادة

من جهة، وبين التوجيه المختص وهؤلاء المدرسين من جهة أخرى. ويمكن تلخيص وظائف المدرس الأول في جانبين كبيرين على النحو التالي: [44]

1- **الجانب الفني:**

● يقوم بتدريس بعض الحصص في مادة تخصصه.

● يقوم بدراسة المنهج المدرسي مع مدرسي المادة من ناحية أهدافه ووسائل تحقيقها.

● يرأس الاجتماعات الدورية مع مدرسي المادة والتي تعقد مرة كل أسبوع أو أسبوعين. وتخصص لها إدارة المدرسة حصتين متتاليتين في يوم من أيام الأسبوع لمدرسي كل مادة بصفة دورية تناقش فيها النواحي المتعلقة بالمنهج وطرق تدريسه والمشكلات التي تعترض المدرسين في أداء العملية التعليمية وكيفية التغلب على هذه المشكلات.

● يشارك المدرسين في توزيع المنهج وتحليله على مدار العام الدراسي ومتابعة تنفيذه ويشترط أن يكون التوزيع متماثلا على شهور السنة ويكفل المراجعة الجدية في نهاية العام. ويحتفظ بأصل التوزيع موقّعًا عليه من المدرس المختص على أن يقوم المدرس بتسجيله في دفتر تحضيره.

● فحص الأعمال التحريرية لكل مدرس على حدة، والهدف من ذلك معرفة نواحي القصور ومساعدة المدرس على التخلص منها .

● يوزع المادة الدراسية في الصفوف المختلفة على المدرسين مع مراعاة كفايتهم الفنية وعدالة التوزيع على أن يعتمد هذا التوزيع من مدير المدرسة.

● مراجعة كراسات إعداد الدروس طبقا لخطة واضحة المعالم يرسمها لنفسه منذ بدء العام وحتى نهايته.

● يقوم بمراجعة كراسات المكتب الخاصة بدرجات الطلاب أول بأول حتى يستوثق من أن الدرجات المعطاة تسير طبقاً للتوزيع المعتمد ومقارنة هذه الدرجات بما يحصل عليها الطالب في الامتحان التحريري لنصف العام وآخره، وأنها تمثل الصورة الحقيقية لتحصيل الطلبة وقدراتهم ويعتمدها في نهاية العام .

● يقوم بتدريس نماذج لدروس من مادته وفق خطة سنوية مرنة بحضور معلمي المادة.

● يرشد معلمي المادة إلى كيفية وضع الأسئلة والإجابة عنها على أن يشتمل التقرير على نشاط المادة والمعوقات وأساليب العلاج.

● يقدم تقريرا مفصلا عن مادته - بعد كل تقويم - لكل من الموجه المختص ومدير المدرسة على أن يشتمل التقرير على نشاط المادة والمعوقات وأساليب العلاج المقترحة.

2- الجانب الإداري:

● الإشراف على قسم من أقسام المدرسة ومراقبة سير الدراسة فيه وسلوك التلاميذ والنظر في مشاكل هذا القسم.

● يشارك في اللجان التي تعقد لتنظيم العمل المدرسي مثل : لجنة توزيع الكتب- لجنة قبول المستجدين- لجنة توزيع الطلاب على الفصول - لجنة المشتريات..... إلخ.

● يقترح بالتشاور مع مدرسيه الكتب والمراجع والوسائل التعليمية المتعلقة بمادته والتي يجب أن توفرها المدرسة.

● يوفر للموجه الفني كل ما يوضح مظاهر نشاط مدرسي المادة وجهودهم.

● الاشتراك في عضوية اللجان التي يعهد إليه مدير المدرسة وخاصة مجلس إدارة المدرسة.

● الاشتراك في وضع الخطة السنوية العامة والإسهام في تنفيذها ومتابعتها وتقويمها.

د- المعلم:

● يمثل المعلم عموما أهم العناصر الفعالة في الإدارة المدرسية، والتي يتوقف نجاحها وتحقيق أهدافها على تأدية المعلم لواجباته ومسئولياته الإدارية والفنية داخل المدرسة وخارجها، ومن أبرزها ما يلي: [45]

1- الجانب الفني:

● دراسة الأهداف التي ينبغي أن يصل إليها التلاميذ عن طريق عملية التعليم، وعليه أن يعمل على تحقيقها في كل درس داخل الفصل وخارجه.

● إعداد دروسه إعدادًا جيدًا وفق متطلبات المنهج الدراسي، وربط مادة تخصصه بالمواد الدراسية الأخرى.

● تحليل المنهج الدراسي بكل مادة يقوم بتدريسها وذلك في بداية كل عام دراسي.

- العناية بكراسات تلاميذه ودقة تصحيحها.
- الإطلاع على الكتب والمراجع الحديثة التي تتصل بمادته وعلى ما يعينه على تجديد أساليبه في التربية، والسعي إلى حضور الندوات العلمية والتربوية والدراسات التدريبية التي تعمل على تنميته مهنيًا.

2- الجانب الإداري

- حضور طابور الصباح والمساعدة في حفظ النظام بالمدرسة.
- حصر حالات التأخير والغياب في كل حصة بدقة.
- معاونة المدرس الأول في الإشراف على قسم من أقسام المدرسة.
- المساهمة في الأنشطة المدرسية المختلفة.
- المشاركة في عضوية اللجان والمجالس المدرسية وفق لوائحها أو تكليفات مدير المدرسة.

تاسعا: مستحدثات التنظيم المدرسي في مصر

تمشيًا مع التغيرات والمستجدات المجتمعية والتربوية أصدرت وزارة التربية والتعليم خلال الأعوام الخمس السابقة بعض القرارات التي غيرت في البنية التنظيمية للمدارس المصرية بعامة من خلال استحداث بعض الوحدات المدرسية، واستحداث بعض الوظائف التي لم تكن موجودة من قبل، وتحديث مهام ومسئوليات وظائف أخرى حتى تتناسب مع التغيرات التربوية والمجتمعية، حيث صدر القرار رقم (262) لسنة 2003م بشأن تحديد معدلات ومستويات واختصاصات وظائف الإدارة المدرسية بالمراحل التعليمية المختلفة،[46] فقد تم وضع تحديد دقيق لاختصاصات ومسئوليات مدير المدرسة، واستحدثت وظيفة نائب مدير المدرسة باعتباره القيادة الثانية في المدرسة ويقوم بأعمال المدير في حالة غيابه، كما حدد القرار اختصاصات ناظر الخدمات التعليمية (شئون العاملين)، وناظر شئون الطلاب والأنشطة الطلابية، وناظر شئون التعليم، واختصاصات وكيل الخدمات التعليمية، ووكيل شئون الطلاب، ووكيل المبنى المدرسي والتغذية، ووكيل الأنشطة الطلابية، ووكيل المدرسة لشئون التعليم والتنمية المهنية، ووكيل شئون الامتحانات والتقويم، كما صدر القرار رقم (28) لسنة 2004م،[47] الذي تتضمن شروط شغل وظائف الإدارة المختلفة والضوابط المؤهلة لاجتياز التدريب اللازم لشغل وظائف الإشراف والتوجيه والإدارة المدرسية، كما حدد الأهداف العامة ومجالات الأعمال التفصيلية

بشاغلي وظائف الإدارة سواء على مستوى المديرية التعليمية، أو على مستوى الإدارة التعليمية، وكذلك إعادة توصيف وظيفة مدير المدرسة ونائبه ..إلخ.

راجع مضمون القرارات السابقة على الموقع التالي لوزارة التربية والتعليم المصرية

www.emoe.org

أما بالنسبة للوحدات المدرسية فهي عبارة عن مجموعة من التنظيمات المدرسية التي أنشئت للقيام ببعض الوظائف والمهام المستحدثة في المدارس المصرية من أجل استثمار موارد المدرسة وإمكاناتها المادية والبشرية وتحسين فعالية العملية التعليمية.

وتتمثل الوحدات المدرسية التي أنشئت حديثا في وحدة التدريب والتقويم، والوحدة المنتجة ووحدة الإحصاء والمعلومات (الحكومة الإلكترونية) ووحدة الجودة الشاملة، ووحدة تكنولوجيا التعليم ولجنة إدارة الأزمات وتأمين الأفراد والمنشآت.. إلخ.

1- وحدة التدريب والتقويم:

أنشئت وزارة التربية والتعليم وحدة التدريب بالمدارس كصيغة جديدة لتدريب المعلمين أثناء الخدمة بهدف تنمية كفايات المعلمين والعاملين بالمدرسة؛ بما يجعلهم قادرين على أداء أدوارهم بفاعلية وكفاءة، وبما يؤدي إلى تحسين العملية التعليمية بالمدرسة. [48]

فقد نصت المادة الأولى من القرار رقم (90) لسنة 2001 على أن تنشأ بكل مدرسة (ابتدائي- إعدادي- ثانوي عام وفني) وحدة للتدريب يصدر بتشكيلها قرار من مجلس إدارة المدرسة على النحو التالي: [49]

● أحد نظار أو وكلاء المدرسة، ويكون متفرغًا للعمل بها (مشرفًا على الوحدة).
● العائدين من البعثات الخارجية بالمدرسة.
● المدرسين المشرفين بالمدرسة طبقًا للأقدمية والكفاءة، كل حسب تخصصه.

كما حددت المادة الثانية من القرار نفسه اختصاصات وحدة التدريب ومن أهمها ما يلي:

● تخطيط وإعداد البرامج التدريبية للعاملين بالمدرسة.
● تنفيذ البرامج التدريبية بالمدرسة.
● تبادل وتنمية المهارات الفنية بين العاملين بالمدرسة ووحدة التدريب.

وقد تم تعديل اسم الوحدة من وحدة التدريب إلى وحدة التدريب والتقويم بموجب القرار (48) لسنة 2002 وأضيفت إليها الاختصاصات التالية:[50]

● تقويم جميع أنواع التدريب.

● تقويم نواحي العملية التعليمية كافة (لتشمل تقويم التلاميذ، وتقويم البرامج التعليمية، وتقويم أداء المدرسة).

2- الوحدة المنتجة:

تقوم فلسفة الوحدة المنتجة على جعل المدرسة مدرسة منتجة كصيغة لتحقيق التمويل الذاتي للمدارس في إطار التوجه نحو الإدارة الذاتية للمدارس المصرية.

وتمثل الوحدة المنتجة بالمدرسة إحدى التنظيمات المدرسية التي أنشئت بهدف استثمار الموارد والإمكانات المتاحة للمدرسة، وزيادة مواردها المالية من خلال أنشطة إنتاجية تعود بالنفع على الطلاب والعاملين والمدرسة ككل.

وتحقيقا لذلك صدر القرار الوزاري رقم (12) لسنة 2002 بشأن إنشاء لجنة دائمة لمشروع المدرسة المنتجة بجميع المدارس المصرية.[51]

وتتشكل الوحدة المنتجة بالمدرسة من أحد الوكلاء الذي يتولى مسئولية الإشراف على أعمال الوحدة المنتجة، ويعاونه مجموعة من المعلمين الذين يقومون بتوجيه الأنشطة المختلفة مثل التربية الفنية والتربية الزراعية ..إلخ ويختلف نشاط الوحدة المنتجة بالمدرسة على أساس طبيعة المدرسة، ففي المدارس الفنية تكون الورش والمواد الخام متاحة للطلاب لعمل المنتجات وبيعها وتسويقها، وفي مدارس البنات يوجد اختلاف لنوعية النشاط مثل الاقتصاد المنزلي أو التربية الفنية.. إلخ حسب ميول الطالبات.

وفي بداية العام الدراسي يتم وضع خطة لعمل الوحدة المنتجة بالمدرسة، وما تنوي كل أسرة من أسر النشاط عمله أثناء العام الدراسي، أي ما تنوي إنتاجه من منتجات متصلة بالنشاط الخاص بها.

ويتم توزيع صافي أرباح الوحدة المنتجة بواقع (50% للقائمين بتنفيذ عمليات الوحدة

المنتجة (17% للطلبة، و 33% للمدرسين)، و 13% لتطوير المشروعات وإقامة المعارض، و 10% لاحتياجات المدرسة «صيانة أجهزة ومعدات»، و 10% مكافأة لجنة الإشراف بالمدرسة، و 8% احتياطي لمواجهة الخسائر المستقبلية، و 3% للتوجيه المالي والإداري، و 3% نصيب الإدارة المركزية، و 2% نصيب المديرية التعليمية، و 1% نصيب اللجنة المركزية لمشروع الوحدة المنتجة بديوان عام الوزارة. [52]

3- وحدة المعلومات والإحصاء

مسايرة لعصر المعلومات والتكنولوجيا الحديثة صدر القرار الوزاري رقم (99) لسنة 2002 بشأن إنشاء وحدة الإحصاء والمعلومات بكل مدرسة،[53] حيث نصت المادة الأولى من القرار على أن تنشأ بجميع المدارس بكل المراحل التعليمية المختلفة وحدة تسمى «وحدة المعلومات والإحصاء» يصدر بتشكيلها قرار من مجلس إدارة المدرسة على النحو التالي:

● أحد الوكلاء بالمدرسة (ويكون مشرفا على الوحدة)
● أحد العاملين بالمدرسة ممن يجيدون استخدام الحاسب الآلي من غير العاملين بالتدريس.
● عدد من العاملين والسكرتارية.

ويتراوح عدد العاملين بالوحدة من 2-5 حسب حجم المدرسة، وتكون الوحدة تحت الإشراف المباشر لمدير المدرسة.

كما نصت المادة الثانية على أن هدف هذه الوحدة هو المساهمة في تحقيق نظام معلومات شامل ومتكامل يلبي كل متطلبات المستويات الإدارية المختلفة من معلومات وبيانات ومؤشرات داعمة لاتخاذ القرار بصورة دقيقة وسريعة ابتداء من المدرسة والإدارة التعليمية والمديرية حتى ديوان الوزارة في ظل نظام الحكومة الإلكترونية.

وحددت المادة الثالثة من القرار السابق (القرار الوزاري رقم 99 لسنة 2002) اختصاصات الوحدة فيما يلي:

● تجهيز وتدقيق إدخال البيانات اللازمة لنظام المعلومات.
● تسجيل جميع ما يطرأ من تغيير على بيانات التلاميذ والعاملين بالمدرسة فوراً، وبكل دقة.

● صحة ودقة البيانات ومطابقتها للواقع باستمرار.

● توفير المعلومات لكل المستويات وتداولها وفق التعليمات.

● الحفاظ على أمن البيانات وسريتها.

● القيام بالإجراءات الفنية الخاصة بعمل نسخ الحفظ وخلافه.

● اتباع كل التعليمات الصادرة من الإدارة العامة للمعلومات والحاسب الآلي بهذا الشأن.

هوامش ومراجع الفصل الثاني:

(1) على السلمى، تحليل النظم السلوكية، (القاهرة، مكتبة غريب، بد . ت)، ص 11.

(2) Badenhorst, D.C., et al., School Management: The Task and Role of The Teacher. (Pretoria: Haum, 1993) P. 3

(3) Buchel, A.J., Practical School Management Course, (Good Wood: Acacia, 1993), pp.1-3.

(4) Busher, Hugh, Understanding Educational Leadership: Organizational and Interpersonal Perspectives, (Blacklick, Oh, USA: Mcgraw-Hill Companies, 2006), p.1.

(5) Ibid, p.2.

(6) على السلمى، تطور الفكر التنظيمي، (القاهرة، مكتبة غريب، بد . ت)، ص 217.

(7) أحمد إسماعيل حجي، الإدارة التعليمية والإدارة المدرسية، (القاهرة : دار الفكر العربي، 2005)، ص 313.

(8) على السلمى، الإدارة المعاصرة، (القاهرة، مكتبة غريب، بد . ت)، ص ص 62-63.

(9) تم الاستفادة من المرجعين التاليين في صياغة مبادئ التنظيم المدرسي:

عبد الكريم درويش وليلى تكلا، أصول الإدارة العامة، (القاهرة : مكتبة الأنجلو، 1980)، ص ص 367-368.

عايدة سيد خطاب وآخرون، أصول الإدارة، (القاهرة: مكتبة عين شمس، 1993)، ص ص 207-209.

(10) عمرو حامد، الاتجاهات الحديثة في التخطيط والإدارة الاستراتيجية، الملتقى العربي الأول الاتجاهات الحديثة في التخطيط والإدارة الاستراتيجية (دليل المدير العربى) تونس - الجمهورية التونسية 19-23. أغسطس 2007، ص 7.

(11) محمد جمال نوير وشاكر محمد فتحي وهمام بدراوي زيدان، مقدمة في الإدارة المدرسية، (القاهرة : مركز التنمية البشرية والمعلومات، 1996) ص 150.

(12) عمرو حامد، مرجع سابق، ص ص 7-8.

(13) Hoy, Wayne K.. and Miskel, Cecil G., <u>Educational Administration: Theory, Research, and Practice,</u> 4th Ed., (New York: Mcgraw-Hill, Inc., 1991), p. 76.

(14) <u>Ibid.,</u> p. 76.

(15) عايدة سيد خطاب وآخرون، <u>مرجع سابق</u>، ص 250.

(16) Hoy, Wayne K.. and Miskel, Cecil G., <u>Op.Cit.,</u> P. 77-78.

(17) عايدة سيد خطاب وآخرون، <u>مرجع سابق</u>، ص ص 251-256.

(18) <u>المرجع السابق</u>، ص ص 259-260.

(19) Van. Deventer, et al, <u>An Educator's Guide to School Management Skills.</u> Pretoria, 2003, p. 118.

(20) عايدة سيد خطاب وآخرون، <u>مرجع سابق</u>، ص ص 260-261.

(21) يرجى مراجعة ما يلي:

عايدة سيد خطاب، <u>الإدارة الاستراتيجية للموارد البشرية</u>، (القاهرة : دار الفكر العربي، 2003)، ص 56.

علي السلمي، <u>إدارة التميز: نماذج وتقنيات الإدارة في عصر المعرفة</u>، (القاهرة: دار غريب، 2003)، ص 68.

(22) محمود السيد عباس، كفايات استخدام التخطيط الاستراتيجي الواجب توافرها لدى مديري المدارس، <u>التربية والتنمية</u>، السنة 13، العدد 33، 2005، ص ص 30-31.

(23) يرجى مراجعة ما يلي:

عايدة سيد خطاب، الإدارة الاستراتيجية للموارد البشرية، <u>مرجع سابق</u>، ص56.

علي السلمي، إدارة التميز...، <u>مرجع سابق</u>، ص 69.

(24) محمود السيد عباس، <u>مرجع سابق</u>، ص 30.

(25) أمين النبوي، "الإدارة المدرسية المفاهيم والأسس النظرية"، في عادل عبد الفتاح سلامة وآخرون، <u>الإدارة المدرسية والصفية</u>، (القاهرة، بد.ن، 2009).

(26)   المرجع السابق.

(27)   على السلمى، تطور الفكر التنظيمي، مرجع سابق، ص ص 17-20.

(28)   يرجى مراجعة ما يلي:

على السلمى، تطور الفكر التنظيمي، مرجع سابق، ص ص 21-24.

أمين النبوي، مرجع سابق.

(29)   رفعت عبد الحليم الفاعورى، إدارة الإبداع التنظيمي، القاهرة: المنظمة العربية للتنمية الإدارية، 2005 ص 84.

(30)   أمين النبوي، مرجع سابق.

(31)   رفعت عبد الحليم الفاعورى، مرجع سابق، ص ص 81-82.

(32)   Mantle, Judy A., "Navigating Special Education Tensions and Controversies", in Hughes, Larry W. (eds.) Current Issues in School Leadership, (London: Lawrence Erlbaum Associates, Publishers, 2005), p.185.

(33)   Peter Neil and Others, Principals In Action: An Analysis of School Leadership, Research In Education No. 66, 2001, P.40.

●   ليبهام Lipham, 1981

(34)   جون كاربنتر، مدير المدرسة ودوره في تطوير التعليم، ترجمة عبدالله أحمد شحاتة، (القاهرة: إيتراك للطباعة والنشر والتوزيع، 2001)، ص 11.

(35)   Thomas, R., K. Vine and R. Gates, Stress in Principals: Designing a Study, available at: http//elo.eddirect.com/library/general/Thomas.htm/, pp. 1-2. (accessed: 15/7/2002)

(36)   يرجى مراجعة ما يلي:

Van. Deventer, et al, Op.Cit, p.18.

Buchel, A.J., Op.Cit., p.69 .

(37)   Dipaola, Michael and Tashannen-Moran, Megan, School Principals and Special Education: Creating The Context For Academic Success, Focus On Exceptional Children, Vol.37, No.1, 2004, P.3

(38)   يرجى مراجعة ما يلي:

صلاح عبد الحميد مصطفى، الإدارة المدرسية في ضوء الفكر الإداري المعاصر، (الرياض: دار المريخ للنشر، 2002)، ص ص 67-78.

أحمد إسماعيل حجي، مرجع سابق، ص ص 383-395.

يعقوب حسين نشوان، الإدارة والإشراف التربوي، (عمان: دار الفرقان للنشر والتوزيع، 1991)، ص ص 199- 173.

(39)   Charles Hausman, and Others, the Work Life of the Assistant Principal, Journal of Educational Administration, 2002, Vol. 40, No.2, pp. 136-138.

(40)   Buchel, A.J., Op.Cit., p.72.

(41)   Scoggins A.J., and H.L. Bishop, "A Review of The Literature Regarding The Roles and Responsibilities of Assistant Principals", Paper Presented at The Annual Meeting of The Mid-South Educational Research Association, New Orleans, LA. 1993, p.40

(42)   يرجى مراجعة ما يلي:

إبراهيم عصمت مطاوع وأمينة حسن، الأصول الإدارية للتربية، (القاهرة: دار المعارف، 1980)، ص ص 123- 121.

صلاح عبد الحميد مصطفى، مرجع سابق، ص ص 76-77.

(43)   Buchel, A.J., Op.Cit., p.75.

(44)   يرجى مراجعة ما يلي:

صلاح عبد الحميد مصطفى، مرجع سابق، ص 76.

إبراهيم عصمت مطاوع وأمينة حسن، مرجع سابق، ص ص 124-126.

(45)   يرجى مراجعة ما يلي:

إبراهيم عصمت مطاوع وأمينة حسن، مرجع سابق، ص ص 128-130.

صلاح عبد الحميد مصطفى، مرجع سابق، ص 78.

(46) وزارة التربية والتعليم، قرار وزاري رقم (262) بتاريخ 2003/11/4، بشأن تحديد معدلات ومستويات واختصاصات وظائف الإدارة المدرسية بالمراحل التعليمية المختلفة بالمديريات والإدارات التعليمية، (القاهرة: مكتب الوزير، 2003).

(47) وزارة التربية والتعليم، قرار وزاري رقم (28) بتاريخ 2004/1/29، (القاهرة: مكتب الوزير، 2002).

(48) وزارة التربية والتعليم، دليل الوحدات التدريبية بالمدارس، (القاهرة: وحدة التخطيط والمتابعة- برنامج تحسين التعليم، 2003)، ص 12.

(49) وزارة التربية والتعليم، قرار وزاري رقم (90) بتاريخ 2001/4/18، بشأن إنشاء وحدة التدريب بالمدارس، (القاهرة: مكتب الوزير، 2001).

(50) وزارة التربية والتعليم، قرار وزاري رقم (48) بتاريخ 2002/3/16، بشأن إنشاء وحدة التدريب بالمدارس، (القاهرة: مكتب الوزير، 2002).

(51) وزارة التربية والتعليم، قرار وزاري رقم (12) بتاريخ 2002/1/23، بشأن تشكيل اللجنة الدائمة لمشروع المدرسة المنتجة، (القاهرة: مكتب الوزير، 2002).

(52) مديرية التربية والتعليم بمحافظة القاهرة، قرار مدير المديرية رقم (10) بتاريخ 2004/2/17، بشأن توزيع صافي الأرباح لأعمال الوحدة المنتجة بالمدرسة، (القاهرة: مكتب مدير مديرية التربية والتعليم، 2004).

(53) وزارة التربية والتعليم، قرار وزاري رقم (99) بتاريخ 2002/6/8، بشأن إنشاء وحدة الإحصاء والمعلومات بالمدارس، (القاهرة: مكتب الوزير، 2002).

الفصل الثالث

إدارة الفصل
أصول نظرية وحالات عملية

مقدمة:

غدت إدارة الفصل علمًا وفنًا يحتاج إليه جميع المعلمين على اختلاف مستوياتهم، فمن الناحية الفنية تعتمد هذه الإدارة على شخصية المعلم وأسلوبه في التعامل مع الطلاب داخل الفصل وخارجه، كما تُعد إدارة الفصل علمًا متداخل التخصصات له معارفه وأطره النظرية المتميزة.

وانطلاقا من أن حجرة الفصل هي البيئة الأساسية الأكثر تأثيرا في نفوس الطلاب، وفي قابليتهم للتعلم، وجودة التحصيل الدراسي لديهم، أصبح إعداد المعلم في معظم كليات التربية - على مستوى العالم - يقتضي دراسة الطالب /المعلم لمقرر أو أكثر في مجال إدارة الفصل.

وتمثل إدارة الفصل مجالاً بحثيًا تطبيقيًا متداخل التخصصات، تتشابك فيه المعارف والنظريات من علوم معددة مثل ديناميات الجماعة، وعلوم النفس المدرسي، والتعليمي، والنمو، وعلوم الاجتماع التربوي، والتنظيمي، وعلوم الإدارة والإشراف التربوي،.. إلخ.

ويذكر سميث Smith,1998 أن الأدوار القيادية والممارسات التشاركية للمعلمين تتضمن العناصر التالية:[(1)]

- الإدارة الصفية الناجحة.
- أساليب التدريس الفعال.
- الممارسات التكيفية الملائمة.
- المرونة التعليمية.

ويتضح من ذلك أن الإدارة الصفية تمثل أحد المهام الرئيسية والأدوار المطلوبة التي تتحدى قدرات المعلم.

أولا: ماهية إدارة الفصل وطبيعتها

يلعب المعلمون أدوارا متنوعة في حجرة الفصل، إلا أنه بالطبع من أكثر هذه الأدوار أهمية هو إدارة المعلم للفصل، فالتدريس والتعلم الفعال لا يمكن أن يحدثا في فصل تتسم إدارته بالضعف.(2)

ومن ثمّ فإن فعالية التعلم الصفي لا تعتمد فقط على تمكن المعلم من المادة الدراسية التي يقوم بتدريسها بل تعتمد أيضا - وربما قبل ذلك - على مدى قدرة المعلم على تهيئة المُناخ الصفي الملائم الميسر للتعلم والمشجع عليه، بكل ما يتضمنه ذلك من أفعال وإجراءات تضمن توفير بيئات تعلم إيجابية تساعد الطلاب على التعلم بكفاءة؛ فبدون القدرة على إدارة الفصل يفقد المعلم جانبًا مهما من جوانب التعلم. ولذلك نال مجال إدارة الفصل اهتماما متزايدا من المنظرين والممارسين التربويين، ورغم ذلك لا يوجد تعريف واحد متفق عليه بين الباحثين والممارسين لمفهوم إدارة الفصل، وربما يرجع ذلك إلى اتساع مجالات إدارة الفصل، واختلاف مناظير الباحثين في النظر إليها. **ويمكن عرض بعض التعريفات لمفهوم إدارة الفصل على النحو التالي:**

- هي مجموعة من الأنماط السلوكية المتعددة التي يستخدمها المعلم؛ لكي يوفر بيئة تعليمية مناسبة، ويحافظ على استمرارها بما يمكنه من تحقيق الأهداف التعليمية المنشودة، وتعزيز تعاون التلاميذ ومشاركتهم في المهام التي تؤدى داخل الفصل، بغية تجويد العملية التعليمية، ومعالجة المشكلات التي يمكن أن تواجه المعلم بكفاءة وفعالية، وزيادة التفاعلات بينه وبين طلاب فصله والمحافظة على حماسهم، وتوظيف الأفكار التربوية الحديثة في قاعة الدرس. كما أن إدارة الفصل تشمل المحافظة على النظام، وتنظيم الطلاب ومتابعة سلوكهم وتيسير التفاعل بين الطلاب بعضهم والبعض الآخر. والمعلم هنا مسئول عن توفير جو اجتماعي فعال ومنتج في الفصل، وعليه أن ينمي السلوك المناسب ويعززه، ويعدل السلوك غير المرغوب، والإدارة الناجحة تركز على الإيجابيات وتشرك الطلاب في الإدارة وعملياتها.(3)

- هي عملية تهدف إلى توفير تنظيم فعال داخل غرفة الدراسة، من خلال الأعمال التي يقوم بها المعلم لتوفير الظروف اللازمة لحدوث التعلم في ضوء الأهداف التعليمية المعدة سلفا لإحداث تغيرات مرغوبة في سلوك المتعلمين تتسق وثقافة المجتمع الذي ينتمون إليه من جهة وتطوير إمكاناتهم - إلى أقصى حد ممكن - في جوانب شخصياتهم المتكاملة من جهة أخرى.(4)
- هي الطريقة التي ينظم بها المعلم عمله داخل الفصل وييسر بمقتضاها بغية الوصول إلى الأهداف التعليمية التي يبغيها من الحصة الدراسية.(5)
- هي توجيه نشاط الأفراد المتعلمين نحو الأهداف التعليمية المشتركة من خلال تنظيم جهودهم وتنسيقها وتوظيفها بالشكل المناسب؛ للحصول على أفضل نتائج للتعلم بأقل جهد ووقت ممكن.(6)
- هي العمليات والمستلزمات الضرورية لإيجاد وتوفير البيئات المناسبة التي يحدث فيها التعليم والتعلم.(7)
- هي مجمل عمليات توجيه الجهود التي يبذلها المعلم وتلاميذه في غرفة الصف لتوفير مناخ مناسب لحدوث التعليم والتعلم،ودوام استمراره من أجل بلوغ الأهداف المخطط لها وذلك عن طريق تنظيم المواد والأدوات والأجهزة ووسائل التقويم المناسبة بما ييسر عمليات التعلم بأقصى ما تستطيعه قدرات المتعلمين بالإضافة إلى تنظيم أنماط السلوك والذي يجعل من عملية التعلم أمرًا هادفًا وممتعًا دون إهدار في الوقت أو الجهد.(8)
- هي نظام فرعي لنظام الإدارة المدرسية، ويعد المعلم والتلميذ المدخلين الرئيسيين لهذا النظام، بالإضافة إلى كل العناصر المادية والبشرية التي يمكن توظيفها - سواء داخل المدرسة أو خارج المدرسة - لتعينهما على توفير بيئة دراسية ملائمة لاكتساب المهارات المعرفية والاجتماعية المختلفة، وبما يحقق أهداف العملية التعليمية ورضا المهتمين بها.(9)

- ما أبرز العناصر المشتركة بين التعريفات السابقة لإدارة الفصل؟

- و ما أوجه الاختلاف بينها؟

ومما هو جدير بالذكر أن إدارة الفصل ليست مجرد عملية السيطرة على سلوك الطلاب أو تحقيق الانضباط الصفي فقط، إنها مفهوم معقد يتضمن عناصر كثيرة. ومن ثم فإن ما يعتقده البعض بأن إدارة الفصل Classroom Management مسمى آخر للضبط الصفي Classroom Control يظهر مخالفا في واقعه للحقيقة والصواب، لأنه مع وجود بعض التقارب بين هذين المفهومين، إلا أن العلاقة بينهما هي ارتباط الجزء بالكل، بمعنى أن الضبط الصفي يمثل جزءًا من مجموع أجزاء تتضمنها الإدارة الصفية التي لا يتوقف مدلولها عند هذا المعنى التقليدي الذي يشير فقط إلى محاولة المعلم تحقيق وحفظ النظام بما يكفل هدوء التلاميذ لإتمام شرح الدرس، وإنما يرتبط بجميع جوانب العملية التعليمية بما فيها المناخ العاطفي والاجتماعي لدى المعلم والتلاميذ في البيئة الصفية.[10]

وهكذا فإن إدارة الفصل تتضمن كل شيء يمكن أن يفعله المعلمون لخلق بيئات التعلم الإيجابية الضرورية؛ لكي يتمكن المعلمون من التدريس بفعالية، ولكي يتمكن الطلاب من التعلم بكفاءة.

وإجمالا لما سبق يمكن القول إن:

إدارة الفصل هي: مجموعة الأنشطة والتصرفات التي يقوم به المعلم لتحقيق مُناخ تعليمي إيجابي، يُمَكّنه من التدريس بفعالية، ويساعد الطلاب على التعلم بكفاءة.

ثانياً: الأسس التي تقوم عليها إدارة الفصل:

هناك أسس وافتراضات متعددة تقوم عليها إدارة الفصل ومن أهمها ما يلي:[11]

- أن إدارة الفصل هي جزء مكمل للتدريس.
- أن المعلمين يمكن تدريبهم على التعامل مع المشكلات السلوكية بفعالية.
- يحتل المعلمون المكان الأفضل لتحديد الكيفية التي يصبحون بها أكثر فعالية في إدارة فصولهم.
- ينهمك المعلمون في التعامل مع المشكلات اليومية الصعبة التي تنعكس على أهداف إدارة الفصل.
- التدريس يعد أحد أعظم المهام أهمية وتحديا وإحباطا في المجتمع المعاصر.

إن أعظم الافتراضات أهمية لإدارة الفصل هو أن الإدارة الفعالة لسلوكيات الطلاب يمكن أن يتعلمها المعلمون. ولذلك يحتاج المعلمون وخاصة المعلمين المنتظرين (الطلاب المعلمون) إلى دراسة طرق إدارة سلوكيات الطلاب في الفصول الدراسية لتعظيم أنشطة التعلم التي يقدمها المعلمون.

وهناك الكثير من الطرق المفيدة للمعلم لتعلم أنشطة إدارة الفصل مثل:

● نمذجة أو محاكاة إجراءات إدارة الفصل الفعالة المستخدمة بواسطة معلمين آخرين.

● حضور أنشطة التنمية المهنية المتعلقة بإدارة الفصل.

● التدريس كفريق وذلك مع المعلمين الذين يعتبرون ناجحين في إدارة الفصل.

● حضور البرامج التدريسية الرسمية التي تركز على إدارة الفصل.

● القراءة المستقلة عن إدارة الفصل.

● تجريب أساليب إدارة الفصل المختلفة وتحديد أي المداخل أكثر فعالية.

ثالثاً: أهمية إدارة الفصل وأهدافها:

إن الهدف الأساسي للمعلمين هو التنفيذ الفعال للبرامج التعليمية، ويهتم المعلمون بجوانب إدارة الفصل مثل ضبط السلوكيات ومعالجة المهارات الأكاديمية والاجتماعية للطلاب لعدة أسباب يمكن إيضاحها على النحو التالي:[12]

السبب الأول: تسهيل نجاح الطلاب في البيئات المدرسية وبعد المدرسية. على سبيل المثال في التعليم الابتدائي يقضي المعلمون وقتا في التعليم المباشر، والمعالجة، والنمذجة، ولعب الدور، وغيرها من الاستراتيجيات التي تساعد الطلاب على تطوير مهاراتهم للنجاح الأكاديمي والاجتماعي لكي يتم تنفيذ البرامج التعليمية بفعالية. كما أن تصرف الطلاب بصورة ملائمة يساعد المعلمين ليكونوا أكثر فعالية في استخدام الوقت التعليمي وتوظيفه لتنمية مهارات الطلاب.

السبب الثاني: هو رفاهية الطلاب أنفسهم، فالسلوكيات الملائمة تسهل تعلم الطلاب، وتستثير الطلاب الآخرين في الفصل لإظهار السلوكيات الملائمة أيضا، وعلى النقيض فإن السلوكيات غير الملائمة يمكن أن تعوق تعلم جميع الطلاب، ولذلك يجب أن يهتم المعلم بالسيطرة على سلوكيات الطلاب من أجل تيسير تعلم جميع الطلاب في الفصل.

السبب الثالث: أن تحقيق الانضباط الصفي يعتبر دورًا أساسيًا للمعلمين، وبالنسبة لكثير من المعلمين تمثل عملية إدارة سلوكيات طلابهم مشكلة لا تنتهي؛ حيث يجدون أنهم يمكن أن يتعاملوا بفعالية مع بعض الطلاب بينما يكون الأمر شاقا عليهم مع طلاب آخرين يومياً؛ ومن ثم قد يصاب المعلمون بالإحباط، وقد يفكر بعضهم في ترك مهنة التعليم بسبب عدم قدرته في السيطرة على سلوكيات الطلاب في الفصل.

كما يمكن تحديد أهمية إدارة الفصل في العملية التعليمية باعتبار أن عملية التعليم الصفي تشكل عملية تفاعل إيجابي بين المعلم وتلاميذه، ويتم هذا التفاعل من خلال أنشطة منظمة ومحددة تتطلب ظروفاً وشروطاً مناسبة تعمل إدارة الفصل على تهيئتها، كما تؤثر البيئة التي يحدث فيها التعلم على فعالية عملية التعلم نفسها، وعلى الصحة النفسية للتلاميذ، فإذا كانت البيئة التي يحدث فيها التعلم بيئة تتصف بتسلط المعلم، فإن هذا يؤثر على شخصية تلاميذه من جهة، وعلى نوعية تفاعلهم مع الموقف التعليمي من جهة أخرى

وبجانب الهدف العام لإدارة الفصل المتمثل في تيسير عملية تعليم وتعلم الطلاب، هناك أهداف أخرى عديدة مثل:[13]

- **توفير وقت أطول للتعلم:** فالمعلمون الذين يستخدمون مبادئ الإدارة الفعالة للفصل يكون لديهم وقت أطول للتعلم من المعلمين الذين يخفقون في إدارة الفصل؛ فإذا لم يكن لدى المعلمين سيطرة كافية على طلابهم فإنهم سوف يقضون وقتا إضافيا لمحاولة تحقيق السيطرة والضبط وهذا الوقت الإضافي يكون مستقطعا مباشرة من وقت التعليم.
- **إتاحة التعلم:** مثل الهدف الأول فإن الإدارة الفعالة لسلوكيات الطلاب في الفصل تعنى أن جميع الطلاب تتاح لهم فرص أكثر للتعلم، فالطلاب المزعجين سوف يؤدون إلى إهدار الوقت التعليمي لجميع الطلاب الآخرين.
- **الإدارة للإدارة الذاتية (تنمية مهارات الإدارة الذاتية):** الهدف النهائي لإدارة الفصل هو مساعدة الطلاب على تطوير مهارات الإدارة الذاتية، فبعدما يغادر الطلاب البيئات المدرسية النظامية لا يكون لديهم معلمين يساعدونهم على إدارة سلوكياتهم، مثلا: في العمل، وفى الكليات أو في المؤسسات الاجتماعية الأخرى لذلك يجب أن يكون الطلاب قادرين على إدارة سلوكياتهم بأنفسهم، فبدون هذه المهارات سوف يجد هؤلاء الطلاب أنفسهم بدون وظائف،

بدون أصدقاء، لأن نجاحهم سيكون محدود؛ لذلك يجب أن يتعلم الطلاب استراتيجيات الإدارة الذاتية؛ ولذلك كان الهدف النهائي لبرامج إدارة الفصل هو اكتساب الطلاب مهارات الإدارة الذاتية لسلوكياتهم.

تحسين أداء كل من المعلم والتلاميذ، من خلال:

● إقامة بيئة داعمة للتعلم داخل الفصل عن طريق استثمار الموارد البشرية (المعلم والتلاميذ) والإمكانات المادية (تجهيزات وأدوات ومواد تعليمية) لإحداث التعليم والتعلم المرغوب فيهما، وتهيئة مُناخ صفي يسمح بتحفيز التلاميذ على المشاركة الجادة وتحقيق مستوى إنجاز دراسي متميز.

● تحسين الممارسات التربوية داخل الفصل عن طريق بناء وتنمية روح العمل الجماعي، وضبط سلوك المتعلمين ودعم السلوكيات المرغوبة، وتعديل السلوكيات غير المرغوبة، وإيجاد فرص المشاركة الإيجابية الفعالة لممارسة الأنشطة الموجهة المختلفة وحفظ النظام.

● تنمية العلاقات الإنسانية الجيدة والبناءة عن طريق توثيق وتعزيز الروابط والعلاقات الجيدة بين المعلم وتلاميذه، وبين التلاميذ فيما بينهم، وبين المعلمين فيما بينهم، وبين المعلم وأولياء الأمور، وتحقيق التوازن بين الرضا النفسي لكل من المعلم والتلاميذ وتحقيق الأهداف التربوية المرغوبة.

رابعاً: مجالات إدارة الفصل بالمؤسسات التعليمية

تعتبر حجرة الدراسة على ضوء ما سبق بيئة دينامية نشطة يمكن حصرها في ثلاثة مكونات عامة تمثل مجالات أو محاور أساسية تقوم عليها إدارة الفصل وهى: المجال المادي، والمجال التعليمي، والمجال الاجتماعي.

ويمكن تناول تلك المجالات تفصيلاً كما يلي: [14]

أ - **المجال المادي:**

يشتمل على البيئة المادية التي يعمل فيها المعلم والتلاميذ، وتتضمن حجرة الدراسة ذاتها وكيفية تصميمها من حيث القدم والحداثة وترتيبها، وما بها من أثاث يسمح بأنواع مختلفة من النشاط. ولأن التلاميذ في المدرسة يقضون معظم أوقاتهم داخل الفصول، فمن الضروري

دراسة تلك البيئة والوقوف على أهم خصائصها، لاسيما أن هناك دلائل تؤكد على الأهمية القصوى لبيئة الفصل في التأثير على اتجاهات التلاميذ - بل والمعلمين - نحو المدرسة، كما أنها تؤثر في إنجازهم وتحصيلهم، إضافة إلى أن الفصل المدرسي يتوسط بين التأثيرات في المستويات الكبرى « Macro Levels » مثل المجتمع والمدرسة وبين نتائج التلاميذ وتحصيلهم الفردي.

ويمكن توصيف الفصل المدرسي على اعتبار أنه فراغ مغلق، مصمم ومجهز لأداء العملية التعليمية لمجموعة محددة من التلاميذ، ويتم في حيزه تدريس المواد النظرية وإقامة الحلقات الدراسية، مع عرض للمادة العلمية باستخدام الوسائل التعليمية المساعدة ويشترط فيه عدة شروط من أهمها:

- أن تكون سعة الفصل في حدود 3-35 طالبًا.
- ألا تقل مساحة الفصل عن 55 م^2 وألا يقل نصيب الطالب عن 1.6 م^2.
- ألا يقل ارتفاع الفصل عن 3.2 م لاعتبارات تصميمية وبيئية، وألا يزيد عن 4.3 م مراعاة للمقياس الإنساني.
- ألا يزيد الفصل عن 9 م مراعاة للأسس التربوية وضماناً لإمكانية الرؤية.
- يراعى توفير تهوية مستمرة مع مراعاة الكم المناسب من الهواء لكل تلميذ.
- يراعى توفير الإضاءة الملائمة وتلافي الضوضاء.
- يجب أن يراعى في التشطيبات الداخلية أهمية اختيار الألوان المناسبة تحقيقاً للراحة البصرية والنفسية.
- مراعاة توزيع الأثاث تحقيقاً لأقصى قدر من المرونة في استخدام الفراغ مع أهمية توفير دواليب بكل فصل.
- يراعى أن تكون السبورة في الوضع المائل (البروز من أعلى) تفادياً لظاهرة الإبهار الناتجة عن الانعكاسات الضوئية.

وهذا من شأنه أن يحقق جوًا تعليميًا مريحًا يشعر فيه الطالب بالهدوء ويرتاح في ظله المعلم، لأن التفاعل بينه وبين تلاميذه يتم في بيئة مادية تسهل التعلم، وتحقق مناخاً نفسيًا واجتماعيًا آمنًا، ويؤكد ذلك ما أثبتته إحدى الدراسات من أن مدركات التلاميذ نحو البيئة الصفية هي نتاج للتفاعل الكائن بينهما، وأنه إذا ما حدث تناغم واتفاق بينهما تصرف التلاميذ بإيجابية

أكثر وأصبحت مستويات التحصيل والسلوك لديهم أفضل، فسلوكيات المعلم والتلاميذ ومشاعرهم وأسلوب التعليم والتعلم يتأثر مباشرة بطبيعة الأثاث والظروف ومجموع الخصائص البيئية داخل الفصل، مما يعني أن هناك دورًا مهمًا تلعبه البيئة المادية في صياغة وتشكيل المناخ النفسي والاجتماعي لدى المعلم والتلاميذ.

ب - المجال التعليمي:

يشير إلى المقررات والمناهج التي تقدمها المدرسة، والقرارات التي يتخذها المعلمون فيما يتعلق بنوعية المهارات والمعلومات التي يحتاجها التلاميذ في سن معين ومرحلة تعليمية معينة، وكيفية تقديمها وعرضها، ووضع أطر محددة للنشاط في اليوم الدراسي وغير ذلك مما له علاقة بالنواحي التربوية.

ج - المجال الاجتماعي:

إن أهم مظاهر الفصل المدرسي - باعتباره نظاما بيئيا اجتماعيا - "Social Ecosystem" هو قيامه على التعايش والتنسيق بين العناصر النفسية والاجتماعية والبيئية التي يشتمل عليها، ولكي يتحقق هذا التعايش لابد أن يسبقه استقرار نفسي ووجداني لدى المعلم بوصفه القائد الذي يدير الحياة الاجتماعية داخل الفصل، فالبيئة الصفية من المنظور الاجتماعي والإنساني بما تشتمل عليه من تفاعل بين المعلم والتلميذ يمكن أن تشكل تركيبة اجتماعية تتميز بخصائص معينة تجعل منها وحدة اجتماعية داخل مؤسسة المدرسة تهدف إلى تحقيق أهداف معينة، والمعلم هو الحارس والقيم الأساسي فيها وعليه تقع مسئولية القرار المرتبط بوقت وكيفية التدخل في الأنشطة الصفية لإصلاح أي خلل يحدث في النظام الصفي. والمعلم - فوق ذلك كله - مدير في فصله شأنه في ذلك شأن مدير المدرسة بمعنى أنه مسئول عن إدارة أشياء كثيرة على المستوى الصفي من بينها: الموارد والأجهزة والأدوات، الوقت والمكان، استراتيجيات التعليم والتعلم، العلاقات داخل وخارج المدرسة بما في ذلك أولياء الأمور، سلوكيات التلميذ وأمنه وأمانه وتفاعله مع الآخرين.

خامسا: الأنماط القيادية للمعلم في إدارة الفصل

يختلف المعلمون بحسب النمط القيادي الذي يمارسونه في إدارة الفصل، فهناك المعلم الذي يؤكد في كل موقف أنه سيعاقب الطالب أو سيحرمه من درجات أعمال السنة، وهناك المعلم الذي

يستند إلى حب الطلاب له، وهو متأكد من أنهم سيحرصون على عدم إغضابه، وهناك المعلم الذي يحرص على مشاركة طلابه، وآخر يرفضها، وهناك المعلم الذي يترك لطلابه الحرية كاملة في التصرف دون تدخل منه مما قد يسبب نوعا من الفوضى.

ويحتاج المعلم في سعيه إلى تحقيق دوره القيادي إلى سلطة تمكنه من التأثير في طلابه، وعادة ما توجد أربعة مصادر تنبع منها سلطة المعلم وهى:

- السلطة الرسمية والموقع الوظيفي للمعلم داخل المدرسة.
- دعم الآخرين له مثل مدير المدرسة وأولياء الأمور أو القانون واللوائح.
- كفاءته العلمية والمهنية.
- قدرته على إثارة دافعية الطلاب.

وبحسب مصدر السلطة الذي يستخدمه المعلم يتحدد - إلى حد كبير - نمطه القيادي في الفصل. ويمكن تمييز هذه الأنماط على النحو التالي: [15]

1- النمط الديكتاتوري أو التسلطي:

وقد نسمى هذا النمط بالأوتوقراطي، ويعتمد هذا النمط على تحكم المعلم في سلوك التلاميذ داخل الفصل، حيث يهتم المعلم أن يسلك التلاميذ ما يرغبه من سلوكيات، ومن ثم يقوم بتحديد نظام واضح للقواعد والمكافآت والنتائج المترتبة على تطبيقها. وهكذا يمسك بزمام الموقف من جميع الوجوه، وهو وحده المسموح له باتخاذ القرارات وإبلاغها للطلاب وإجبارهم على طاعته ومعاقبة من يخالف أوامره. هو الذي يحدد ما هو مطلوب، ولا يسمح في الغالب بمناقشته في ذلك، ويحقق في أي تقصير، ويقرر العقوبة، وينفذها.

والمعلم من هذا النمط غالبًا ما يجد نفسه يلعب أدوار المحقق، وضابط المباحث ووكيل النيابة والقاضي والسجان إضافة إلى أدوار المفكر والباحث وصاحب القرار. والطلاب مع هذا المعلم لا يشاركون مشاركة حقيقية في التفكير أو في التقييم أو في اتخاذ القرارات أو في تقرير ما يحبونه أو ما لا يحبونه، ولا يتمتع هذا النمط القيادي بكثير من المحبة وإن كان قادرًا على فرض الطاعة الظاهرية على الأقل، وهي في الغالب طاعة مؤقتة، بل كثيرًا ما يسخر الطلاب من هذا المعلم من وراء ظهره، ويتحينون الفرص لإيذائه أو النيل منه أو كسر القواعد التي يضعها. هذا النمط أيضًا قد يستفز الطلاب الأقوياء الذين يتسببون عادة في غالبية مشكلات الانضباط، حيث إنه لا يلائم الطلاب ذوي الإرادة القوية لأنه يستثير غضبهم وينال من صورتهم عن أنفسهم.

وبصفة عامة، يمكن القول إن النمط السلطوي وإن نجح في حالات معينة، فإن له في الغالب عيوبًا كثيرة ولا يسهم بشكل إيجابي في تحقيق أهداف التمدرس، فالمدرسة وجدت لتكون مكانًا لتحقيق النمو الصحي للطلاب وبناء شخصياتهم غير المرتعشة والقادرة على التعبير والتصرف السليم باقتناع وليس عن خوف. هذه الأهداف جميعًا يصعب تحقيقها في ظل القيادة الأوتوقراطية.

ليس هذا فقط، وإنما لا ينجح هذا النمط القيادي عادة في تحقيق الانضباط إلا بشكل لحظي وفي الموقف الذي نواجهه فقط، ولكنه لا يرتقي بالطالب إلى مستوى الاختيار المسئول أو التصرف المستقل، ولا يعلم الطلاب تحمل المسئولية لأن المعلم هو الذي يتخذ كل القرارات، وهو الذي يحل كل المشكلات، بل إن هذا النمط يأخذ حتى فرص التعلم الإيجابي من الطلاب، ويدمر العلاقة بين الطالب والمعلم.

2- النمط المتسيب / المتحرر:

مع تزايد الهجوم على النمط الأوتوقراطي / السلطوي / العقابي بدأ المربون يفكرون في أنماط بديلة للقيادة، وكان رد الفعل متطرفًا.. كان الناس يبحثون عن مناخ تسوده الحرية والمساواة والاحترام المتبادل والتعبير الحر عن الآراء والمعتقدات.

وهذه الأفكار بالطبع جذابة، ولكن المعلمين الذين نشئوا في ظل الأنماط السلطوية/ العقابية لم يكونوا مؤهلين ومدربين للتعامل بالقيم الجديدة. ولذا فكرت الغالبية أن المقصود هو الاستغناء عن القواعد تمامًا، والبعد عن التشدد، وترك الطلاب يفعلون ما يريدون في الفصل الذي أصبحت تحكمه الحرية أكثر من السيطرة والبعد عن استخدام السلطة إلى أقصى حد، وعدم إجبار الطلاب على شيء لا يريدونه.

ماذا كانت النتيجة؟ التسيب وفقدان هيبة السلطة، ثم فقدان هيبة المعلم.. وإهدار وقت التمدرس في صراعات كان من الممكن تجنبها حيث لا تضر إلا الطلاب أنفسهم. فالحرية بدون حدود وبدون قواعد تؤدي إلى الفوضى، والطلاب في هذا المناخ لا يتعلمون كيف يحترمون القواعد، ولا كيف يتصرفون في حياتهم بطريقة مسئولة.

إن ترك الحرية كاملة للطلاب اختيار غير مسئول، والمعلم الذي يفعل ذلك يتخلى عن جزء رئيس من عمله، وربما هو الجزء الأهم. فالطالب خصوصًا في السن الصغرى لا يستطيع

دائمًا أن يؤتي اختيارات صحيحة، وهو لم يبلغ من النضج حدًا يجعله مسئولاً عن الاختيار بالكامل. فكأننا نطلب من الطالب أن يمارس حرية هو غير قادر تمامًا على ممارستها بشكل مسئول.

هذه نقطة، ونقطة أخرى، أن الطالب الذي يسيء الاختيار سيسيء ليس إلى نفسه فقط، وإنما إلى زملائه وإلى بقية الفصل، فما ذنب الطلاب الآخرين الذين سيفقدون بيئة التعلم الصحية، أو سيفقدون وقتهم بسبب طالب غير مسئول يثير الشغب أو يحدث الضجيج، أو لا يتوقف عن الاعتراض بدون سبب حقيقي ويعطل تقدم الدرس.

إن النمط القيادي الذي يترك الزمام بيد كل طالب في حرية كاملة نمط غير تربوي وغير صحي، وإن يكن أحيانًا مفيدًا في بعض المواقف فقط.

3- النمط الديمقراطي:

يعتمد هذا النمط على تقسيم تلاميذ الفصل إلى مجموعات متجانسة ومتساوية في الحقوق، بحيث تُشارك في رسم سياسة الفصل وما يتبعها من قواعد وإجراءات ومكافآت والنتائج المترتبة على تطبيقها، ويتم ذلك من خلال تنظيم لقاءات تضم هذه المجموعات، ويتولى المعلم قيادتها، ولا يحق له استخدام سلطته في إقرار هذه السياسة، وإنما تكون نتاج رأي هذه المجموعات.

ومتى أُقرت هذه السياسة وما يتبعها من قواعد وغيرها، يبدأ المعلم في تنفيذها، وهذا النمط يُسهم في تنمية معرفتهم ومهاراتهم ليتمكنوا من المشاركة الفعالة في مجتمعهم وتنمية قدرتهم على ممارسة الإدارة الذاتية، والأحكام الأخلاقية، وزيادة تقديرهم للقيم الديمقراطية، ومن ثم إعدادهم لأخذ أماكنهم في المجتمع الديمقراطي.

والمعلم الديمقراطي لديه من المرونة ما يسمح بمشاركة التلاميذ وتقبل التغيير، ومن المهارة والكفاءة ما يشجع التلاميذ ويحثهم على إنجاز المهام، فهو يهتم بهم قدر اهتمامه بالإنتاج، ومن ثم يحرص على مشاركتهم في عمليات التخطيط والتنظيم وصناعة القرارات الصفية، وهو بذلك يكون اجتماعياً أقرب إلى التلاميذ من المعلم المتسلط وأجدر باحترامهم من المعلم الفوضوي لأنهم يشعرون بطمأنينة أكثر وبمتعه أكبر عند أداء أعمالهم.

ويلاحظ أن معدل الأداء في الفصل الديمقراطي يكون مرتفعاً مع متابعة المعلم أو عند غيابه، فدافعية التلاميذ تنبع من ذاتهم نتيجة تمتعهم بالعمل في ظل هذا الجو، وشعورهم بوجود قدر من المساءلة يتناسب مع ما ينالونه من حرية.

◤◤ حدد نمطك القيادي الآن ◤◤

اقرأ كل جملة بعناية ثم ضع إجابتك:

أرفض بشـدة	1
أرفض	2
غير محدد	3
أوافق	4
أوافق بشـدة	5

- احسب درجتك ونمطك القيادي وفق التعليمات أدناه.

1- إذا أخل الطالب بالنظام، أقرر حجزه بعد اليوم الدراسي دون مناقشة.

2- لا أحب أن أفرض أي قواعد على طلابي.

3- يتعين أن يكون الفصل هادئًا تماما لكي يتعلم الطلاب.

4- يشغلني تمامًا ما يتعلمه طلابي وكيف يتعلمونه.

5- إذا تأخر الطالب في تسليم الواجب، فليست هذه مشكلتي.

6- لا أحب تأنيب الطلاب لأن هذا قد يؤذي مشاعرهم.

7- إن تحضير الدرس لا يستحق بذل الجهد فيه.

8- أنا دائمًا أشرح الحكمة من قواعدي وقراراتي.

9- أنا لا أقبل أي أعذار من الطالب المتأخر.

10- إن الاستقرار العاطفي والنفسي لطلابي أهم من السيطرة على الفصل.

11- يعلم طلابي أنهم يستطيعون مقاطعتي أثناء الشرح إذا كان لديهم سؤال مهم.

12- أعطي تصريح الخروج من الفصل لأي طالب بناء على طلبه.

والآن احسب درجاتك وحدد نمطك القيادي:

● اجمع درجاتك للعبارات 1، 3، 9 هذه درجاتك للنمط الديكتاتوري.

● ودرجاتك للعبارات 2، 5، 6، 7، 10، 12 لنمط التسيب وعدم المبالاة.

● ودرجاتك للعبارات 4، 8، 11 لنمط احترام السلطة.

وكلما علت الدرجة كلما عنى ذلك تفضيلك لهذا النمط.

إن النتيجة هي نمطك، أو أنماطك القيادية. ودرجاتك تكون بين 3 و 15 لكل نمط.

السـؤال:

● أي الأنماط أفضل؟ ولماذا؟

● ما المواقف التي يفضل فيها كل نمط؟ أعط أمثلة من خبرتك.

سادساً: خصائص المعلم الناجح في إدارة الفصل

إن المجالات التي تبرز من خلالها صفات المعلم الناجح في إدارة الفصل متنوعة حيث تشمل مجالات مهنية ومعرفية وجسمية وانفعالية واجتماعية..إلخ

وإذا كان وعي المعلم بأدواره، وإجادته لها تنعكس على نجاحه المهني، فإن الأدبيات تشير إلى هذه العلاقة، حيث تحدثت إحدى الدراسات حول أبرز خصائص المعلم الناجح من وجهة نظر الموجهين والمشرفين التربويين والمديرين والمعلمين أنفسهم والطلاب، وكانت على الوجه التالي:

● التمكن من المادة التعليمية التي يدرسها المعلم (63%).

● الديمقراطية والتسامح ومشاركة الطلاب في اتخاذ القرارات (61%).

● التنويع في أساليب التدريس (47%).

● قوة الشخصية والذكاء وسلامة العقل والجسم (45%).

● التحضير السابق للمادة والحماس الشديد لها ((31%)

● توزيع الأسئلة بالعدل ومراعاة الفروق الفردية (19%).

● التحلي بالأخلاق الفاضلة والمبادئ الملتزمة (18%).

● التأهيل العلمي والإلمام بالأهداف والمنهج (18%)

● المحافظة على المظهر بشكل لائق (17%).

أ - الخصائص المطلوبة والنصائح العامة: [16]

1- **أنت مهني يحب مهنته**، قدِّم نفسك في شكل مهني محترم، سواء في أسلوب عملك، أو في طريقة شرحك، أو في مستوى حديثك، أو في حداثة أفكارك، أو في التزامك بأخلاق المهنة، وفي مقدمتها رسالتك المقدسة كمعلّم.

2- **خطط لعملك جيدًا**، وحضِّر درسك باهتمام، فأسوأ ما يأتيه المعلم هو أن يدخل حصته وهو لم يحضر درسه، وبالتالي يأتي حديثه غير مرتب، وتناوله غير منظم، وإدارته للحصة عشوائية، واستخدامه للوقت سيئًا، بل قد يفاجئه جرس الحصة وهو لم ينته من درسه الذي لم يحضره جيدًا. ومن الصحيح أن بعض المعلمين يكون لديه من الخبرة الرصيد الكبير الذي

يجعله يتقن تمامًا دروسه ويعرف خططه فيها جميعًا، على أن هذا البعض لو زاد على ذلك مراجعة تحضيره السابق والسعي لتطويره باستخدام أمثلة جديدة أو تطبيقات مختلفة أو ترتيب مختلف أو غير ذلك فمن المؤكد أن فاعليته ستكون أكبر، وتذَّكر أن إدارة الفصل تكون أصعب كثيرًا إذا لم تخطط درسك جيدًا.

3- **اختر إستراتيجية التدريس المناسبة**، بحيث تكون الإستراتيجية ملائمة للطلاب وللدرس وتحقق التنويع واستثارة الحماس المطلوبة بين الطلاب وتدعّم المشاركة الطلابية حين يكون ذلك ضروريًا.

4- **قدِّم نفسك كشخصية قوية، متحمسة**، نشطة تستثير الحماس والنشاط في الآخرين، وبالأخص الطلاب. تصور نفسك تدخل الفصل كسولاً، بأكتاف مترهلة، وعيون نصف مغمضة. ماذا تتوقع من الطلاب؟ هل تتوقع حماسًا وتجاوبًا معك؟ لا أظن.

5- **اهتم بتعريف طلابك ما تتوقعه منهم بأسلوب محدد**، وما تتوقعه منهم يشمل أمورًا علمية وأمورًا سلوكية وأمورًا مظهرية. لا تدع هذه الأمور للصدفة، ولا تترك مساحات غامضة. كن واضحًا في تحديدك سواء كان ذلك شفاهة أو كتابة. من جهة أخرى يجب الاهتمام بتوضيح الحكمة من أي قواعد تضعها.

6- **أشرك الطلاب في وضع قواعد إدارة الفصل وإجراءات تطبيقها**، الطلاب أصحاب مصلحة وهم أحد أهم أطراف العملية التربوية، وبالتالي فآراؤهم وأفكارهم يجب أن تكون محل تقدير عندما نقرر قواعد وإجراءات إدارة الفصل (والمدرسة). ومن جهة أخرى فإن ما يفكر فيه الطلاب ويتطلعون إليه ويعبرون عنه يمكن أن يلقي أضواء كاشفة على جوانب غير مرئية للمعلم.

7- **كن عادلاً في كل تصرفاتك فيما تقرره من قواعد**، فيما تجريه من تقييم، فيما تصدره من أحكام، وفيما تقرره من إثابات أو عقوبات. فالعدل أساس الملك، وهو المفتاح الذهبي لبوابة النجاح في إدارة الفصل.

8- **تدرج في استجاباتك عندما تواجه المخالفات.**

9- **عالج الأمور الحساسة بحذر، وربما في سرية تامة وحافظ على أسرار طلابك.**

10- **لا تهدد بما لا تستطيعه...** وإذا هددت بشيء أتمنى أن تنفذ ما هددت به وإلا فقدت مصداقيتك.

11- **تجنب التوتر،** ولا تسمح للغضب بأن يسيطر عليك أو للانفعال بأن يحكم كلامك وتصرفاتك، فذلك سيقودك إلى مواجهة عنيفة وصراع قوي غير مأمون العواقب. احتفظ بهدوئك دائمًا، وحافظ على نبرة صوتك العادية كلما كان ذلك ممكنًا.

12- **اقترب من الطلاب...** اجعلهم يشعرون بأنهم قريبون منك وأنت قريب منهم، اجعلهم يثقون فيك ويحبونك. أشركهم في التعرف على بعض الجوانب الشخصية لك. كن منصتًا جيدًا لهم، ودارسًا دءوبًا لاحتياجاتهم. ولكن احذر من المبالغة في التودد للطلاب طمعا في كسب حبهم، فذلك سيأتي بنتيجة عكسية، وأنا شخصيًا أفضل أن تكون هناك دائمًا مسافة بيني كمعلم وبين الطلاب، وإلا سقطت الحواجز والمعايير وتهدد الانضباط.

13- **كن مبهجًا،** ولا بأس من استخدام بعض «القفشات» أو الفكاهة من حين لآخر. ولا بأس من تقبل بعض المرح من الطلاب من حين لآخر. المهم أن يكون هناك دائمًا فرق بين الجد والهزل، وأن وقت الجد لا يسمح فيه بالهزل.

14- **شجع مجالس الطلاب وفرق العمل واللجان الطلابية،** وما شابه ذلك من كيانات، فهي تتيح فرصًا للنمو وفرصًا للتعبير وفرصًا للتدريب وفرصًا للقيادة وللحوار وللجدال وللمعارضة ولكل ديناميكيات الحياة الاجتماعية.. وكل ذلك يقلل من حاجة الطلاب ذوي النشاط الزائد أو الطاقة أو القدرات العالية - يقلل من حاجتهم إلى استنفاد طاقاتهم في معارضة المعلم وتقويض إدارة الفصل.

15- **إذا أخطأت لا تهرب..** بل اعترف بالخطأ واعمل على تصحيحه. ذلك يكسبك مزيدًا من الاحترام في عيون طلابك.

16- **وثق علاقاتك بأولياء الأمور** في حدود الدور المرسوم لك كمعلم، بمعنى التزامك بدورك وعدم السماح لأحد بالتعدي على هذا الدور. وأشرك أولياء الأمور معك في الأمور الجسيمة عندما يصعب عليك حلها بمفردك.

17- **ابدأ كل يوم جديد بنفس النشاط والحيوية والحماس.**

18- **لا تتنازل أبدًا عن معادلة الحب+الحزم= إدارة فعالة للفصل.**

ب- بعض الممارسات الضرورية لنجاح المعلم في إدارة الفصل:

يمكن عرض مجموعة من الممارسات المرغوب التي تميز المعلم الناجح في إدارة الفصل على النحو التالي:[17]

- **دخول الفصل بوجه بشوش:** يدخل بعض المعلمين الفصل بوجه عابس، ولا يلقي التحية على طلابه وعبوس المعلم ينفر الطلاب منه، ويقلل من حماستهم للدرس وإقبالهم عليه. والسلوك المرغوب فيه أن يدخل المعلم الفصل بوجه بشوش مع الحرص على تحيتهم وإعارتهم اهتمامه.
- **الحرص على وقوف الطلاب وترتيب المقاعد ونظافة الفصل وتهويته عند دخول المعلم.**
- **طرح السؤال قبل تحديد التلميذ المجيب:** ربما لجأ المعلمون إلى تحديد من سيجيب عن السؤال قبل طرح السؤال، و هو سلوك غير مرغوب فيه، لأن التحديد المسبق لمن سيجيب عن السؤال يشعر بقية التلاميذ بأنهم غير معنيين بالسؤال، وأنهم معفون من التفكير في الإجابة عنه، والسلوك الصائب أن يوجه المعلم سؤالا أولاً لجميع التلاميذ، ويعطيهم الفرصة للتفكير في الإجابة وبعد ذلك يختار التلميذ المجيب، وفي حالات نادرة يحدد المجيب أولاً إذا لاحظ أن أحد التلاميذ غير منتبه للدرس فيفعل ذلك ليشده إلى موضوع الدرس مع سائر زملائه.
- **المناداة على التلاميذ بأسمائهم الحقيقية:** يتعمد بعض المعلمين عدم مناداة التلاميذ بأسمائهم ويطلقون عليهم أسماء أخرى تحمل معاني لا يتقبل التلميذ مناداته بها، مثل مناداة التلميذ { الغبي - المهمل...... } فمناداة التلميذ باسمه يخلق جوًا أسريًا اجتماعيًا.
- **تنظيم إجابات التلاميذ:** الإجابات الجماعية للتلاميذ تخلق جو الفوضى وعدم النظام وتؤدي إلى اختلاط الإجابات الصحيحة بغيرها، فيصعب على المعلم أن يميزها، ويعززها، فعلى المعلم إذن أن ينظم إجابات التلاميذ، ويعودهم الاستئذان قبل الإجابة، برفع اليد دون صوت أو إزعاج.
- **حركة المعلم المنظمة داخل الفصل:** يجب أن يكون وقوف المعلم أمام التلاميذ، وأن تكون حركته منظمة هادئة فيتحرك للإشارة على وسيلة أو يمر بينهم لتصويب وضع معين، ويجب ألا تكون حركته عشوائية تؤثر على انتباه التلاميذ وتشتت أفكارهم، وأيضًا لا يقف بجانب التلميذ أثناء الإجابة فهذا يزيد من اضطرابه ووقوعه في الخطأ.

● **تقبل التلاميذ وخلق الأجواء التعاونية والديمقراطية:** فقمع التلاميذ يقتل روح الإبداع لديهم، ومن الأفضل خلق الأجواء التعاونية والديمقراطية.

● **مواجهة المواقف الطارئة بهدوء واتزان:** من مظاهر ضعف المعلم في إدارة الفصل سرعة الانفعال وشدة ارتباكه عند مواجهة المواقف الطارئة، لأن التصرف المرتجل لا يحل المشكلة، ويظهر المعلم بمظهر العاجز الذي لا يدري ماذا يفعل، والأفضل مواجهة المشكلات الطارئة بهدوء واتزان ومعالجتها بروية وتعقل.

● **احترام أسئلة الطلاب وإجاباتهم:** يظهر بعض المعلمين استخفافاً بما يثيره الطلاب من تساؤلات، وربما سخروا من بعض إجاباتهم، والاستخفاف أو السخرية تؤدي إلى انسحاب الطالب من المشاركة الفصلية وكرهه للمادة الدراسية ومعلمها.

● **عدم التحيز في المعاملة، والموضوعية في التعامل مع الطلاب:** التحيز في المعاملة يفقد المعلم احترام طلابه له، ويقلل من هيبته في نفوسهم، فيجب أن يساوي المعلم بينهم في المعاملة، وعليه أن يتفهم أسباب المشكلة، ومعاقبة المتسبب الفعلي لها، ومراعاة إشغال الطلاب وتوزيع الأسئلة والنشاطات على المستويات المختلفة { صدق بعض المعلمين في قولهم: إذا أنت لم تشغل التلميذ فإنه يشغلك }.

سابعا: إدارة الفصل كمنظومة.

يمكن النظر إلى إدارة الفصل كمنظومة/نظام، كما يمكن النظر إلى الفصل في حد ذاته كنظام اجتماعي، والحقيقة أن دراسة الفصل كنظام اجتماعي ضرورة لتسهيل فهم منظومة إدارة الفصل، ويمكن التعرف أولا على مفهوم النظام الاجتماعي، ثم تصور الفصل كنظام اجتماعي، وأخيرا منظومة إدارة الفصل كما يلي:

أ - مفهوم المنظومة/ النظام الاجتماعي:

يشير مصطلح النظام الاجتماعي إلى تجمعات ضخمة من العلاقات الإنسانية مثل الجيران، والمنظمات، والمجتمع نفسه، إلا إن مفهوم النظام الاجتماعي يمكن استخدامه كأداة فعالة لتحليل السلوك في الجماعات الصغيرة أيضا، ويلخص بارسونز وجهة نظره في النظام الاجتماعي على أنه كيان يتكون من مجموعة من الأفراد يتفاعلون كل مع الآخر في موقف له جانب بيئي، وهؤلاء الأفراد لديهم دافعية للعمل من خلال حاجاتهم واستعداداتهم الشخصية. [18]

وباختصار فإن النظام الاجتماعي هو مجموعة من الأشخاص المتفاعلين والذين يرتبطون معا بواسطة علاقات اجتماعية، ويمكن وصفه من خلال اعتمادية العناصر، وتميزها عن بيئتها، ووجود شبكة من العلاقات الاجتماعية المعقدة بين أفراد يعملون على تحقيق أهداف مشتركة.

وجملة القول أن النظام الاجتماعي هو مصطلح عام يمكن تطبيقه على التنظيمات الاجتماعية الضخمة (المجتمع نفسه)، أو التنظيمات المتوسطة (المنظمات الرسمية) - أو التنظيمات الصغيرة (الجماعات الأولية).

ب - الفصل كنظام اجتماعي

يتضح من مفهوم النظام الاجتماعي السابق أنه من الممكن تطبيقه على الفصل، فالفصل كيان اجتماعي يتكون من مجموعة من الأفراد (طلاب - معلم) يتفاعلون كل مع الآخر في بيئة مدرسية معينة، و يرتبطون معا بواسطة علاقات اجتماعية، وهؤلاء الأفراد لديهم دافعية العمل من خلال حاجاتهم واستعداداتهم الشخصية.

وعند النظر إلى الفصل كنظام اجتماعي ينبغي ملاحظة أنه يعمل في إطار نظام اجتماعي أكبر هو المدرسة، ومن منظور مدخل النظم يمكن النظر إلى كل من المدرسة والفصل كنظم اجتماعية مفتوحة تتفاعل مع بيئتها وتؤثر فيها وتتأثر بها، وتربطها بها علاقات تبادلية. والفصل كنظام اجتماعي له خمسة عناصر أساسية هي التدريس، والمعلم، والطالب، والتنظيم الرسمي للفصل، ومناخ الفصل. ويمكن إيضاح ذلك باختصار على النحو التالي:[19]

(1) عملية التدريس:

إن الوظيفة الأساسية للمعلم داخل الفصل هي التدريس للتلاميذ. ويعرف التدريس بطرق متعددة، وهو عموما «نظام من الأفعال المقصودة تهدف إلى تعلم المهارات والمعرفة والقيم». ويرتبط التدريس بالتعلم ارتباطاً وثيقاً حيث إن الهدف من التدريس داخل الفصل هو تعلم التلاميذ. ويمكن تصنيف ما يتعلمه التلاميذ إلى ثلاث فئات:

- المهارات: وهي أن تتعلم كيف تفعل شيئا ما (مثل الكتابة - القراءة - الجري).
- المعرفة: وهي أن تتعلم كيف تعرف شيئا ما (مثل حقائق أو نظم منطقية).
- القيـم: وهي أن تتعلم كيف تُكّون أحكاماً معيارية (مثل القرارات المتعلقة بالخير والشر أو الصواب والخطأ).

فكر فيما يلي: مـا الـتعلم؟ ومـا الأهـداف والغايـات الرئيسـية لعمليـة التـدريس؟ ومـا المبـادئ والخطط المنطقية لتحقيق تلك الغايات؟

وتعتمد إستراتيجية التدريس - إلى حد ما - على عملية التعلم، وعلى مهارات المعلم ومعرفته وقيمه، وكذلك على قدرات التلاميذ واهتماماتهم.

وبغض النظر عن الطريقة المستخدمة في التدريس فإن عملية التدريس لها الكثير من الأشكال، وهناك خمس خطوات أساسية لعملية التدريس وهي:

● **التحضير:** هي العملية التي تجعل المعلم مستعداً للتعامل مع الطلاب داخل الفصل، ويتضمن التحضير إعداد خطط الدروس، ونقاط المراجعة، وتوقع الإجابات المحتملة من الطلاب، وتهيئة الطلاب لما سوف يشرحه المعلم (أي إثارة دافعيتهم).

● **العرض:** حيث يعرض المعلم على التلاميذ ما ينبغي أن يتعلموه، ويعد العرض جوهر عملية التدريس، وتتصف هذه الخطوة بتنوع طرق التدريس التي يستخدمها المعلم في العرض.

● **التحليل:** حيث يقوم المعلم و/أو التلاميذ بملاحظة وتفسير إجابات الطلاب ليحددوا ما إذا كانوا قد تعلموا المادة.

● **التصحيح:** إذا كانت الإجابة صحيحة يحاول المعلم أن يؤكد للطلاب ما تعلموه، أما إذا كانت خاطئة فهنا تكون مهمة المعلم ضرورية جداً حيث يقع على عاتقه ضرورة تصحيح الإجابة.

● **التقييم الرسمي:** هي الإجراءات والاختبارات المستخدمة بواسطة المعلم لتحديد إلى أي مدى تعلم التلاميذ المادة المقدمة من قبل المعلم.

إن السمات المشتركة في عملية التدريس لا تمنع استخدام طرق تدريس مختلفة. وفي الواقع فإن أفضل طريقة تدريس تتحدد وفقاً للموضوع الذي يتم تدريسه، وكذلك وفقاً لأهدافه وإستراتيجية المعلم.

(2) المعلـم:

يعتبر المعلم ثاني مكونات نظام الفصل. وينبغي التأكيد هنا على السمات الشخصية للمعلم. ومن أهم السمات التي تميز المعلم المعرفة، والقيم، والمهارات.

إن الإلمام بالمادة ومهارات عرض معلوماتها تعد عناصر لا غنى عنها لأي معلم، ومن السمات العامة للمعلم أيضًا الإدراكات والتوقعات؛ فتوقع المعلمين مثلا بأن (كل الطلاب يمكن أن يتقدموا بصفة مستمرة) له تأثير إيجابي على إنجازهم. وبالمثل فإن التوقعات السلبية من قبل المدير أو المشرف أو الزملاء يمكن أن تعوق الفرد عن تحقيق ذاته. ويبدو أن القول المأثور (إنك تنال ما تتوقع) قريب من الحقيقة.

وتلعب الاحتياجات الدافعية للمعلم دورًا مهمًا في سلوكهم داخل الفصل؛ فالحاجات الشخصية القوية مثل الأمن والسيطرة والهيمنة لها نتائج متوقعة، حيث يتصرف المعلمون بالطرق التي يؤمنون بأنها سوف تقودهم إلى أوضاع مرغوبة، ومن هنا فإن كلاً من المكافآت والتقدير الفردي يحفز سلوك المعلمين.

(3) الطلاب:

إن الطالب هو العنصر الثالث من عناصر الفصل، وتعتبر الصفات الشخصية للطلاب في الفصل هي أيضًا عناصر أساسية لتحليل عملية "التدريس- التعلم".

تعد المهارات والمعرفة والقيم والقدرات التي يمتلكها الطالب ويأتي بها إلى الفصل عوامل أساسية مرتبطة بالتعلم، وكثير من مشكلات الفصل مرتبطة ارتباطًا مباشرًا بنقص المعرفة والمهارات والقيم لدى الطلاب؛ فالطلاب الذين ليس لديهم أساس للبناء عليه يمثلون قصورًا حقيقيًا، علاوة على ذلك فإن القصور في قدرة الطالب عادة ما يؤدي إلى تقدم بطيء وينتج عنه صعوبات داخل الفصل.

إن توقعات وإدراكات التلميذ نحو المدرسة والمعلمين والزملاء ونحو أنفسهم تؤثر على أدائهم في المدرسة؛ فالتلاميذ الذين يتوقعون الفشل يفشلون بالفعل، وذلك مثلما يفشل التلاميذ عن تحقيق ذواتهم إذا ما توقع المعلم منهم توقعات سلبية، كما أنهم يفشلون أيضًا إذا ما رسموا لأنفسهم صورة سيئة وتوقعوا توقعات سلبية عن أنفسهم.

إن حفز التلاميذ عملية معقدة مثل عملية تشجيع المعلمين؛ فالطلاب يحتاجون إلى الأمان، والانتماء، والاحترام، والنمو.

(4) التنظيم الرسمي للفصل:

إن المكون الرابع لنظام الفصل هو التنظيم الرسمي للفصل، والذي يقصد به الترتيبات التي تم إعدادها داخل الفصل لتسهيل عملية «التدريس - التعلم» وتتضمن هذه الترتيبات سلسلة من الهياكل والعمليات والمواد التي يتم استخدامها في التدريس داخل الفصل، وهناك ثلاثة مظاهر أساسية لتنظيم الفصل هي بنية الأنشطة، والأساليب التعليمية، والمناهج الدراسية.

ويؤثر المعلم في الفصل من خلال التوقعات المتعلقة بالطالب، وقليل من الفصول قد يفتقد هيكل من القواعد التي تنظم سلوك الطالب، ويجب أن نضع في اعتبارنا أن هناك تنوعًا فيما بين الفصول، فبعض المعلمين لديهم قواعد لمعظم الأشياء وبعضهم الآخر لديه القليل من هذه القواعد.

ويقوم المعلمون بتطوير الإجراءات الروتينية لإدارة سلوك الفصل، مثلا: كيفية ترتيب المقاعد داخل الفصول، وما الذي يجب فعله عند التحدث بلباقة، وتعليم الطالب كيف يستأذن قبل أن يغادر الفصل، وكيف يتحدث إلى المعلم. ويقوم بعض المعلمين بإشراك التلاميذ معهم ليس فقط في تطوير الإجراءات الإدارية في الفصل، ولكن أيضاً في تخطيط الأنشطة التعليمية، وبعضهم الآخر لا يفعل ذلك. إن بنية عملية «التدريس - التعليم» يتم تحديدها بواسطة المعلم، على سبيل المثال فصول الرياضيات بالمدرسة الثانوية ربما تتضمن بعض الأنشطة التالية:

- ● ترسيخ العمل.
- ● مناقشة الواجب المنزلي مع المعلم.
- ● إعطاء واجب جديد.
- ● تقييم نتائج الاختبار.

وهكذا فإن نظام الأنشطة داخل الفصل يمكن أن يتم اختباره من العلاقات الرسمية بين المعلم والتلاميذ، والممارسات الإدارية الروتينية داخل الفصل، ومشاركة الطالب في التخطيط وتنظيم الأنشطة التعليمية.

وتعد طريقة التدريس التي يستخدمها المعلم ملمحًا أساسيًا من ملامح التنظيم الرسمي للفصل؛ إن طريقة المناقشة والمحاضرة والتدريب والاستفسار والإلقاء أو استخدام أكثر من طريقة منها يمد المعلمين والمشرفين بمجموعة من الطرق تساعد على تعميق عملية «التدريس - التعلم».

وأخيراً فإن المناهج الدراسية نفسها ينبغي أن تكون محورية في أنشطة الفصل؛ فالكتب

التعليمية وكتب التدريب والمواد المكملة ترشد وتوجه عملية التعلم، وعلاوة على ذلك فإن المتابعة وتغطية محتوى المنهج في الفصل يؤثر في مستوى الطالب، وأداء الفصل.

(5) مناخ الفصل:

يمثل مناخ الفصل العنصر الأخير من عناصر «نظام الفصل»، ويتضمن التنظيم الاجتماعي غير الرسمي لحياة التلاميذ في الفصل المعايير والقيم والاتجاهات والتفاعلات والقيادة.

ويتفاعل التلاميذ داخل المدرسة في السياق الرسمي، وبالإضافة إلى ذلك تظهر معايير غير رسمية وأنماط غير رسمية للقيادة والتي تؤثر تأثيراً كبيراً على سلوك الفصل، مما يؤدي إلى تكوين تنظيم غير رسمي بين التلاميذ داخل الفصل.

وعلى الرغم من أن المعلم هو القائد الشرفي للفصل إلا أن التلاميذ لهم قادتهم الخاصة، وبالمثل على الرغم من أن المعلم يبدي توقعاته من الفصل - والتي يتم تدعيمها من قبل الإجراءات والممارسات الرسمية - إلا أن التلاميذ لديهم أيضًا مجموعة من التوقعات غير الرسمية والتي تفرضها العلاقات غير الرسمية بين التلاميذ. وأحياناً يكون قادة التلاميذ لهم أهمية مماثلة لأهمية المعلم في حفز سلوك التلاميذ.

وهناك تحدي يواجه كل المعلمين يتمثل في إيجاد طرق للتدخل في التنظيم غير الرسمي للتلاميذ، ولذلك قد يحتاج المعلمون إلى معايير غير رسمية للدعم والولاء من التلاميذ وليس العداء والشك. علاوة على ذلك فإن معظم النظم الاجتماعية غير الرسمية عادة ما يكون لديها مجموعتان من القادة: المجموعة الأولى وهم المهتمون بالأنشطة الاجتماعية داخل الجماعة، والمجموعة الثانية وهم موجهو الأنشطة.

ويتوقع من المعلم رسميًا أن يقود ويوجه عملية التعليم والتعلم، كما أنه يعتبر قائد الدور، أما عن القادة غير الرسميين للتلاميذ فإنهم يتحكمون في الأنشطة التعبيرية داخل الفصل، ويوجه التلاميذ بعضهم بعضا في الأنشطة الاجتماعية؛ وفي بعض الحالات فإن التنظيم غير الرسمي للفصل ينتج عنه ثقافة فرعية للتلاميذ ذات معايير وقيم مختلفة إلى حد ما عن القيم الرسمية، وبالنسبة لكثير من التلاميذ، فإن تنظيمهم غير الرسمي هو الأكثر تأثيراً في تحفيز سلوكهم ويصبح التدريس أكثر فعالية إذا توافر نوع من التعاون بين المعلم والتلاميذ بدلاً من العداء بينهم.

ويوجد صراع بين رغبات التلاميذ ورغبات المعلمين حيث يمثل المعلمون الجيل القديم

والمنهج التقليدي والنظام الاجتماعي القائم، بينما يهتم التلاميذ بعالمهم الجديد واحتياجاتهم الخاصة، ويهتمون أيضاً بالسعي إلى تحقيق الأهداف بطريقتهم الخاصة. ويعتبر التلاميذ هم المادة الخام التي يفترض أن يستخدمها المعلمون في تحقيق النتائج، ويتحكم المعلمون في التلاميذ بطريقة يظهر فيها الكثير من العلاقات التبادلية بين المعلم والتلاميذ داخل الفصل.

ويعد (نظام قيادة التلاميذ) أحد المداخل التي يمكن من خلالها التعرف على المناخ داخل الفصل.. إلى أي مدى يتسم الفصل بالخضوع والسيطرة والعقاب؟ ويمكن فهم نظام قيادة التلاميذ داخل الفصل من خلال القيود المفروضة على التلاميذ، فالفصول ذات النظام التقليدي تؤكد على سيطرة المعلمين، وخضوع التلاميذ، وعدم الثقة في التلاميذ الخارجين عن النظام، أما الاتجاه الإنساني فهو يؤكد على حاجة التلاميذ إلى ضرورة إعطائهم الحرية لكي يتصرفوا تبعًا لرغباتهم، ويتحملوا مسئولية تصرفاتهم.

ويعتمد نظام القيادة داخل الفصل - بشكل مباشر - على العلاقات بين المعلم والتلاميذ، ويشمل ذلك قيم التلاميذ واتجاهاتهم، والعلاقات، وأساليب القيادة.

وتأسيسا على ما سبق يمكن فهم الفصل على أنه مجموعة من المكونات الأساسية تتضمن: عملية التدريس، والمعلم، والتلميذ، والتنظيم الرسمي للفصل، ومناخ الفصل.

ومما هو جدير بالذكر أن الشيء المهم أي نظام اجتماعي ليس المكونات ذاتها، ولكن المهم هو طبيعة التفاعلات والعلاقات بين هذه المكونات، ومن هنا فإن السؤال المهم هو ما التفاعل الدينامي بين هذه المكونات؟ وللإجابة عن هذا السؤال نشير إلى مفهوم «التوافق Congruence».

التوافق: يقصد به الانسجام بين أي زوج من هذه المكونات داخل الفصل، ويعرف التوافق على أنه «الدرجة التي يكون فيها احتياجات ومطالب وأهداف وغايات وبنية أحد المكونات منسجمة مع احتياجات ومطالب وأهداف وغايات وبنية مكون آخر».

وبهذا يمكن تحليل جودة أداء الفصل حسب درجة التوافق بين كل زوج من المكونات. ويفترض «نموذج أداء الفصل» أن جودة الأداء هي وظيفة من وظائف التوافق بين المكونات الرئيسية، وكلما زاد التوافق بين كل زوج من هذه المكونات زادت جودة وفعالية الأداء بالفصل. والجودة أو الفعالية هنا هي الدرجة التي يكون فيها الأداء الفعلي متفقا مع الأداء المتوقع وذلك على مستوى التلميذ والمعلم والفصل. ويفترض هذا الاتفاق أن أداء الفصل

يكون أكثر فعالية عندما تكون كل أجزاء المُكون الواحد متوافقة ومنسجمة معًا. علاوة على ذلك فإن الجودة والفعالية تزداد عندما تكون العلاقة منسجمة بين الضغوط التنظيمية على مستوى المدرسة والمكونات على مستوى الفصل.

ج- منظومة إدارة الفصل:

تعتبر إدارة الفصل منظومة فرعية لمنظومة أكبر هي إدارة المدرسة، يتأثر كل منهما بالآخر، ويتفاعلان معا بهدف تعظيم الإمكانات المتاحة لتحقيق التربية المتكاملة للتلميذ داخل الفصل والمدرسة.

وتتكون منظومة إدارة الفصل من العناصر التالية: [20]

1- المدخلات:

تتنوع المدخلات الفاعلة في إدارة الفصل لتشمل الموارد البشرية، (وتضم المعلم، والتلاميذ) والموارد المادية (وتضم التجهيزات العلمية والتكنولوجية المتاحة، والأثاث المدرسي) والموارد الفكرية وتشمل السياسات والتشريعات بما تضمه من أهداف تعليمية ومبادئ تدعم قواعد العمل واللوائح والإجراءات المنظمة للعمل داخل الفصل، بالإضافة إلى الوقت وهو المورد الذي تتحرك فيه كل الموارد الأخرى.

2- العمليات:

هي مجموعة عمليات تجرى فيها تفاعلات وعلاقات تأثير وتأثر متبادلة بين كل المدخلات السابقة. وهي تتصل بطبيعة التفاعلات والأنشطة التي يتم بها تحويل المدخلات إلى مخرجات، وتشمل التخطيط للعمل في الفصل، والتنظيم للموارد المادية، والموارد البشرية المتاحة والمتمثلة في التلاميذ وتنسيق أدوارهم، وقيادة المعلم للعملية التعليمية، والتوجيه للتلاميذ والإشراف عليهم وضبط سلوكهم، ومتابعة أعمالهم، وتقويم الأداء الصفي بصورة شاملة.

3- المخرجات:

وتتضمن مكاسب التلاميذ التعليمية (معارف ومهارات) والسلوكية والرضا النفسي والوظيفي للمعلم، والاستخدام الفعال للإمكانات المتاحة بالفصل، وخطط التطوير والتحسين المستقبلي للأداء الصفي.

4- التغذية الراجعة:

وهي عملية ضبط عمل منظومة إدارة الفصل وتفاعلها وتكيفها مع متغيرات البيئة المحيطة؛ من أجل المحافظة على استقرار المنظومة وديناميةة توازنها داخلياً وبيئياً، وكذلك تصحيح مسار التنفيذ وتحقيق الأهداف المرغوبة بكفاءة وفعالية.

ثامنا: بعض نظريات ونماذج إدارة الفصل:

ظهرت في الأدبيات نظريات ونماذج إدارية متعددة تهدف إلى تحقيق إدارة فعالة للفصل المدرسي وتساعد على تحقيق جودة المناخ الصفي، وفيما يلي عرض لبعض هذه النظريات والنماذج المرتبطة بإدارة الفصل والتي أسهمت في الاتجاه نحو جودة الأداء الصفي:[21]

أولا: نموذج تعديل السلوك "Behavior Modification"

يشير سكنر إلى أن المقصود بتعديل السلوك «معالجة بيئات التلاميذ بما يتيح زيادة فرص مكافأة سلوكهم المرغوب فيه، وعدم مكافأة غير المرغوب منه. ويستند نموذج تعديل السلوك في إدارة الفصل إلى آراء عالم النفس التربوي الأمريكي (سكنر) صاحب نظرية الاشتراط الإجرائي في تفسير ظاهرة التعلم، حيث ذهب سكنر إلى أن السلوكيات التي يتم تعزيزها أو مكافأتها يكون تكرارها أكثر احتمالاً، في حين أن السلوكيات التي لا تعزز تكون أقرب إلى الانطفاء أو الاختفاء»، ويشير سكنر إلى أن المقصود بتعديل السلوك «معالجة بيئات التلاميذ بما يتيح زيادة فرص مكافأة سلوكهم المرغوب فيه، وعدم مكافأة غير المرغوب فيه».

ويعنى ذلك على المستوى الصفي أن السلوكيات غير المرغوبة من التلاميذ تتكرر؛ لأنه يتم تعزيزها بشكل ما من جانب المعلم، فالتعزيز هو المسئول الحقيقي عن تكرار السلوك.

وهناك عدة أسس عامة يستند إليها النموذج السلوكي وهى:

- أن السلوك يتشكل بنتائجه وما يحدث للفرد فور حدوثه.
- الاستخدام النظامي « Systematic » للتعزيزات أو المكافآت يمكن أن يوجه السلوك نحو الاتجاه المطلوب.
- يضعف السلوك إذا لم يتبعه أي تعزيز كما يضعف بالعقاب.

وبناءً على ذلك فإنه يمكن تعديل سلوك الفرد بواسطة أمور ثلاثة تشكل أساس النموذج السلوكي وهى التعزيز "Reinforcement" والعقاب "Punishment" والانطفاء "Extinction".

كما توجد خمسة تصنيفات أساسية تحت مدخل تعديل السلوك وهى:

- **أسلوب الثناء على الموقف الجيد** "Catch them being good"، يتضمن توجيه عبارات إيجابية لمن يؤدي ما هو مطلوب، مثل عبارات الثناء والشكر.
- **أسلوب القواعد والتجاهل والمديح** "Rules - Ignore - Praise"، يتضمن وضع مجموعة من القواعد التي تحدد سلوك التلميذ، مع تجاهل السلوك غير المرغوب ومدح السلوك المرغوب عند حدوثه، ويطبق في فصول المرحلة الابتدائية.
- **أسلوب القواعد والمكافأة والعقوبة** "Rules - Reward - Punishment"، يتضمن وضع القواعد الصفية ومكافأة السلوك الملائم ومعاقبة السلوك غير الملائم، ويتناسب هذا الأسلوب مع تلاميذ المرحلة الثانوية.
- **أسلوب الإدارة الموقفية** "Contingency Management"، يقوم على نظام من التعزيزات المادية التي ينالها التلميذ مع كل سلوك ملائم ثم بعد ذلك يستبدل بها مكافآت عينية، ويستخدم هذا الأسلوب في كل المراحل وبشكل خاص مع التلاميذ ذوى المشكلات المستمرة.
- **أسلوب التعاقد** "Contracting"، حيث يتم عقد اتفاق مع التلميذ الذي تصدر منه سلوكيات خاطئة باستمرار أو الذي يصعب التعامل معه، وعادة ما يحتوى العقد على السلوكيات المرغوبة والوقت المحدد لبعض الأعمال ونوعية العقاب أو المكافأة التي سيتم تقديمها.

ويلاحظ أن نموذج تعديل السلوك يؤكد على سلطة المعلم، وأنه هو المحدد والمشكل لسلوكيات التلاميذ، وعلى ذلك **فقد لاقى كثيراً من الانتقادات أهمها:**

- أنه لا يكاد يعرف بإرادة التلميذ ورغباته فهو يتلقى من المعلم جميع الأوامر والتوجيهات.
- لا يراعي التلاميذ باعتبارهم بشرا أو أفرادا وإنما يتعامل معهم مثل الأشياء والآلات.
- لجوء المعلم إلى المكافآت المادية العينية قد يؤدي إلى غرس مبدأ المادة في سلوك الطالب.
- يقدم طريقة سطحية لمواجهة السلوك الخاطئ دون الرجوع إلى أسبابه أو دوافعه.
- تجاهل السلوك الخاطئ لا يؤدي دائماً إلى تعديله.

● عملية مكافأة السلوك المطلوب فور حدوثه كل مرة ليست بالأمر السهل في الفصول المزدحمة.

ثانياً: نظرية الخيارات العقلانية لوليم جلاسر "Rational Choices"

اهتم وليم جلاسر بتحسين التعليم المدرسي، وقام بتطبيق نظريته عن الخيارات العقلانية في الكثير من المدارس. كما أن له الكثير من المؤلفات أبرزها مدارس بلا فشل، ونظرية الضبط الصفي.

ويرى جلاسر أن فهم السبب وراء إظهار التلميذ سلوكيات غير مرغوبة ليس مدعاة لاحتمال مثل هذا السلوك، ومن ثم أكد على أن التلاميذ كائنات عاقلة، قادرة على اختيار التعاون والانشغال بالمهمة الموكلة إليهم، وعلى المعلم قيادة تلاميذه نحو التركيز على اختيار السلوكيات الملائمة وألا يقبل منهم أية أعذار بشأن السلوكيات غير الملائمة.

ويستند هذا النموذج على مبدأ أساسي يستمد منه عنوانه وهو صرف النظر عن الماضي والتركيز على الواقع الحالي عند معالجة المشكلات السلوكية، واعتبار الحلول المقدمة نقطة انطلاق نحو المستقبل، ومن ثم عرف أيضاً بنموذج العلاج الواقعي"Reality Therapy".

واقترح جلاسر على المعلمين استخدام استراتيجيات العلاج الواقعي، واتسعت أفكاره ليرى أن هناك إمكانية إدارة التلاميذ دون إجبار من خلال وضع القواعد بشكل تشاركي، وهى ما عرفت بنظرية الضبط.

وأشار جلاسر إلى وجود أربع حاجات أساسية لابد أن ينتبه إليها المعلم لمنع المشكلات السلوكية بالفصل وحماية تلاميذه من الفشل وهى: الحاجة إلى الحب، والحاجة إلى السيطرة، والحاجة إلى الحرية، والحاجة إلى المتعة.

ويشير جلاسر إلى أهمية العلاقات الاجتماعية كشرط أساسي لنجاح تطبيق نموذج العلاج الواقعي، كما يؤكد على أهمية ضمان مشاركة التلاميذ: ولكي تتحقق هذه المشاركة يشترط أن تكون العلاقة بين المعلم والتلميذ قائمة على الدفء والمودة.

ثالثا: نظرية الدراية والتنظيم Wittiness & Organization

تنسب هذه النظرية إلى يعقوب كونين "Jacob Kounin" وزملائه الذين أجروا الكثير من التجارب على البيئات الصفية، وتوصلوا إلى مجموعة من الاستراتيجيات التي يمكن أن تقلل السلوكيات غير المرغوبة، والتي تحقق إدارة صفية تؤدي بالتلاميذ إلى التركيز في مهامهم.

وقد كرس كونين جهوده البحثية على مهارات العمل الجماعي لمنع مشكلات إدارة الفصل وحدوث السلوكيات غير المرغوب فيها، كما لفت الانتباه إلى عدد من الأساليب والتقنيات الإدارية التي ينبغي أن يستخدمها المعلمون الأكفاء في مؤلفين أولهما: «النظام والإدارة الجماعية في الفصل»، وثانيهما بالاشتراك مع شيرمان بعنوان «البيئات المدرسية كمواقف سلوكية: النظرية والتطبيق».

وتهدف هذه النظرية إلى تمكين المعلمين من خلال سلوكياتهم إلى جعل التلاميذ منشغلين بالمهمة الموكولة إليهم مستخدما في ذلك كثيراً من الأساليب منها ما يسميه الدراية Wittiness والذي يشير إلى أن المعلم يتفاعل مع التلاميذ في الوقت المناسب فهو يعرف ما يحدث بالفصل في كل الأوقات ويستجيب للسلوك السيئ بشكل ملائم وحازم ويرى «كونين» أن المعلم يوصف بأنه ذو دراية ومتابع إذا تحققت ثلاثة مظاهر في إدارته للتلاميذ تتضمن:

- التدخل السريع عند حدوث أي سلوك غير مرغوب.
- إذا حدث أكثر من خطأ في وقت واحد يتدخل المعلم للتعامل مع الأهم أولاً.
- يتعامل المعلم مع السلوك الخاطئ عند حدوثه بحسم قبل انتشاره بين التلاميذ.

وأسلوب آخر يسميه كونين التداخل أو الالتحام «Overlapping»: ويعنى مقدرة المعلم على التعامل مع أكثر من حدث في وقت واحد، وهذا نظراً لاتصاف الفصل بأنه بيئة متعددة الأبعاد يحدث بها الكثير من المواقف في وقت واحد مما يتطلب من المعلم مهارة في التعامل معها جميعاً في وقت واحد.

وعلى ضوء هذه النظرية تعني إدارة الفصل ضبط المعلمين باستخدام كل الوسائل المتاحة؛ أي توفير نظام فعّال داخل الفصل من خلال الممارسات التالية:

- استئذان المعلم قبل الكلام أو تغيير المكان في الفصل.
- الانتباه الجيد لموضوع الدرس.
- الإنصات الجيد للآخرين وعدم مقاطعتهم.
- احترام المعلم واحترام آراء الآخرين.

- ويتبع المعلم الكثير من القواعد لحفظ النظام داخل فصله منها على سبيل المثال:
- شغل التلاميذ طوال الوقت.
- الحزم والبشاشة في نفس الوقت.
- توفير بيئة مادية مناسبة.
- تشويق التلاميذ للدرس وتنويع الأسلوب وتغيير نبرة الصوت.
- التجوال بنظره بين التلاميذ ليشعر كل منهم أنه موضع اهتمام المعلم.

رابعا: نموذج الإدارة الذاتية "Self Management":

تطور هذا النموذج على يد علماء النفس الإنساني ومن أبرز زعمائه ماسلو وروجرز "Maslow, A. & Rogers, C" ويؤكد هذا النموذج على وجود باعث داخلي لدى الأطفال يدفعهم لتحقيق الاكتمال الذاتي، بمعنى أن لديهم رغبة داخلية ليصبحوا على أفضل ما يمكنهم، حتى يشعروا بتحقيق الذات، كما يؤكد "روجرز" أن البشر قد منحوا هبة النمو والتطور والإبداع، ومن ثم فإن تجاهل هذه الاحتياجات التي يحقق بها الطالب ذاته سوف تؤدي فقط إلى نتائج غير مرغوبة، وبالتالي فإن دور المعلم ينحصر في تيسير النمو الذاتي لهذا الدافع الداخلي لدى الطفل، وأن يتخلى عن فرض سلطته وممارسة قوته على الطلاب.

من هنا فإنه يفترض أن تساعد الإدارة الذاتية "Self management" جموع الطلاب على إدارة سلوكياتهم بشكل أكبر في ظل تدخل أقل من جانب المعلم مما يساعده على توفير وقته وجهده، وإن كان من الصعب تحقيق ذلك بشكل مكتمل دون تدخل من المعلم، لكن يمكن استخدام أسلوب الإدارة الذاتية مع الطلاب الذين يظهرون استعداداً لتغيير سلوكيات يصعب السيطرة عليها، باعتبار أن السماح للفرد بإدارة سلوكه بنفسه يسهم في إشباع حاجاته، لاسيما مع المراهق الذي يمكن أن يكتسب الشعور بالكفاءة عند إحساسه بأنه يسيطر على بيئته، ومن ثم فقد يرحب بهذا الأسلوب من الإدارة الصفية عن غيره من الأساليب الأخرى التي تقوم على الضبط الخارجي.

ولعله يمكن تحقيق الإدارة الذاتية من خلال الانضباط الذاتي "self - discipline" عن طريق تنمية وتحفيز تقدير الذات "Self esteem" لدى التلاميذ باعتبار أنهم قد يكتسبون اتجاهات وخصائص إيجابية عندما:

- يشعرون بأن لهم قيمة عند المعلم وعند غيره من العاملين في المدرسة.

- يدركون أن المعلم يقترب منهم في علاقاته الرسمية وغير الرسمية.
- يكون لديهم فرص حقيقية للتعبير عن مواهبهم وحماسهم.
- يعاملون كأفراد ناضجين ومسئولين.
- يشعرون بالتقدير من زملائهم وأصدقائهم.
- يتم توقيع العقوبات والمكافآت بطريقة عقلانية وعادلة.

من هنا فإن كلاً من (سكنر) رائد مذهب التدخل بما يمثله من نماذج الضبط الشديد (وروجرز) رائد مذهب عدم التدخل بما يمثله من نماذج الضبط الضعيف يؤكدان على مفهوم حرية الطالب، ولكنهما يختلفان في كيفية تطبيق وممارسة هذه الحرية، فيرى (سكنر) أن الحرية يمكن دعمها في ظل الارتقاء بأساليب ضبط المعلم للطالب، وليس من خلال التخلي المطلق عنها، أما "روجرز" فينادي بضرورة عدم فرض الانضباط على الطالب بل يكون نابعاً من ذاته هو بواسطة الالتزام لقوى داخلية نحو الإبداع والإصرار الذاتي.

بذلك يمكن القول إن لكل من (سكنر وروجرز) إستراتيجيته الخاصة في إدارة الفصل وتحقيق الانضباط الصفي، فنجد أن (سكنر) في ظل مذهب التدخل يؤكد على أهمية السيطرة والتوجيه والضبط من جانب المعلم، أما (كارل روجرز) في ظل مذهب عدم التدخل يعتمد على التأثير والتشجيع فقط من المعلم، وهو ما يعنى أن كلا المذهبين يمثلان طرفي نقيض وأن هناك مواطن ضعف في كليهما نظراً للرؤية المتطرفة فيهما بين الشدة المفرطة والتسيب المبالغ فيه، وبالتالي كانت الدعوة إلى تبنى موقف وسط بينهما فيما يعرف بمذهب التفاعل بما يتضمنه من نماذج ديمقراطية لتحقيق الضبط الصفي.

تاسعا: حالات عملية في إدارة الفصل

عادة ما يستخدم المعلمون مدى واسعاً من الطرق للتعامل مع سلوكيات طلابهم، وقد صنفت هذه الطرق في سبعة مداخل أساسية هي:[22]

- **النظر بصمت:** ولاستخدام هذا المدخل ينظر المعلمون ببساطة إلى الطلاب الذين يتصرفون بصورة غير ملائمة، وعادة يتصرف الطلاب بصورة ملائمة إذا أدركوا أن المعلم يوجه انتباهه إليهم.

- **التصريحات غير المباشرة:** وتتضمن التعليق بصورة غير مباشرة على السلوكيات غير الملائمة، ويساعد ذلك على تعديل سلوك الطالب.
- **الأسئلة:** عادة ما يستخدم المعلمون الأسئلة مثل ماذا تعتقد أنك تفعل؟ للحصول على انتباه الطلاب، ويؤدى ذلك إلى سلوكيات ملائمة بصورة متكررة.
- **التصريحات المباشرة:** وهذه التصريحات المباشرة قد تكون مطلوبة لمساعدة الطلاب على التصرف بشكل مناسب؛ فتصريحات مثل ارجع إلى مقعدك «هذه التصريحات تتضمن تأكيدًا أكثر من مجرد النظر بصمت أو التصريحات غير المباشرة».
- **النمذجة:** غالباً يشعر المعلمون أنه ينبغي عليهم مساعدة الطالب لإظهار السلوكيات الملائمة، كأن يأخذوا يد الطفل، ويفتحوا له الكتاب على الصفحة الصحيحة، ويضعوا القلم في يده.
- **التعزيز:** يعتبر طريقة شائعة في التعامل مع سلوكيات الطلاب، حيث يتم مكافأة الطلاب بمعززات إيجابية عندما يتصرفون بصورة ملائمة.
- **التدخل المادي /العزل:** ففي بعض الحالات التي لا يفلح معها أيًا من الأساليب السابقة ربما يجد المعلم أنه من الضروري نقل الطالب من الفصل، أو إرساله إلى مكتب المدير أو غير ذلك.

والآن: ننتقل إلى مجموعة من المواقف والحالات العملية:[23]

حالة عملية (1):

بينما المعلم يشرح وقعت عينه على أحد التلاميذ وهو يبدأ بأكل (اللبان) وقد تكرر منه ذلك بشكل معتاد.

ما التصرف الذي يمكن أن تفعله في الموقف السابق.

حالة عملية (2):

بينما كان المعلم محمود يكتب على السبورة قام أحد الطلاب برمي بعض قطع الطباشير، أثارت الضحك بين التلاميذ، وقد عرف المعلم أن الذي أحدث السلوك هو الطالب كريم وهو كبير في السن وراسب، وقد سبق أن قام المعلم بطرده من الفصل وأشعره بأنه سيفقد بعض درجات المشاركة، لأنه كان كثير الكلام في الحصة السابقة.

لو كنت مكان أ. محمود ماذا تفعل؟

حالة عملية (3):

وزع المعلم على تلاميذه نشاطا صفيا وطلب من التلاميذ البدء فيه وعليهم الانتهاء بعد عشر دقائق لكن الطالب فادي لم يبدأ بالعمل، وكان ينظر من خلال النافذة وعندما سأله المعلم عن ذلك قال بأنه يفكر واستمر على ذلك وعندما نبهه المعلم مرة أخرى أخبره أنه لا يرغب في العمل وسلم نشاطه بدون أن يكتب فيه شيئاً. فأمره المعلم أن يكتب، غير أن الطالب أخبر المعلم أنه لا أحد يستطيع إجباره على أن يتعلم مالا يريد.

كيف تتعامل مع الموقف السابق؟

حالة عملية (4):

أنا معلم جديد على المدرسة وعلى المهنة، ونصحني المدير بأن ألجأ إلى العقاب الجماعي للفصل لتحقيق الانضباط المطلوب إذا لم أستطع معرفة الطالب المخالف، وإذا لم يرشد أحد عنه، وختم المدير نصيحته بقوله «دي خلاصة خبره 30 سنة أعطيها لك على الجاهز!».

وفي اليوم التالي انطلقت زمارة أراجوز في الفصل أثناء كتابتي على السبورة. التفت متسائلاً ومتعجبًا. استمر الطلاب في الضحك مدعين أنهم لا يعرفون مصدر الصوت قلت لهم «المرة القادمة سنحاول معرفة مصدر الصوت». استأنفت الكتابة على السبورة، وعادت الزمارة ولكن بصوت أعلى، والضحكات أقوى والتهريج أشد. بصراحة تذكرت ما قاله المدير، ولكن شيئًا بداخلي يقاوم ويقول لي «ليس هذا عدلاً! لماذا تعاقب الجميع بينما المخطئ شخص واحد؟ ولماذا تأخذ الجميع بذنب واحد أو اثنين فقط؟ للأسف... لا أعرف كيف أتصرف.»

والمطلوب:

● ما رأيك في قضية العقاب الجماعي عمومًا؟
● كيف تتصرف لو كنت مكان هذا المعلم؟

حالة عملية (5):

نفد صبر أ. دعاء في التعامل مع إيهاب (أولى إعدادي) حيث لم يحضر الواجب للمرة الرابعة على التوالي برغم كل التحذيرات التي أعطتها له، والتهديد بخصم الدرجات، وعرض مساعدته إذا كان هناك شيء لا يفهمه. في كل مرة يقدم إيهاب عذرًا مختلفًا ويبدو أنه مقنع. تأكدت أ.

دعاء أن إيهاب يؤلف القصص الوهمية للهروب من الالتزام. لم تعرف دعاء ما إذا كانت الابتسامة لاستحسان فكرة زيارتها له في البيت، أم لأنه انتصر عليها وسدّ عليها كل الطرق. ازداد غضب دعاء وسألت «ماذا أفعل معك الآن؟» ورد إيهاب «تصدقيني». طلبت أ. دعاء أن يحضر أبوه لمقابلتها غدًا «بابا مسافر في إيطاليا» إذًا فلتحضر الأم. «ماما بعد ما طلقت من بابا تزوجت عمو سعيد وتعيش في طنطا» «مع من تعيش؟» سألت دعاء «مع جدتي».. «أرى جدتك يا إيهاب» ورد إيهاب «جدتي مريضة ولا تخرج من البيت».

والمطلوب:

● بماذا تنصحها الآن؟
● ما رأيك في كفاءة دعاء وفاعليتها في العمل؟

حالة عملية (6):

كان أ/ مجدي يكتب على السبورة حين سمع ضحكات مكتومة من طلاب الصف الخامس الابتدائي، ونظر بعض الطلاب إلى محسن الذي فعل ما يستطيع ليبدو بريئًا، «ماذا حدث؟ ماذا يضحككم» أجابت طالبة «محسن يضحكنا». نظر أ/ مجدي إلى محسن بغضب. كانت رسالة تحذيرية قوية.

استأنف أ/ مجدي الكتابة على السبورة. عاد الطلاب إلى الضحك ولكن بصوت أعلى هذه المرة. التفت أ/ مجدي إلى محسن «كفى هذا... هل ستتصرف كالأطفال؟ لن أقبل منك ذلك. ستلقى عقابًا تندم عليه!».

وما أن عاد أ/ مجدي إلى السبورة وظهره للطلاب حتى أتى محسن بفعل أكثر جرأة وسخرية من المعلم، وارتفع الضحك من جديد... عاليًا. التفت أ/ مجدي بسرعة «ماذا أفعل معك لتكون محترما؟» «أتستمتع بأن تكون مهرج الفصل؟!» وفوجئ أ/ مجدي برد محسن «وهل تستمتع أنت بالملل الذي نعانيه؟».

«كفى هذا... قف... لملم حاجياتك... خذ كرسيك.. اخرج إلى الممر واجلس هناك.. واكتب في المرة القادمة سأحترم أستاذي مائة مرة». وخرج محسن صاغرًا. في نهاية الحصة دق الجرس، حاول محسن الدخول، استوقفه أ/ مجدي سائلاً «أين ما كتبته؟» ورد محسن «لم أكتب شيئًا ولن أكتب» وقرر أ/ مجدي «إذًا لن تذهب للفسحة حتى تكتب» حينئذ قال محسن: «ليس مهما!!».

والمطلـوب:

- ما رأيك في تصرف أ/ مجدي مع الطالب محسن؟ وفي أسلوبه القيادي؟
- لو كنت مكان أ/ مجدي كيف تتصرف؟

حالة عملية (7):

كان أ/ حسني دائمًا مثالاً لموسوعية المعرفة في تخصصه ويعرف ذلك زملاؤه جميعًا، بل يلجئون إليه لمعرفة الإجابة عما يواجههم من أسئلة صعبة.. انتقل أ/ حسني للعمل مؤخرًا في المدرسة الثانوية. وكان يستبشر خيرًا بهذه النقلة النوعية في حياته. واستعد للعام الدراسي استعدادًا جيدًا - كعادته دائمًا، وجاء اليوم الأول في الدراسة، وبدأ مع فصل 1/3 ثانوي حصة اللغة العربية التي استعد لها جيدًا - وكانت المفاجأة أن بعض الطلاب لا يعطي أي انتباه للشرح، وعندما طلب إخراج الكراسات رد أغلب الطلاب بأنه لا توجد معهم كراسات، وعندما حوَّل الحصة إلى مناقشة ما حصلوه في العام الدراسي السابق كان التعاون معدومًا، ثم بدأ طالب ثم ثان ثم ثالث يستأذن للذهاب لدورة المياه. انتهت الحصة دون أن يشرح حسني الدرس، ودون أن يراجع ما سبق للطلاب تحصيله، ودون حتى أن يتعرف على الطلاب.

قال حسني لنفسه «ربما كنت مخطئًا لأني لم أعرفهم بنفسي وبنظامي في العمل من البداية، وابتداء من الحصة القادمة سأقرر قواعد السلوك فور وقوع أية مخالفة وأعلنها للفصل، وبالتالي خلال عدة أسابيع أكون قد أوضحت كل القواعد لكل الطلاب، ولا يحتج أحد بأنه لا يعرف القاعدة ولا يعرف جزاء المخالفة». نفذ أ/ حسني عهده مع نفسه بالفعل، وكانت النتيجة غير مشجعة، وأصبح فصل 1/3 مثارًا للتندر في كمية الشغب والفوضى الواقعة فيه.

في النهاية تقدم أ/ حسني رسميًا باعتذاره عن عدم الاستمرار في هذا الفصل الملعون، وعبثًا حاول الناظر إثناءه عن ذلك رغم توضيحه أن المعلمين الآخرين لا يواجهون مشكلات في نفس الفصل.

والمطلـوب:

- هل أخطأ أ/ حسني؟ فيم فعل؟ وما السلوك الواجب للمعلم؟
- هل من الحكمة قبول اعتذار أ/ حسني أم تقديم الدعم له بصوره أو بأخرى مع استمراره في الفصل؟ وما صور الدعم الممكنة؟ وما درجة الفاعلية المتوقعة؟

حالة عملية (8):

بدا الانفعال شديدا، والحيرة أشد على وجه أ/ مغاوري المنقول إلى المدرسة هذا الأسبوع، وهو يستأذن في التحدث إلى أ/ عزيزة مديرة المدرسة، وأذنت له فبادرها.

«أطلعتني أ. هالة على كتيب فلسفة المدرسة، ونوهت بالأخص إلى مجموعة مبادئ في التعامل مع الطلاب: لا تضرب أي طالب..لا تسبّ أي طالب..لا تلمس أي طالب..لا تطرد أي طالب. وحاول أن تكون محترمًا ولك هيبة مع الطلاب» بالله عليك كيف ذلك؟ تجردينني من أسلحتي ثم تلقين بي إلى المعركة وتطلبين مني تحقيق النصر، كأنك تربطيني بحبل ثم ألقيت بي إلى البحر ومطلوب مني السباحة إلى الجزيرة. «سيدتي... أنا عندي خبرة أكثر من 20 سنة في المدارس النموذجية والتجريبية واللغات، ورأيي أن الشدة مطلوبة مع أولاد في الوقت الحالي... كيف يحترمونني ويهابونني وهم يعلمون أني لا أستطيع عقابهم؟! كيف أضبط فصلاً فيه 30 مراهقًا ومراهقة دون أية أدوات؟!».

ابتسمت أ/ عزيزة قائلة «هذا الموضوع يحتاج دراسة» ثم طلبت أ. هالة لترتب اجتماعًا بين ثلاثتهم للإجابة عن أسئلة أ/ مغاوري.

والمطلوب

● ضع نهاية تفضلها للسيناريو، ثم وضح الأساس التربوي لهذه النهاية.

● ضع سيناريو افتراضيًا لما دار في هذا الاجتماع.

حالة عملية (9):

شهدت الفترة الأخيرة حالات متكررة من ضياع المتعلقات الشخصية للطلاب والمعلم في فصل 1/4 الابتدائي، فأولاً ضاعت بعض كتب مكتبة الفصل، ثم ضاعت حافظة أقلام، ثم اختفت أشياء أخرى كثيرة في كل مرة يحار الفصل فيمن هو المسئول. في البداية اتجهت الشبهات إلى عاملة النظافة، ولم يثبت شيء ضدها. بعد ذلك قرر معلم الفصل منع التواجد بالفصل أثناء الفسحة، وأكثر من التنبيه على الطلاب بتوخي الحرص والمحافظة على متعلقاتهم.

فكر أ. صبري معلم الفصل في الأمر كثيرًا، وأخيرًا هداه تفكيره إلى أن الطالب / عمر سليمان هو الذي يقوم بكل هذه السرقات، وبنى تفكيره على شواهد وقرائن كثيرة. ذهب أ. صبري إلى مدير المدرسة وأخبره بما يشك فيه أو بالأحرى ما هو متأكد منه ولكنه لا يملك الدليل الدامغ.

والمطلوب:

- هل تحتاج لإعادة النظر في سياسة المدرسة بشأن الحفاظ على المتعلقات الشخصية؟ وما السياسة المقترحة؟
- هل ستتدخل - كمدير مدرسة - في الأمر؟
- لو كنت مدير المدرسة بماذا تنصح أ. صبري؟

حالة عملية (10):

بادرني أ/ سعدون معلم اللغة العربية في مدرسة أم المؤمنين بحكايته أثناء أحد البرامج التدريبية قال: «سيادتك تركز على الحزم وتطبيق الجزاء دون تردد. ما رأيك في أني حين أفعل ذلك أقع في مشكلات لا حصر لها. لماذا؟ لأن الموضوع ما أن يصل لإدارة المدرسة حتى أجد الدنيا كلها تغيرت، وأصبحت أنا المتهم، أي أنا المطالب بتبرير ما فعلته، وما أسانيدي فيما قررته؟» «وكثيرًا ما أشعر أنني أصبحت الرجل الشرير بالمدرسة في حين أن المدير والنظار والوكلاء كلهم طيبون». «ومما يزيد الطين بلة أني حين أرسل الطالب لمكتب المدير للتصرف اكتشف أن الطالب عاد كأنه قد انتصر عليَّ ولا يتحسن سلوكه».

«بالله عليك، ماذا تفعل؟».

والمطلوب:

بماذا كنت تنصح أ/ سعدون في رأيك؟

هوامش ومراجع الفصل الثالث:

(1)   Smith, T.E.C., Teaching Students with Mild Disabilities, (New York, Harcourt Brace Jovanovich College Publishers: 1993), p.38.

(2)   Marzano, Robert J. Classroom Management That Works: Research-Based Strategies for Every Teacher, United States., Association for Supervision & Curriculum Development, 2003, p.1.

(3)   حسن شحاته وزينب النجار، معجم المصطلحات التربوية والنفسية، (القاهرة: الدار المصرية اللبنانية، 2003)، ص ص 30-31.

(4)   توفيق مرعي وآخرون، إدارة الفصل وتنظيمه، ط 3 (سلطنة عمان، وزارة التربية والتعليم، 1993)، ص12.

(5)   تيسير الدويك وآخرون، أسس الإدارة التربوية والمدرسية والإشراف التربوي، (عمان: دار الفكر للنشر والتوزيع، بد.ت)، ص 185.

(6)   نادر فهمى الزيود وآخرون، التعلم والتعليم الصفي، ط4، (عمان: دار الفكر للطباعة والنشر والتوزيع، 1999)، ص175.

(7)   Duke, D.L., and Meckel, A.M., Teachers guide to Classroom Management, (New York: Random House, 1984), p.3. Cited in Smith, T.E.C.. Teaching Students with Special Needs in Inclusive Settings, Op.Cit., p.320.

(8)   محمد الحاج خليل وآخرون، إدارة الصف وتنظيمه، ط1 (عمان: جامعة القدس المفتوحة، 1996)، ص48.

(9)   هالة عبد المنعم سليمان، إدارة الفصل في الحلقة الأولى من التعليم الأساسي، (القاهرة: مكتبة النهضة المصرية، 2001)، ص 28.

(10)   محمد فتحي عبد الفتاح، ضغوط العمل لدى المعلمين وعلاقتها بإدارة الفصل في التعليم الثانوي العام والأزهري: دراسة ميدانية، رسالة دكتوراه غير منشور مقدمة لقسم الإدارة والتخطيط والدراسات المقارنة، كلية التربية جامعة الأزهر 2005، ص 97.

(11)   Smith, T.E.C., Op.Cit., pp.321-322.

(12)   Ibid, p.318.

(13)   Ibid., p.322.

(14)   محمد فتحي عبد الفتاح، مرجع سابق، ص ص 101-108.

(15)   يرجى مراجعة ما يلي:

صديق محمد عفيفي، دليل المعلم في إدارة الفصل، (القاهرة: المنظمة العربية للتنمية الإدارية، 2007)، ص ص 27-35.

سعاد بسيوني، نظريات إدارة الفصل وتطبيقاتها، (القاهرة: د.ن، 2005)، ص ص 9-10.

محمد فتحي عبد الفتاح، مرجع سابق، ص ص. 124-125.

(16)   صديق محمد عفيفي، مرجع سابق، ص 13.

(17)   يرجى مراجعة ما يلي:

ياسر فتحي الهنداوي، إدارة الفصل وجودة الأداء، كتاب إلكتروني، (القاهرة: مشروع تطوير الدبلومات الافتراضية بكلية التربية جامعة عين شمس 2006).

www.fez.gov.ae/fezweb/tawjeh/spneed/erashad.doc

(18)   Hoy, Wayne K. and Patrick B Forsyth, Effective Supervision, Theory and Practice, New York: 1986, pp.18-19.

(19)   Ibid., pp.33-40.

(20)   تم الاستفادة في تصور وعرض عناصر منظومة إدارة الفصل من المراجع التالية:

ياسر فتحي الهنداوي، «الإدارة المدرسية والصفية لذوي الاحتياجات الخاصة»، فصل في: شاكر محمد فتحي وآخرون الإدارة المدرسية والصفية لذوي الاحتياجات الخاصة، (القاهرة: تحت الطبع).

سعاد بسيوني، مرجع سابق، ص ص 5-7.

هالة عبد المنعم سليمان، مرجع سابق، ص ص 111-143، مرجع سابق.

(21) تم الاستفادة في عرض النماذج والنظريات من المراجع التالية:

محمد فتحي عبد الفتاح، مرجع سابق، ص ص 128-140.

هالة عبد المنعم سليمان، مرجع سابق، ص ص 53-55.

ياسر فتحي الهنداوي، إدارة الفصل وجودة الأداء، مرجع سابق.

(22) Smith, T.E.C., Op.Cit., pp.318-322.

(23) تم الاستفادة في عرض هذه الحالات والمواقف من المرجعين التاليين:

صديق محمد عفيفي، مرجع سابق.

ياسر فتحي الهنداوي، إدارة الفصل وجودة الأداء، مرجع سابق.

الباب الثاني

قضايا معاصرة

في إدارة المدرسة وإدارة الفصل

الفصل الرابع

4

تمكين المعلم

مقدمة:

تشهد النظم التعليمية في معظم دول العالم سلسلة من الإصلاحات التربوية من أجل تعزيز جودة التعليم المدرسي، وقد شملت هذه الإصلاحات معظم عناصر العملية التعليمية سواء المناهج الدراسية، أو الوسائل التعليمية، أو الإدارة المدرسية.

ورغم ذلك فإن تأكيدات مستمرة على أن الجودة الفعلية للتعليم تعتمد في الأساس على المعلمين الذين ينفذون كل المهام والأنشطة التعليمية في المدارس، ومن ثم أصبح المعلمون موضوعا محوريا في الحركات المعاصرة للإصلاح التربوي، وتحسين المدرسة في الكثير من الدول؛ انطلاقا من أن المعلم هو العنصر الأساسي لنجاح التعليم المدرسي والفعالية المدرسية عامة.(1)

ويمثل تمكين المعلمين Teachers Empowerment أحد أكثر القضايا شيوعا في أدبيات الإدارة الذاتية للمدارس School Based Management في المجتمعات الغربية، كما يعد حجر الزاوية في معظم الجهود المبذولة للإصلاح التربوي المعاصر في كثير من دول العالم.(2)

وقد عُرف تمكين المعلمين بأنه: «عملية منح المعلمين السلطة والصلاحية لصنع قرارات مهنية تتعلق بعملية تعليم وتعلم الطلاب»،(3) إلا أن المفهوم الحديث لتمكين المعلم يذهب إلى أنه بنية متعددة الأبعاد لا تقتصر فقط على منح سلطات إضافية للمعلم، ومشاركته في صنع القرارات المدرسية، وإنما تتضمن أبعادا أخرى مثل الاستقلالية في العمل، والقدرة على التأثير في نواتج العمل المدرسي، والإحساس بالتقدير والمكانة المهنية، والفعالية الذاتية، والنمو المهني للمعلم.(4) وقد ذهب المدافعون عن تمكين المعلم إلى أنه يمثل وسيلة أساسية للتغلب على الوضع الإداري السائد وتحقيق سيطرة مهنية متزايدة.(5)

وقد أدى الطلب على المدارس الفعالة عالميا إلى التأثير على صناع السياسة التربوية في مصر، فأصبحت جميع المجالات المدرسية تقريبا متضمنة في الإصلاحات التربوية التي تمت خلال السنوات القليلة الماضية، والتي تسعى تدريجيا نحو تطبيق الإدارة الذاتية في المدارس المصرية، حيث تشير الوثائق الرسمية إلى أن هناك توجهًا نحو منح المدارس المصرية مزيدا من الصلاحيات في إطار تدعيم الإدارة الذاتية للمدرسة من خلال المشاركة في صنع القرار بدلا من المسئولية الفردية في صنعه، وفي هذا السياق تبذل وزارة التربية والتعليم جهودا مستمرة لتطوير العملية التعليمية داخل المدارس؛ وذلك بهدف نهائي هو تحسين عملية تعليم وتعلم الطلاب، وقد طالت هذه الجهود معظم عناصر العملية التعليمية، وخاصة الإدارة المدرسية إيمانا بأن إدارة المدرسة هي العامل الأساسي لنجاح العمل المدرسي ككل، وبناء عليه أصدرت الوزارة عددا من القرارات الوزارية يمكن اعتبارها بمثابة خطوات نحو تحقيق الإدارة الذاتية للمدرسة مثل القرارات المتعلقة بإنشاء مجموعة من الوحدات النوعية داخل كل مدرسة كالوحدة المنتجة، ووحدة التدريب والتقويم، ووحدة الإحصاء والمعلومات..إلخ،[6] والقرار المتعلق بتشكيل مجلس الأمناء والآباء والمعلمين، والذي من ضمن أهدافه تحقيق اللامركزية في الإدارة والتقويم والمتابعة وصنع القرار، وتحقيق الرقابة الذاتية على الأداء.[7]

والنظرة الفاحصة لمضمون هذه القرارات تُظهر محاولة وزارة التربية والتعليم في مصر - بشكل أو بآخر - تحقيق التمكين للمدرسة المصرية وعلى نحو خاص تمكين المعلمين وتفعيل دورهم في أعمال الإدارة والقيادة المدرسية.

أولا: تطور الدراسات السابقة في تمكين المعلم

ظهر مصطلح تمكين المعلم في الأدبيات التربوية موازيا لمصطلح تمكين الموظف في أدبيات الإدارة التنظيمية، وتناولت الكثير من الدراسات التربوية الأجنبية موضوع تمكين المعلم منذ النصف الأخير تقريبا من عقد الثمانينيات في القرن العشرين وحتى اليوم، ومازالت البحوث والدراسات تتزايد في مجال تمكين المعلم حتى الآن.

ففي النصف الأخير من عقد الثمانينيات من القرن السابق ظهر مصطلح تمكين المعلم في إطار انتشار اتجاه الإدارة الذاتية للمدارس، فهدفت الدراسة الرائدة لأستاذة علم الاجتماع التربوي «ساره ليتفود Lightfoot, 1986»[8] إلى تحديد مفهوم التمكين في المدارس، واستنادا

إلى الدراسة الميدانية التي أجرتها ليتفود عام 1983 عن الفعالية المدرسية أو ما أطلقت عليه الجودة في المدارس Goodness in Schools قامت بربط ما توصلت إليه عن جودة المدارس مع أفكار التمكين في المدارس Themes of Empowerment وتوصلت إلى أن التمكين في المدارس يجب أن يكون على جميع المستويات (الطلاب، والمعلمين، والإداريين) حيث إن تمكين أية فئة يسهم في تدعيمه لدى الفئات الأخرى؛ فعندما يشعر المعلمون أنهم أقوياء ومسئولون ومؤثرون وصناع قرار فإن ذلك سيجعلهم يشجعون ويدعمون تلك الخصائص لدى طلابهم، كما أن تمكين العضو الضعيف سوف يدعم ويعزز – ولكن لا يلغي – تمكين العضو القوي. وخلصت ليتفود إلى أن المدارس الفعالة/الجيدة هي تلك المدارس التي تسعى إلى تمكين أعضائها.

وقد شهد عقد التسعينيات نموا ملحوظا في دراسات تمكين المعلم ومن أبرز هذه الدراسات مجموعة الدراسات التي أجراها شورت ورينهرت Short & Rinehart -الباحثان البارزان- في هذا الموضوع - وكان من أهمها الدراسة التي هدفت إلى تطوير أداة لقياس تمكين المعلم داخل البيئات المدرسية، وقد تضمنت هذه الدراسة إجراء ثلاث دراسات فرعية، الأولى: هدفت لتوليد مفردات أداة لتقدير مستوى تمكين المعلم حيث تم سؤال المشاركين أن يكتبوا قائمة بالحالات التي يشعروا فيها أنهم مُمكنون في مدارسهم وقد تم فرز وتجميع الاستجابات وأسفر ذلك عن قائمة تتضمن (110) مفردة قام الباحثان باستخلاص (75) مفردة منها لتمثل ظاهرة تمكين المعلم وذلك بناء على تحكيمهما الذاتي لها، وفي ضوء مراجعة الأدبيات والبحوث السابقة، وتم عرض هذه المفردات على مجموعة من الخبراء المُحكمين وتم استخلاص (68) مفردة ، أما الدراسة الفرعية الثانية فتمت على (211) من معلمي المدارس الثانوية الحكومية من ثلاثة مدارس في ثلاثة ولايات تمثل الإقليم الجغرافي الجنوبي للولايات المتحدة ، وهدفت إلى اختبار صدق الأداة التي تم بناؤها في الدراسة الفرعية الأولى، وقد أسفرت نتائج التحليل العاملي عن استخلاص (38) مفردة تتوزع على ستة أبعاد أو مقاييس فرعية لتمكين المعلم وهي صنع القرار، والنمو المهني، والمكانة، وفعالية الذات، والاستقلالية ، والتأثير. وفي الدراسة الفرعية الثالثة تم التحقق من الصدق التمييزي للأداة التي تم التوصل إليها في الدراسة الفرعية الثانية.[9] وقد أصبحت هذه الأداة التي قدمها شورت ورينهرت وسيلة أساسية لقياس وتقدير ظاهرة تمكين المعلم في الكثير من الدراسات التالية.

وخلال عقد التسعينيات والعقد الأول من الألفية الجديدة أُجريت الكثير من الدراسات

الإمبريقية في المجتمعات الغربية لاختبار العلاقة بين تمكين المعلم وعدد من المتغيرات والنواتج التنظيمية مثل الرضا الوظيفي والالتزام التنظيمي والمهني، وسلوك المواطنة التنظيمية، والمناخ المدرسي والفعالية المدرسية، والثقة التنظيمية.

فمثلا توصل رايز وشنيدر Rice & Schneider,1994 إلى وجود علاقة موجبة بين تمكين المعلمين والرضا الوظيفي،[10] كما توصل رينهرت وشورت Rinehart&Short,1994 إلى نفس النتيجة، فكلما زاد التمكين زاد إحساس المعلمين بالرضا الوظيفي،[11] وكذلك قام بيفرلي ولودمان Beverly&Loadman,1996 باختبار العلاقة بين الرضا الوظيفي وتمكين المعلم باستخدام المقياس الذي قدمه شورت ورينهرت 1992 على عينة ضخمة تكونت من (10544) من المعلمين العاملين في (307) مدرسة من المدارس المعاد هيكلتها في ولاية أوهايو وتوصلا إلى وجود علاقة خطية موجبة قوية بين تمكين المعلم والرضا الوظيفي.[12]

وتناول سويتلاند وهوي Sweetland and Hoy, 2000 دراسة العلاقة بين المناخ المدرسي وتمكين المعلم ومن ثم العلاقة بين تمكين المعلم - الذي تم قياسه من خلال استبانة أعدها الباحثان لهذا الغرض- والفعالية المدرسية على عينة تتكون من (2741) معلما من (86) مدرسة متوسطة بولاية نيو جيرسي بالولايات المتحدة، وأسفرت النتائج عن تأكيد العلاقة المفترضة بين تمكين المعلم وفعالية المدرسة، وفي النهاية اقترحت الدراسة نموذجا نظريا لتفسير العلاقات بين الخصائص التنظيمية (متضمنة المناخ المدرسي وتمكين المعلم) والتحصيل الدراسي للطلاب.[13]

كما أجريت الكثير من الدراسات التي هدفت إلى اختبار علاقة تمكين المعلم بمجموعة من النواتج التنظيمية والمتغيرات الأخرى مثل دراسة بوجلر وسومك Bogler and Somech, 2004 التي هدفت إلى اختبار العلاقة بين تمكين المعلم وكل من الالتزام التنظيمي، والالتزام المهني، وسلوك المواطَنة التنظيمية لدى المعلمين، وتحديد أي المقاييس الفرعية لتمكين المعلم أفضل في التنبؤ بالنواتج الثلاثة السابقة، وتكونت عينة الدراسة من (983) معلمًا من المدارس الثانوية والوسطى في إسرائيل، وطبقت الدراسة المقياس الذي أعده شورت ورينهرت 1992 لقياس تمكين المعلم، وتوصلت إلى مجموعة نتائج من أبرزها أن مدركات المعلمين لمستوى التمكين الذي يحصلون عليه يرتبط بصورة موجبة دالة إحصائيا بمدى أدائهم لسلوك المواطنة التنظيمية، وبالتزامهم نحو المنظمة والمهنة، وأنه من بين المقاييس الفرعية لتمكين المعلم يمثل صنع القرارات، وفعالية الذات، والمكانة منبئات دالة على سلوك المواطنة التنظيمية في المدرسة، وأن النمو المهني، والمكانة، وفعالية الذات تمثل منبئات دالة على الالتزام التنظيمي والمهني لدى المعلمين.[14]

كما تم دراسة علاقة تمكين المعلم بالثقة على المستوى البينشخصي Interpersonal Trust في مدير المدرسة مثل دراسة ميلندا موي وآخرون Moye, et al., 2005 ، وتوصلت إلى أن المعلمين الذين يدركون أنهم ممكنون في بيئات عملهم يكون لديهم مستويات عليا من الثقة البينشخصية في مديري مدارسهم.[15]

وباستقراء الدراسات السابقة يمكن القول إن تمكين المعلم يعتبر بنية متعددة الأبعاد، وترتبط بكثير من النواتج الإيجابية في بيئات العمل المدرسي مثل الرضا الوظيفي والالتزام التنظيمي والمهني، وسلوك المواطنة التنظيمية، والفعالية المدرسية، والثقة في مدير المدرسة.

ثانيا: ماهية تمكين المعلم وتطور مفهومه

ظهر تمكين المعلم كمُنتج لأنشطة الإصلاح التربوي التي بدأت في أوائل عقد الثمانينيات من القرن العشرين، حيث تم النظر للتمكين بوصفه الطريقة التي تضع المعلمين في مركز حركات الإصلاح من أجل المحافظة على المعلمين الفاعلين في التعليم.[16]

ويعتبر الاتجاه نحو الإدارة الذاتية للمدرسة من أهم أنشطة الإصلاح التربوي التي ارتبطت - بل ودعمت بقوة - قضية تمكين المعلمين في المدارس، ففي أواخر عقد الثمانينيات من القرن السابق ومع انتشار تطبيق الإدارة الذاتية للمدرسة أصبح مفهوم التمكين قضية محورية في الأدبيات التربوية، كما بدأ النظر إلى تمكين المعلمين كقضية تنظيمية مهمة في المدارس، بوصفه فكرة أساسية للمداخل الإدارية المصممة لتعزيز الفعالية المدرسية وبالتالي تحسين إنتاجية المدرسة.[17]

وفي أدبيات إعادة الهيكلة المدرسية، أُعتبر تمكين المعلمين بمثابة طريقة جوهرية للتغيير المدرسي، حيث محور التركيز ينصب على تزويد المعلمين بفرص أكبر لإبداء الرأي Voting والمشاركة في صنع القرارات المدرسية، ومنحهم استقلالية أكبر في تنفيذ المناهج وطرق التدريس. كما تم النظر إلى تمكين المعلم بوصفه وسيلة أساسية لتحسين جودة الحياة المهنية للمعلمين من خلال تحقيق حاجاتهم وزيادة صلاحياتهم/سلطتهم، وأخيرا تم التوصية بتمكين المعلمين كسبيل لتحقيق ديمقراطية ومهنية المدرسة كبيئة عمل تشجع على تحسين تحصيل الطلاب.[18]

وكما أوضحنا أن مفهوم تمكين المعلم في المجال التربوي قد نشأ بصورة موازية لمفهوم تمكين الموظف في مجالات الإدارة التنظيمية في الوقت ذاته تقريبا – النصف الأخير من عقد الثمانينيات - ومنذ ذلك الحين ظهر تيار هائل من الدراسات حول ظاهرة التمكين في كلا المجالين.

ففي الولايات المتحدة بدأت حركة الإصلاح التربوي في منتصف الثمانينيات ونتج عنها شيوع فكرة أن المدارس الجيدة يجب أن تعامل معلميها باحترام وتسمح لهم بممارسة السيطرة والتحكم في القضايا المرتبطة بالتعليم، وأيضا القضايا المدرسية التي تتعدى حدود حجرة الفصل.[19]

والمدافعون عن تمكين المعلم ذهبوا إلى أنه يمثل وسيلة للتغلب على الوضع الإداري القائم، وتحقيق سيطرة مهنية متزايدة، كما افترضوا أن منح الاحترام الجديد للمعلمين ربما يساعد على جذب واستعادة المعلمين الأكثر قدرة.[20]

ورغم ذلك لا يوجد حتى الآن تعريف واحد متفق عليه بين المنظرين لموضوع التمكين، وربما يرجع ذلك إلى أسباب كثيرة لعل من أهمها تعقد الظاهرة ذاتها، واختلاف منظورات الكتاب ورؤاهم في تناولها.

ويذكر بارك Park, 2003 سببين رئيسيين وراء عدم وجود تعريف ثابت أو مؤشرات موحدة لتمكين المعلمين:[21]

● السبب الأول: يتعلق بالخصائص المعقدة للتمكين؛ فالقوة Power على أحد الجوانب يفترض أنها توجد كحاجة دافعية لدى كل فرد، ومن جانب آخر تفهم القوة كمفهوم كلي - صفري أو ذي علاقة، وبهذا المعنى تشير القوة إلى امتلاك السلطة الرسمية للتحكم والسيطرة على الآخرين أو على الموارد التنظيمية.

● السبب الثاني: أن الأوضاع المختلفة لقوة المعلم تؤدي إلى تعريفات مختلفة لتمكين المعلم، فغير المعلمين يظنون أن المعلمين لديهم قوة معقولة، وسلطة قانونية، ورخصة، وتأثير، بينما يعتقد المعلمون أنهم بلا قوة، ويساء التعامل معهم، ويحصلون على أجر ضعيف، ولا يتم تقديرهم التقدير المناسب.

وحيث إن هناك ثلاثة مصادر أساسية لقوة المعلم وهي الرخصة المهنية أو المرسوم القانوني، والرابطة المهنية (بنقابة المعلمين)، وحجرة الفصل ذاتها، فإن كل مصدر من هذه المصادر قد يحرف قوة /سلطة المعلم في التعليم.

ويمكن تعريف تمكين المعلم بأنه منح مزيد من السلطة للمعلم في اتخاذ القرارات المرتبطة بعمله، وتوفير الترتيبات والإجراءات التي تضمن زيادة مشاركته في صنع القرار المدرسي، ودعم استقلالية المعلم وتحسين مكانته المهنية.

ويقدم الجزء التالي تحليلا لأبرز تعريفات تمكين المعلم في الأدبيات وذلك على النحو التالي:

من أوائل التعريفات التي قُدمت لمفهوم تمكين المعلم هو ما قدمته ساره ليتفود Sara Lightfoot,1986 حيث عرفته بأنه «فرص المعلم لامتلاك الاستقلالية، والمسئولية والاختيار والسلطة».[22] وافترض موريف Maeroff,1988 أن تمكين المعلم «يمثل زيادة تعبير المعلمين عن آرائهم، بمعنى تحسن المكانة، وتزايد المعارف، وإتاحة فرص متزايدة للمشاركة في صنع القرارات».[23] وعرفه بولين Bolin,1989 بأنه «استثمار المعلم لحقه في المشاركة في تحديد الأهداف، والسياسات المدرسية، وممارسة الحكم المهني حول ما يقوم بتدريسه وكيف يقوم بتدريسه».[24] في حين نظر بريدسون Bredeson,1989 إلى المفهوم كعملية منظمة يتحمل خلالها المعلمون مسئولية أكبر في حياتهم المهنية من خلال صنع القرار التشاركي والتنمية المهنية والإثراء الوظيفي والاستقلالية المهنية.[25] وقصر رينهرت وآخرون Rinehart, et al,1998 مفهوم تمكين المعلم على «اندماج المعلم في صنع القرار وأعمال الإدارة المدرسية».[26] في حين قدم شورت Short,1992[27] تعريفا أكثر اتساعا للمفهوم بأنه «العملية التي يطور المعلمون خلالها كفاءة تحمل مسئولية نموهم وحل مشكلاتهم، إنه اعتقاد المعلمين أن لديهم المعارف والمهارات لتحسين المواقف التي يعملون فيها»، و تبنى بوجلر وسومك Bogler and Somech, 2004 [28] التعريف السابق نفسه لشورت 1992.

وتحدد موسوعة القيادة التربوية (2006) تمكين المعلمين بأنه «زيادة اندماج المعلمين في القرارات التي تُؤثّر على المدرسة بالإضافة إلى الصف المدرسي، ويوفر الترتيبات التنظيمية التي تدمج المعلمين في صنع القرار، ويبني الإحساس بالاستقلالية لدى المعلمين».[29]

وباستقراء التعريفات المختلفة لتمكين المعلمين يمكن القول إن معظمها ركزت على اندماج المعلمين ومشاركتهم في صنع القرار كعنصر أساسي في مفهوم التمكين، بينما أضاف البعض عناصر أخرى للمفهوم مثل الاستقلالية (تعريف ليتفود 1986 مثلا)، والإحساس بالكفاءة والمسئولية (تعريفات شورت 1992، وبوجلر وسومك 2004)، وتحسن المكانة (تعريف موريف 1988) والنمو المهني (تعريف بريدسون 1989 مثلا)، بينما قدمت موسوعة القيادة التربوية تعريفا أشمل وأكثر اتساعا تضمن معظم العناصر السابقة.

وفي أدبيات الإدارة التنظيمية تعددت أيضا تعريفات تمكين الموظف، فمثلا عرف كونجر

وكننجو Conger and Kanungo,1988 التمكين على «أنه عملية تعزيز مشاعر فعالية الذات بين أعضاء المنظمة وإزالة معوقات الإحساس بانعدام القوة من خلال كل من الممارسات التنظيمية الرسمية والأساليب غير الرسمية لتحقيق الإحساس بالفعالية».[30] ويلاحظ أن هذا التعريف الذي قدمه كونجر وكونجو يركز على التمكين كعملية سيكولوجية يترتب عليها إحساس العاملين بالفعالية الذاتية.

وعرف بون ولولر Bowen and Lawler, 1992 تمكين العاملين بأنه مشاركة بين العاملين في أربعة عناصر أساسية هي المعلومات المتاحة عن أداء المنظمة، والمعرفة التي تساعد العاملين على فهم أعمالهم والمساهمة في الأداء الكلي للمنظمة، والمكافآت التي تحدد على أساس الأداء، وأخيرا القوة لاتخاذ القرارات التي تؤثر على أداء واتجاه المنظمة، وأوضحا أن غياب أي من العناصر الأربعة ينفي وجود التمكين.[31]

بينما ذهبت سبرتزر Spreitzer,1995 [32] إلى وجهة نظر مشابهة - إلى حد ما - مع ما ذهب إليه من قبل توماس وفلازوس Thomas & Velthouse,1990،[33] بأن التمكين السيكولوجي هو بنية دافعية تظهر في أربعة مدركات هي المعنى والكفاءة والاستقلالية والتأثير، وأن وجود هذه المدركات الأربعة يعكس توجها إيجابيا بدلا من السلبي نحو العمل، بمعنى أن نقص أي من هذه المدركات يمكن أن يُفرغ أو يُحرف التمكين عن معناه ولكنه لا ينفي وجود التمكين كلية.

والحقيقة أن تعدد تعريفات التمكين بين الباحثين إنما يعكس تعقد الظاهرة ذاتها وتعدد أبعادها، كما يرجع إلى اختلاف المنظور الذي يتم النظر منه إلى ظاهرة التمكين، وبصفة عامة يمكن حصر منظورين أو اتجاهين كبيرين في النظر إلى مفهوم التمكين وهذا ما يوضحه المحور التالي.

ثالثا: مناظير تمكين المعلم

خلال العقدين الأخيرين ظهر منظورين متكاملين عن تمكين العاملين في الأدبيات، المنظور الأول أكثر اتساعا more macro في توجُهه، ويركز على الشروط/الظروف البنائية- الاجتماعية (أو السياقية contextual) التي تسمح بالتمكين في بيئات العمل، والمنظور الثاني أكثر دقة more micro في وجهته، ويركز على الخبرة السيكولوجية للتمكين في العمل. ويفرق المنظورين بين تمكين البني والسياسات والممارسات، وبين مدركات التمكين (التي تركز على ردود فعل الأفراد نحو البني والسياسات والممارسات المتضمنين فيها).[34]

وكلا المنظورين يلعبان دورا مهما في فهم عملية تمكين المعلمين، وفيما يلي نبذة عن كل منظور.

المنظور الأول: المنظور البنائي - الاجتماعي Social-Structural Perspective

تتمثل أصول هذا المنظور في نظريات التبادل الاجتماعي Social Exchange والقوة الاجتماعية Social Power. وهو منظور متضمن في القيم والأفكار الديمقراطية حيث الاعتراف بأن القوة من الممكن أن تستقر داخل الأفراد على جميع المستويات التنظيمية. ويركز هذا المنظور على مشاركة أو نقل القوة من المستويات التنظيمية العليا إلى المستويات الأدنى - ولا يعني ذلك بالطبع إلغاء قوة المستوى الأعلى- ويُنظر للتمكين طبقا لهذا المنظور كعملية يشارك الرئيس خلالها قوته مع تابعيه، والقوة Power في هذا المنظور تعني امتلاك السلطة الرسمية أو الرقابة على الموارد التنظيمية، والقدرة على صنع القرارات المتعلقة بوظيفة الفرد أو دوره.[35]

وبذلك يلفت المنظور البنائي- الاجتماعي الانتباه إلى تأثير التصميم التنظيمي على مدركات العاملين للتمكين، على سبيل المثال تم التوصية بالفرق المدارة ذاتيا في المدارس كآلية يتواصل من خلالها المعلمون ويطورون الإحساس بالفعالية، ففرق العمل المدرسي ينظر إليها كأماكن يمكن أن يعمل فيها المعلمون معا لحل المشكلات الصعبة، والمشاركة في المسئولية، وتعلم المهارات الجديدة.[36]

ومما يؤخذ على هذا المنظور قصره مفهوم التمكين على المشاركة في صنع القرار، وتجاهل مدركات الأفراد للقوة/السلطة - التي يؤكد عليها المنظور النفسي/المعرفي بمعنى أن هذا المنظور محدود في نظرته للتمكين حيث محور تركيزه الجانب التنظيمي وإهماله الجانب الفردي السيكولوجي في عملية التمكين.

المنظور النفسي المعرفي Psychological/Cognitive Empowerment

ويشير هذا المنظور إلى حالة من الشروط النفسية الضرورية لدى الأفراد تجعلهم يشعرون بأن لديهم سيطرة على قدرهم، ويعتبر كونجر وكننجو 1988 من أوائل من عرفوا التمكين وفق هذا المنظور، حيث تمثل الدراسة النظرية التي قاما بها عام 1988 الأساس الذي دفع الباحثين للتفكير بصورة مختلفة حول مفهوم التمكين.[37]

فقد ذهب كونجر وكننجو إلى أن المنظور البنائي الاجتماعي غير مكتمل لأن التمكين بالممارسات الإدارية المذكورة فيه ربما يكون لها تأثير ضعيف على العاملين لو أنهم افتقدوا الإحساس بالفعالية الذاتية؛ وبناء على ذلك نظر كونجر وكننجو إلى التمكين كعملية تعزيز مشاعر فعالية الذات بين أعضاء التنظيم من خلال التوحد وإزالة الظروف التي تدعم انعدام القوة.[38]

ومحور تركيز هذا المنظور ينصب على دافعية العمل الداخلية intrinsic Task motivation أكثر من الممارسات الإدارية المستخدمة لزيادة مستويات القوة لدى الأفراد.[39]

وقد بنى توماس وفلازوس Thomas and Velthouse,1990 على هذا التصور السيكولوجي تعريفهم للتمكين على أنه دافعية داخلية للعمل تتضمن أربعة أبعاد هي المعنى والكفاءة والتحديد الذاتي والاختيار، وقامت سبريتزر Spreitzer,1995 بتأييد هذه الأبعاد الأربعة وطورت مقياسًا رباعي الأبعاد لقياس بنية التمكين السيكولوجي في المنظمات المختلفة.[40]

وإجمالا يشير التمكين وفق هذا المنظور إلى مجموعة الحالات السيكولوجية التي تعتبر ضرورية للأفراد كي يشعروا بإحساس السيطرة فيما يتعلق بعملهم. وبدلا من التركيز على الممارسات الإدارية لمشاركة القوة مع العاملين على جميع المستويات، يركز المنظور السيكولوجي على كيفية إدراك الأفراد لعملهم.[41]

فالتمكين في هذا المنظور يُفهم على أنه حالة ذهنية إدراكية لدى العاملين عن المنظمة التي يعملون بها أكثر من كونه شيء ما تفعله الإدارة لموظفيها، وفي هذا الإطار يعرف التمكين بأنه «حالة ذاتية عقلية يدرك فيها الموظف أنه يمارس تحكم وسيطرة فعالة على عمل ذي معنى».[42]

ويواجه المنظور النفسي /المعرفي بعض أوجه القصور، على سبيل المثال أن الاعتماد على المدركات الذاتية مثل الإحساس بالمعنى وفعالية الذات، والتأثير، والاستقلالية، تعمل على تشويه الخصائص البنائية والموضوعية للمنظمات، وتجعل من الصعب على المنظمات تغيير أحوالها البنائية، علاوة على أنه من الصعوبة بمكان تحديد ما إذا كانت العناصر السيكولوجية مظاهر للتمكين أم مسببات له.

وبذلك وقع هذا المنظور في الخطأ نفسه تقريبا الذي وقع فيه المنظور السابق - وهو ما يمكن تسميته بداء الاختزالية - من حيث تركيزه على جانب واحد فقط وهو هنا الجانب الفردي مع إهماله للجانب التنظيمي في عملية التمكين.

ولعل النظرة الصحيحة للتمكين هي تلك التي تدمج وتكامل بين المنظورين لتحقيق فهما أوسع وأشمل للظاهرة، فمن الضروري فهم كيف يساعد التمكين البنائي الاجتماعي على تحقيق التمكين السيكولوجي، كما أنه من الضروري أيضا فهم الكيفية التي تعمل بها معتقدات التمكين السيكولوجي على تنمية التمكين البنائي الاجتماعي من خلال السلوكيات الفعالة التي تهدف لتغيير النظام. [43]

ويتضح مما سبق إن كلا المنظورين قاصران في نظرتهم لمفهوم التمكين ، فقد ركز كل منهما على أحد الجوانب وأهمل الجانب الآخر، وقد كان ذلك سببا رئيسيا في اختلاف تعريفات المفهوم بين المنظرين، ورغم تعدد التعريفات واختلافها إلا أنها جميعا تتفق – أو تكاد - على أن التمكين عملية متعددة الأبعاد لا تقتصر على المشاركة في صنع واتخاذ القرارات المهنية، وإنما تتضمن أبعاد مهمة أخرى، وإن لم يكن هناك اتفاق عام في تحديد هذه الأبعاد، وهذا ما يوضحه المحور التالي.

رابعا: أبعاد تمكين المعلم

تتجه الأدبيات المعاصرة نحو النظر إلى ظاهرة تمكين العاملين عامة وتمكين المعلمين خاصة بوصفها بنية متعددة الأبعاد Multi-dimensional Construct، رغم اختلافها في تحديد ماهية هذه الأبعاد وعددها.

فقد اقترح جمرون وآخرون Gamoran, et al,1994 أن هناك أربعة أبعاد لتمكين المعلم هي: المشاركة في صنع القرارات الإدارية، والتأثير على السياسة المدرسية، والتحكم في المناهج الدراسية، والتحكم في طرق التدريس. [44]

أما بارك Park, 1998 فقد نظر إلى تمكين المعلم كمفهوم ثلاثي الأبعاد هي: التحكم في المحتوى، والتحكم في الطرق، والتأثير على السياسة المدرسية. [45]

وهذه الدراسات المتعددة الأبعاد تفترض أن تمكين المعلم هو «مشاركة المعلم في صنع القرار» وقد توصلت إلى أن المشاركة في أحد الجوانب عادة تتعارض مع التأثير في جانب آخر، وعلى صعيد آخر ربما يهتم المعلمون بممارسة التأثير في بعض الجوانب دون الأخرى، ففي القرارات المدرسية التي لا يكون للمعلمين خبرة بها، فإنهم يميلون إلى اللامبالاة اعتقادا بأن هذه القرارات من الأفضل أن يصنعها آخرون، وهذا لا يعني أن بعض المعلمين يريدون التمكين

والبعض الآخر لا يريده، أو أنهم يريدون التمكين في بعض الجوانب ولا يريدونه في جوانب أخرى، وإنما يعني أن تمكين المعلم يتضمن أكثر من مجرد المشاركة في صنع القرارات.[46]

وعلى سبيل المثال اقترح بورتر Porter,1989 أن القرارات الجماعية عن التعليم قد تمنع سيطرة المعلم على الفصل (حجرة الدراسة)،[47] وفي نفس المجال توصل شورت ورينهرت 1992 إلى ستة أبعاد لتمكين المعلم هي: صنع القرار، والنمو المهني، والمكانة، و فعالية الذات، و الاستقلالية، والتأثير.[48]

وفي أدبيات الإدارة التنظيمية طور توماس وفلازوس Thomas and Velthouse, 1990،[49] وسبريتزر Spreitzer,1995،[50] نماذج تمكين الموظفين طبقا لأربعة أبعاد هي المعنى Meaning، والكفاءة Competence / فعالية الذات Self Efficacy، والتحديد الذاتي Self Determination / الاستقلالية Autonomy ، والتأثير Impact.

وقد حددت سبريتزر هذه الأبعاد كما يلي:[51]

- **المعنى:** يتضمن المواءمة بين مطالب دور عمل الفرد ومعتقداته وقيمه وسلوكه، حيث يترتب على ذلك إحساس الفرد أن المهام التي يؤديها ذات معنى شخصي بالنسبة له.
- **والكفاءة:** تشير إلى فعالية الذات الخاصة بعمل الفرد ، أو اعتقاد الفرد بقدرته على إنجاز أنشطة العمل بمهارة.
- **والتحديد الذاتي:** يعني إحساس الفرد بقدرته على اختيار طرق تنفيذ مهام عمله ، فهو يعكس الإحساس بالاستقلالية أو الاختيار، مثلا في صنع قرارات عن الطرق والسرعة والجهد المبذول لأداء العمل.
- **التأثير:** وهو الدرجة التي يستطيع فيها الفرد التأثير على نواتج العمل الإستراتيجية أو الإدارية أو التشغيلية.

ويلاحظ أن الأبعاد الثلاثة : التأثير، والاستقلالية، وفعالية الذات، التي قدمها شورت ورينهرت 1992 في المجال التربوي تماثل الأبعاد الثلاثة التي قدمها توماس وفلازوس 1990، وسبريتزر 1995 في مجالات الإدارة التنظيمية والتي سموها التأثير والتحديد الذاتي، والكفاءة أو فعالية الذات.

ومن الجدير بالذكر أنه لم ترد المشاركة في صنع القرار بصورة مباشرة في أدبيات الإدارة التنظيمية كبُعد للتمكين، ولعل ذلك راجع إلى تركيزهم بصورة أكبر على مفهوم التمكين السيكولوجي، أي مظاهر أو إحساس العاملين بالتمكين ولذلك شاع التصنيف الرباعي لأبعاد التمكين في أدبيات الإدارة التنظيمية وهذه الأبعاد الأربعة هي تلك الأبعاد السابقة التي ذكرها توماس وفلازوس 1990، وأكدتها سبريتزر 1995 وهي: المعنى ، والكفاءة، والتحديد الذاتي، والتأثير.

وتحدد موسوعة القيادة التربوية الأبعاد الستة ذاتها التي حددها شورت ورينهرت (1992) لتمكين المعلم على النحو التالي: [52]

● **صنع القرار Decision Making:** ويشير إلى مشاركة المعلمين في صنع القرارات المهمة التي تؤثر على عملهم بصورة مباشرة في مسائل مثل الميزانيات، والجدول المدرسي، والمنهج، واختيار المعلمين.

● **النمو المهني Professional Growth:** ويعبر عن إدراك المعلمين أن المدرسة توفر لهم فرص النمو والتطوير المهني والاستمرار في التعلم، وتنمية مهاراتهم أثناء عملهم بالمدرسة.

● **المكانة Status:** وتشير إلى التقدير والاحترام المهني الذي يحصل عليه المعلمون من الزملاء وهذا الاحترام مرده أيضا المعرفة والخبرة التي يتمتع بها المعلمون والناتجة عن دعم وتأييد أعمالهم من الآخرين.

● **فعالية الذات Self Efficacy:** وتشير إلى إدراك المعلمين أن لديهم المهارة والقدرة على التأثير في تعلم الطلاب ومساعداتهم على التحصيل والإنجاز. وإحساس المعلم بالفعالية يحدد كمية الجهد الذي يبذله في التعليم ودرجة مثابرته عند مواجهة الصعوبات ، كما تشير فعالية الذات إلى اعتقاد المعلم بأن لديه الكفاءة لتطوير مناهج الطلاب، والشعور بالتمكن في كل من المعرفة والممارسة لتحقيق النواتج المرغوبة.

● **الاستقلالية Autonomy:** وتشير إلى شعور المعلمين أنهم يملكون التحكم في جوانب متنوعة في حياة العمل المدرسي، مثل تطوير المنهج واختيار الكتب الدراسية والجدول المدرسي، وهذا التحكم والسيطرة يمكن المعلمين من الشعور بالحرية والاستقلالية في صنع قرارات تتعلق ببيئاتهم التربوية.

● **التأثير Impact**: يشير إلى إدراك المعلمين أنهم قادرون على التأثير في الحياة المدرسية.

ويعتمد البحث الحالي بصورة أساسية على التصنيف الذي قدمه شورت ورينهرت 1992، والذي أوردته أيضا موسوعة القيادة التربوية 2006.

خامسا: أهمية تمكين المعلم

تبين بما لا يدع مجالا للشك أن الناس هم الأساس، وأنهم أهم من العمليات، وهذا هو الاكتشاف الذي عاد إليه المديرون مؤخراً؛ فبعد رحلات مضنية وممارسات إدارية متباينة مثل الإدارة بالأهداف، وإدارة الجودة الشاملة، والهندرة والتحسين المستمر، لم يجدوا بدا من العودة إلى المبدأ الأول وهو البشر أنفسهم، فأنت تستطيع أن تستأجر سواعد الأفراد وعقولهم لتصميم وتنفيذ العمليات ولكنك لا تستطيع امتلاك قلوبهم. [53]

إن النجاح في بيئات العمل المختلفة في العصر الحالي يتطلب المعرفة، والأفكار، والطاقة، والإبداع لجميع العاملين على اختلاف مستوياتهم التنظيمية، وأفضل المنظمات تحقق ذلك من خلال تمكين العاملين ليتخذوا زمام المبادرة دون حث من الإدارة الدنيا؛ لخدمة المصالح الجماعية للمنظمة، والتصرف كما لو كانوا أصحاب العمل. [54]

والمدافعون عن فكرة تمكين المعلمين يذهبون إلى أن اندماج المعلم في عمليات صنع القرار التشاركي يمكن أن يؤدي إلى أربعة نواتج إيجابية هي: [55]

● أن المعلمين أكثر قربا من الطلاب ولديهم معرفة أفضل فيما يتعلق بقضايا التعليم والتعلم، وبناء على ذلك فإن مشاركتهم في صنع القرارات يمكن أن تؤدي إلى سياسات أفضل للأداء المدرسي الشامل.

● المساهمة في تأكيد مهنية المعلم ؛ ففي إطار عملية صنع القرار التشاركي تزداد مشاعر المهنية، والسبب هو أن مشاركة المعلمين في صنع القرارات تنمي لديهم الإحساس بالملكية، والتي بالتالي تجعلهم حريصين على متابعة تنفيذ القرارات، وبعبارة أخرى أن المعلمين بوصفهم مهنيين يتحملون مسئولية ممارستهم.

● أن مشاركة المعلمين في صنع القرارات تعمل على رفع الروح المعنوية لدى المعلمين وتزيد من حماسهم للعمل المدرسي.

● أن المدارس سوف تكتسب مشروعية اجتماعية من خلال منحها لأولئك المتأثرين بالقرارات الفرصة لإبداء الرأي والتصويت عند صنع القرارات، فصنع القرار التشاركي بالمدرسة هو مقياس حقيقي لديمقراطية إجراءات العمل في المدارس.

وفي الحقيقة، هناك إجماع كبير بين الباحثين والممارسين بأن تمكين المعلم يُعد عنصرا أساسيا للكفاءة والفعالية التنظيمية؛ فالتمكين يؤدي إلى مدى واسع من الفوائد المحتملة حيث يزيد من جودة القرارات، ويحسن من الممارسات التعليمية والإنجاز الأكاديمي للطلاب، ويرفع من جودة الحياة المهنية للمعلمين، ويقوي دافعية المعلمين والتزامهم ورضاهم عن العمل. [56]

فالتمكين يحرر الفرد من الرقابة الصارمة والتعليمات الجامدة والسياسات المحددة، ويعطيه الحرية في تحمل المسئولية عن التصرفات والأعمال التي يقوم بها، وهذا بدوره يحرر إمكانيات الفرد ومواهبه الكامنة، فالتمكين يعطي الفرد مزيدا من القوة والمسئولية المناسبة للقيام بما هو مسئول عنه (إي إعطاء الفرد الأقرب للمشكلة مسئولية كاملة وحرية للتصرف في المشكلة لأنه أقرب الناس للمشكلة وأكثرهم احتكاكا وتأثرا بها). [57] ويعتبر المعلم خير مثال على ذلك من حيث احتكاكه المباشر مع الطلاب فهو أقرب من مدير المدرسة وغيره من الوظائف الإدارية العليا لمشاكل الطلاب والأقدر على التعامل معها.

وتأسيسا على ما سبق تتضح أهمية تمكين المعلم وذلك من الفوائد والمزايا الشخصية والتنظيمية العديدة المتوقعة له، ولذلك اتجهت معظم الدول للبحث عن آليات لتحقيق تمكين المعلم بمختلف المراحل التعليمية.

سادسا: الجهود المصرية لتمكين المعلم

تبذل وزارة التربية والتعليم في مصر جهودا حثيثة لتطبيق اللامركزية في الإدارة التعليمية وتحقيق الاتجاه نحو الإدارة الذاتية للمدارس، ويتطابق هذا مع التوجهات المجتمعية والتي ظهرت واضحة في التعديلات الدستورية الأخيرة كما وافق عليها الشعب حيث نصت المادة (161) من الدستور المعدل على أنه «يكفل القانون دعم اللامركزية، وينظم وسائل تمكين الوحدات الإدارية من توفير المرافق والخدمات المحلية والنهوض بها وحسن إدارتها» [58]

وفي هذا الإطار نفذت وزارة التربية والتعليم بعض التجارب لتحقيق اللامركزية والتي

من المتوقع أن تتضمن مزيدا من تمكين المعلمين بالمدارس المصرية - ومن ضمنها مدارس التعليم الأساسي - وتتمثل هذه التجارب فيما يلي: [59]

1- تجربة الإسكندرية:

بدأت التجربة بالتعاون بين وزارة التربية والتعليم ومركز الإسكندرية للتنمية والوكالة الأمريكية للتنمية الدولية. ومضمون التجربة يتمثل في المشاركة المجتمعية من خلال ربط أعضاء المجتمع بالإدارة المدرسية، وذلك بتطوير مجالس الآباء والمعلمين إلى مجالس للأمناء ويكون لها صلاحيات إدارية ومالية واسعة، وتفويض السلطة للإدارة المدرسية (اللامركزية)، وعدد المدارس التي تم فيها التطبيق (30) مدرسة في الأحياء الشعبية، وهناك عدد (35) مدرسة أخرى جارى فيها التنفيذ بالجهود المجتمعية الذاتية لمحافظة الإسكندرية.

وقد أشارت النتائج المبدئية لتجربة الإسكندرية إلى إتباع طرق تدريس غير تقليدية، وتغيير الشكل التقليدي لحجرة الدراسة، وتقليل كثافة الفصل والتأكيد على أهمية الأنشطة اللاصفية، والتعلم بالتقنيات الحديثة كجزء من العملية التعليمية، والاستفادة من تكنولوجيا المعلومات والاتصالات لتدعيم العملية التدريسية، ورفع مستوى الأداء للمعلمين، وتفعيل متابعة أولياء الأمور ورقابة أعضاء مجالس الأمناء لسير العملية التعليمية.

2- تجربة مدارس المجتمع:

تتم هذه المبادرة بالتعاون مع اليونيسيف منذ عام 1992، وبدأت هذه التجربة بعدد (4) مدارس ويبلغ الآن عدد مدارس المجتمع (352) مدرسة بمحافظات (سوهاج، وأسيوط، وقنا). وتهدف إلى توفير تعليم للبنين والبنات الذين حرموا من التعليم النظامي ولكنهم مازالوا في سن التعليم في المناطق الأكثر حرمانًا (70% بنات - 30% بنين). وتقوم هذه التجربة على أساس نظام التعليم بمدارس الفصل الواحد، وتعتمد التجربة على تفعيل الجهود الذاتية لمجتمع القرية المحلى، وتقوم مدارس المجتمع على المشاركة المجتمعية من خلال تشكيل (لجان تعليم) في كل قرية، وقد شاركت هذه اللجان بفعالية في إدارة هذه المدارس والإشراف عليها وحشد الموارد الذاتية والمجتمعية من أجل دعمها. ومن نتائج تجربة مدارس المجتمع: التدريس وفق تعدد المستويات العمرية والتربوية داخل حجرة الدراسة الواحدة، والتعلم الإيجابي النشط الذي يعتمد على المتعلم نفسه، وإنتاج كتب ومواد تعليمية مصاحبة على مستوى المدرسة، وتنمية

قيم إيجابية لدى المعلمين والتلاميذ، وغرس المهارات الحياتية لتمكين التلاميذ من التعامل مع المجتمع المحلى المحيط.

3- مدارس الفصل الواحد:

تأسست هذه المدارس تحت رعاية السيدة الفاضلة حرم السيد رئيس الجمهورية منذ عام 1993، حيث بدأت التجربة بعدد (211) مدرسة، ووصل عدد مدارس الفصل الواحد إلى (3147) مدرسة، وتمت بجهود حكومية، وتهدف إلى توفير فرص تعليم للبنات في أماكن إقامتهن دون معوقات اقتصادية أو اجتماعية تحول دون تعلمهن. ويواصل خريجو مدارس الفصل الواحد، وكذلك مدارس المجتمع، التعليم حتى المرحلتين الإعدادية والثانوية، ومن بين الخريجين الآن طلاب وطالبات في الجامعات المصرية.

4- المدارس الصديقة للفتيات:

وتتم خطوات تنفيذها بالتعاون مع المجلس القومي للأمومة والطفولة والوزارات والمحافظات المعنية، في إطار مبادرة تعليم الفتيات تحت رعاية السيدة الفاضلة حرم السيد رئيس الجمهورية. وقد تحدد للمرحلة الأولى تنفيذ (546) مدرسة تم منها حتى الآن (295)، وقد هدفت هذه المدارس إلى تعليم (281123) فتاة في الشريحة العمرية من 6-14 بانتهاء عام 2005 من خلال المشاركة المجتمعية في المناطق النائية المحرومة، والاستمرار في دعم هذه المبادرة يقلص الفجوة بين البنين والبنات من خلال المشاركة المجتمعية ودعم اللامركزية.

كما نفذت الوزارة بعض الآليات لتحقيق اللامركزية ومنها: [60]

1- تطوير الهيكل التنظيمي والوظيفي للمدرسة:

صدر القرار الوزاري رقم (262) لسنة 2003 بإعادة هيكلة الإدارة المدرسية وتحديد معدلات ومستويات وظائفها بالمراحل التعليمية المختلفة بالمديريات والإدارات التعليمية، وقد روعي فيه أن يحقق نقلة نوعية كبيرة في وظائف الإدارة المدرسية باعتبارها المحور الأساسي في نجاح العملية التعليمية. كما صدر القرار الوزاري رقم (28) لسنة 2004، لوضع معايير وضوابط شغل الوظائف القيادية من حيث المعارف والمهارات والاتجاهات وربط الترقي بالكفاءة، كما تضمن توصيفًا للوظائف القيادية لكل مدرسة مع تحديد المسئوليات والاختصاصات

بشكل واضح. وتنويع نماذج الهياكل التنظيمية والوظيفية للمدارس؛ لتتناسب مع اختلاف أحجام المدارس، مع استحداث وظائف جديدة في الهيكل، تستوعب متطلبات التطوير المدرسي، من قبيل الأخذ بفكرة المدرسة المنتجة وإنشاء وحدة التقويم والتدريب في كل مدرسة، ووحدة تكنولوجيا التعليم ومكاتب الإرشاد التربوي والنفسي.

2- تطوير مجالس الآباء والمعلمين إلى مجالس للأمناء لها صلاحيات إدارية ومالية أوسع، وقد تم اقتراح نظام جديد لمجالس الأمناء في المؤسسات التعليمية المختلفة، وتم إرساله لجميع المحافظين لإبداء الرأي فيه؛ تمهيدًا لاستصدار قرار بذلك. كما تم إنشاء مجالس تعليم بكل مديرية تعليمية، برئاسة المحافظ، وبلغ عددها (27) مجلسًا بمحافظات الجمهورية المختلفة، تضم هذه المجالس ممثلاً عن المجلس المحلي للمحافظة، ورجال أعمال، وأساتذة جامعات، وممثلين لكليات التربية، والآباء، وممثلين لمجالس الأمناء، ويكون أمين المجلس مدير مديرية التربية والتعليم، وتهدف هذه المجالس إلى تحقيق ما تصبو إليه السياسة التعليمية في مصر، كما تكفل مجالس التعليم توزيعًا أكثر عدالة للمكافآت على المجتهدين، وتقدم الأكثر كفاءة، وإصدار قرارات ولوائح جديدة لدعم التوجه اللامركزي، ومن ذلك إصدار لائحة مالية محلية لإيجاد موارد مالية مستمرة للمدرسة لتوفير (حوافز للعاملين بالمدارس - تدريب المعلمين - الإصلاحات والترميمات - التجهيزات والأثاث...إلخ).

3- تأكيد ديمقراطية الإدارة التربوية:

يقتضى تطوير العملية التعليمية تشجيع الديمقراطية وصيانتها، وتوسيعًا لدائرة مشاركة الرأي العام في قيادة العمل التربوي، والمساهمة في صنع القرارات التعليمية، ومن ثم عمدت الوزارة إلى تبنى جملة من المبادرات في هذا الشأن من أبرزها ما يلي:

● **مجالس الآباء والمعلمين:** تأكيدًا لديمقراطية الإدارة التربوية، عمدت الوزارة إلى إنشاء مجالس الآباء والمعلمين، والتي لها حق المشاركة في اتخاذ القرارات في الأمور المختلفة المتعلقة بإدارة المدرسة، والعمل على رفع كفاءة العملية التعليمية بالمشاركة الفعالة التي تحقق المتابعة الكاملة. وتلعب تلك المجالس دورًا فعالاً في تحقيق الرقابة المجتمعية على التعليم، إلى جانب دورها في صنع القرارات التربوية المدرسية بطريقة تعكس البعد الديمقراطي في التعليم. وقد أثبتت التجربة نجاحها في كثير من المواقع التعليمية بالإسكندرية، والقاهرة، والشرقية وبعض المحافظات الأخرى وجارى دعم التجربة.

● **مجالس الأمناء:** وهى مجالس تضم في عضويتها الشخصيات العامة في المجتمع المحلى، وتتركز مهمتها في المشاركة في إدارة المدرسة، وترشيح المديرين، وتقديم الاقتراحات في شأن المناهج المرتبطة بالبيئة والمجتمع، وتوزيع الميزانية، والعمل على تدبير موارد إضافية للتمويل، وربط المدرسة بالمجتمع، وتحقيق مزيد من الرقابة المجتمعية والمشاركة في إدارة المدرسة، مما يجعل هذه المجالس تتمتع بسلطات إدارية ومالية واسعة تخدم تطوير العملية التعليمية.

● **مجالس للتعليم على مستوى كل محافظة:** تم الانتهاء عام 2005 من إنشاء مجلس للتعليم على مستوى كل محافظة، برئاسة المحافظ ويضم في عضويته ممثلاً عن المجلس المحلى للمحافظة، ورجال أعمال، وأساتذة جامعات، وممثلين لكليات التربية، والآباء، وممثلين لمجالس الأمناء، بالإضافة إلى السلطات الإدارية المختلفة بالمديرية، وتهدف تلك المجالس إلى تحديد الخطوط العامة للسياسة التعليمية بالمحافظة، وبما يحقق الأهداف القومية في إطار السياسة العامة للدولة نحو تحديث التعليم وتطويره، ويتم تفعيل دورها من خلال تحديد السلطات والاختصاصات والمهام والمسئوليات؛ بحيث تنطلق هذه المجالس لتحقيق ما تصبو إليه السياسة التعليمية في مصر، وتؤكد ما جاء بالمعايير القومية للتعليم في مصر.

● **لجان التعليم بالوحدات المحلية:** شكلت هذه اللجان على غرار لجان التعليم المنفذة بمدارس المجتمع؛ لما لها من أداء عالٍ في إدارة العملية التربوية بنجاح، وقدرتها على حشد الجهود المحلية وعلى مستوى القرية في تطوير وإدارة المدرسة بفعالية عالية، وقد تم تشكيل لجان تعليم في 19 محافظة.

● **الإدارات المتخصصة التابعة للإدارة العامة للجمعيات الأهلية:** تم تشكيل إدارات تربوية متخصصة على المستوى المحلى لدفع وحشد جهود المشاركة الشعبية في إدارة وتمويل العملية التعليمية.

● **الاتحادات الطلابية:** تحرص الاتحادات الطلابية على الممارسة الفعلية للديمقراطية؛ بهدف تعميقها في نفوس الطلاب، ويتم ذلك من خلال عمليات تشكيل مجالس الاتحادات والمكاتب التنفيذية، حيث يطبق حق الترشيح وحق الانتخاب لجميع الطلاب على جميع المستويات (الفصل/ المدرسة/ الإدارة/ المديرية/ الجمهورية).

يتضح مما سبق أن مصر تخطو خطوات واسعة نحو تطبيق اللامركزية في الإدارة التعليمية

عموما، وتحويل المدارس المصرية بما فيها مدارس التعليم الأساسي إلى نمط المدارس المدارة ذاتيا، وقد ترتب على ذلك تنفيذ الكثير من المحاولات والتجارب، وتطبيق بعض الآليات التي تنطوي ضمنا على تمكين المعلمين، ورغم كل هذه الجهود إلا أن هناك فجوة بين ما تم من إصلاحات وتطويرات وبين إحساس المعلمين أنهم مُمكنون أو أن لديهم الصلاحيات والسيطرة والقوة المطلوبة في العمل المدرسي، وهذا ما أشارت إليه نتائج الدراسة الاستطلاعية التي أجراها الباحث وعرض لها في مشكلة الدراسة وللتأكد من ذلك تم إجراء دراسة ميدانية واسعة المدى على معلمي التعليم الأساسي وهو ما يوضحه المحور التالي.

سابعا: آليات مقترحة لتدعيم تمكين المعلم

بمراجعة الأدبيات النظرية وبالاستفادة من نتائج الدراسات الإمبريقية، يمكن تقديم بعض الآليات المقترحة لتدعيم تمكين المعلمين بالمدرسة على النحو التالي:

الآلية الأولى: التوسع في تطبيق نمط الإدارة الذاتية بمدارس التعليم الأساسي:

ويتطلب ذلك إيمان القيادات الإدارية التعليمية واقتناعها بالفكرة وتحديد إطارها في المدارس من حيث:

● تشجيع كل مدرسة على تحديد الرؤية والرسالة والأهداف الخاصة بها والمتسقة مع رؤية ورسالة وأهداف المستويات الإدارية التعليمية الأعلى.

● تحديد أدوار المعلمين فيها بدقة.

● منح المعلمين الصلاحيات الكافية للعمل باستقلالية وتحميلهم مسئولية النتائج.

● توفير التدريب اللازم للمعلمين لتزويدهم بالمعارف والمهارات المطلوبة.

الآلية الثانية : الأخذ بنمط الهيكل التنظيمي المفلطح Flat للمدرسة:

وهي مرتبطة بالآلية السابقة، بمعنى التوجه نحو مزيد من اللامركزية في الإدارة، وإعادة تصميم الهيكل التنظيمي للمدرسة بحيث يبعد عن التنظيم الهيراركي التقليدي، ويقلل من كثرة المستويات التنظيمية الهرمية ، وبصورة عملية يمكن تغيير الممارسات والبني التنظيمية من نظم السيطرة العليا - الدنيا (أي بدلا من سيطرة المستويات التنظيمية العليا على الدنيا) إلى ممارسات الاندماج القوي بمعنى أن يشارك المعلمون من المستويات الدنيا للهرم التنظيمي في القوة والمعرفة والمعلومات والمكافآت.

الآلية الثالثة: زيادة فرق العمل المدارة ذاتيا:

بمعنى أن يسمح التنظيم المدرسي بتشكيل فرق عمل لإنجاز المهام المدرسية المختلفة، ومن خلال هذه الفرق يمكن أن يتواصل المعلمون معا وينمو لديهم الإحساس بالفعالية؛ حيث تمثل فرق العمل أماكن يمكن أن يعمل فيها المعلمون معا لحل المشكلات الصعبة، والمشاركة في المسئولية، وتعلم المهارات الجديدة أو النمو المهني، ويتطلب ذلك توفير التوجيه والتدريب لأعضاء الفريق، وإتاحة الاستقلالية لهم وضع الأهداف وتحقيقها.

الآلية الرابعة: التدريب المستمر للمعلمين:

فتنفيذ البرامج التدريبية المبنية على الاحتياجات التدريبية الفعلية للمعلمين تعد آلية أساسية تساعد على بناء المعارف والمهارات والقدرات، وتساعد المعلمين على أداء وظائفهم بصورة أفضل، ومن ثم الإحساس بالفعالية وتزايد المعارف وتحسن المكانة لدى المعلمين.

الآلية الخامسة: تبني مبدأ الشفافية في العمل:

بمعنى التدفق المفتوح للمعلومات، وهذا يتضمن التدفق الهابط للمعلومات (حول الأهداف والمسئوليات بوضوح، والاتجاه الاستراتيجي، والأداء المالي (بمعنى التكاليف والإنتاجية والجودة) والتدفق الصاعد للمعلومات (ويتعلق باتجاهات المعلمين وأفكار التحسين)، فمع وجود المعلومات يمكن أن يعمل المعلمون بصورة أفضل ومن ثم يصنعون قرارات أفضل، وهذا يساعد المعلمين على التصرف كملاك للمدرسة، ويتيح الفرصة لتطبيق مبدأ الرقابة الذاتية، ويبني الثقة المتبادلة داخل المجتمع المدرسي.

الآلية السادسة: مشاركة المعلمين في المكاسب المدرسية المختلفة:

فالمكاسب المدرسية التي تحققها المدرسة من الأنشطة الإنتاجية والخدمية المختلفة مثل الوحدة المنتجة، والمجموعات الدراسية، والأنشطة التسويقية التي يمكن أن تحقق من خلالها المدارس نوعا من التمويل الذاتي، ينبغي أن يكون للمعلمين المشاركين فيها حصة، بحيث يشعر المعلمون أن المدرسة مكان ملك لهم، بالإضافة إلى تقديم المكافآت والحوافز على الأنشطة المتميزة في العمل.

كانت هذه مجموعة من الآليات المقترحة التي من الممكن أن تسهم في زيادة مدركات التمكين لدى المعلمين مما يترتب عليه كثير من النواتج التنظيمية والشخصية الإيجابية، ومن ثم فعالية العملية التعليمية في النهاية.

هوامش ومراجع الفصل الرابع:

(1) Cheong, Cheng Yin and Kwok, Tung Tsui, "Total Teacher Effectiveness: New Conception and Improvement", International Journal of Educational Management, Vol.10, No.6, 1996, p.7.

(2) يرجى مراجعة ما يلي:

Klecker, Beverly J., and Loadman, William E., Defining and Measuring The Dimension Of Teacher Empowerment In Restructuring School, Education, vol. 118, no.3,1998, p.358.

Wan, Eric, Teacher Empowerment: Concepts, Strategies, and Implications For Schools In Hong Kong, Teachers College Record, vol.. 107, No. 4, April 2005, p. 843.

(3) Sweetland, Scott R. and Hoy, Wayne K., "School Characteristics and Educational Outcomes: Toward an Organizational Model of Student Achievement in Middle Schools", Educational Administration Quarterly, Vol. 36, No. 5, 2000, p.704.

(4) Haar, Jean. "Empowerment", Encyclopedia of Educational Leadership and Administration. Ed. Fenwick English. Vol. 1. Thousand Oaks: Sage Reference, 2006. pp.338-339.

(5) Wan, Eric, Op.Cit., p. 843.

(6) يرجى مراجعة ما يلي:

وزارة التربية والتعليم، قرار وزاري رقم (48) بتاريخ 2002/3/16، بشأن إنشاء وحدة التدريب بالمدارس، (القاهرة: مكتب الوزير، 2002).

وزارة التربية والتعليم، قرار وزاري رقم (12) بتاريخ 2002/1/23، بشأن تشكيل اللجنة الدائمة لمشروع المدرسة المنتجة، (القاهرة: مكتب الوزير، 2002).

وزارة التربية والتعليم، قرار وزاري رقم (99) بتاريخ 2002/6/8، بشأن إنشاء وحدة الإحصاء والمعلومات بالمدارس، (القاهرة: مكتب الوزير، 2002).

(7)   وزارة التربية والتعليم ، قرار وزاري رقم (334) بتاريخ 2006/9/14 بشأن مجلس الأمناء والآباء والمعلمين، (القاهرة : مكتب الوزير ، 2006).

(8)   Lightfoot, Sara Lawrence, On Goodness in Schools: Themes of Empowerment, Peabody Journal of Education, Vol. 63, No. 3, 1986. pp.9-28

(9)   Short, P. M., and Rinehart, J. S., Op.Cit, pp. 951-960.

(10)   Rice, Ellen Marie, and Schneider, Gail T., A Decade of Teacher Empowerment: An Empirical Analysis of Teacher Involvement in Decision Making, 1980-1991, Journal of Educational Administration, Vol. 32 No. 1, 1994, p.55.

(11)   Rinehart, J. S. and Short, P. M., Job satisfaction and empowerment among teacher leaders, reading recovery teachers, and regular classroom teachers. Education, vol. 114, 1994, 570.

(12)   Klecker, Beverly J., and Loadman, William E., Exploring The Relationship Between Teacher Empowerment and Job Satisfaction, Paper Presented At The Annual Meeting of The Mid-Western Educational Research, Association Chicago IL Oct 5, 1996, pp. 1-25.

(13)   Sweetland, Scott R. and Hoy, Wayne K., Op.Cit, pp.703-729.

(14)   Bogler, Ronit and Somech, Anit, "Influence of Teacher Empowerment on Teachers' Organizational Commitment, Professional Commitment and Organizational Citizenship Behavior In Schools", Teaching and Teacher Education, Vol. 20, No. 3, 2004, pp.277-290.

(15)   Moye, Melinda J. et al., Teacher-Principal Relationships Exploring Linkages Between Empowerment and Interpersonal Trust, Journal of Educational Administration, Vol. 43 No. 3, 2005, pp. 260-277.

(16)   Somech, Anit Teachers' Personal and Team Empowerment and Their Relations to Organizational Outcomes: Contradictory or Compatible Constructs?, Educational Administration Quarterly, Vol. 41, No. 2, April 2005,p.237

(17)   Edwards, Jennifer L. et al, Personal Empowerment Efficacy, and Environmental Characteristics, Journal of Educational Administration, Vol.40, No.1, 2002, P.67.

(18)   Park, Insim, A Study of The Teacher Empowerment Effects On Teacher Commitment And Student Achievement, Unpublished Doctoral Dissertation , Graduate College, University of Iowa, May 2003, p.1.

(19)   Zeichner, K. M., Contradictions and Tensions in the Professionalization of Teaching and the Democratization of Schools. Teachers College Record, Vol. 92, No.3, 1991, P.365.

(20)   Bolin, F. S., Empowering Leadership. Teachers College Record, Vol.91 No.1, 1989, p. 81.

(21)   Park, Insim, Op.Cit, p.37.

(22)   Lightfoot, Sara Lawrence,Op.Cit.,p.9.

(23)   Maeroff, G.I. , The Empowerment of Teachers: Overcoming The Crisis Of Confidence, (New York: Teachers College Press, 1988), p 4 .

(24)   Bolin, F. S., Empowering Leadership. Teachers College Record, Vol.91 No.1, 1989, P. 82.

(25)   Bredeson, P.V , "Redefining Leadership and The Roles Of Schools: Responses To Changes In The Professional Work-Life Of Teachers", The High School Journal, Vol.23 No.1, 1989, p.9.

(26)   Rinehart, James S. et al., "Teacher Empowerment and Principal Leadership: Understanding The Influence Process", Educational Administration Quarterly, Vol.34, No.4, 1998, P.630.

(27)   Short , Paula. M., Dimension of Teacher Empowerment, Eric: Ed 368701, 1992, p. 5.

(28)   Bogler, Ronit and Somech, Anit, Op.Cit., p.278.

(29)   Op.Cit. p.338.

(30)   Conger, J. and Kanungo, R., The Empowerment Process: Integrating Theory And Practice, Academy Of Management Review, Vol. 13 No. 1, 1988, p.474.

(31)   Bowen, D.E. and Lawler, E.E. The Empowerment of Service Workers: What, Why, How and When, Sloan Management Review, spring, 1992, P.32.

(32)   Spreitzer, Gretchen M.,. Psychological Empowerment in the Workplace: Dimensions, Measurement, and Validation. Academy of Management Journal, vol.38, no.5. 1995,p.1444.

(33)   Thomas, Kenneth W and Velthouse, Betty A. Cognitive Elements of Empowerment: An "Interpretive" Model of Intrinsic Task Motivation, The Academy of Management Review, Vol. 15, No. 4. (Oct., 1990), pp. 672-673.

(38)   Spreitzer, Gretchen M., "Toward The Integration of Two Perspectives: A Review Of Social-Structural and Psychological Empowerment at Work", The Handbook Of Organizational Behavior, Edited by Cary Cooper And Julian Barling, (New York: Sage Publications, 2007),P.2.

(35)   Spreitzer, Gretchen M., Toward The Integration of Two Perspectives: A Review Of Social-Structural and Psychological Empowerment at Work, Op.Cit, pp.2-3.

(36)   Jay R. Dee, Alan B. Henkin And Lee Duemer, Structural Antecedents and Psychological Correlates Of Teacher Empowerment, Journal Of Educational Administration, Vol. 41 No. 3, 2003, Pp. 258-259.

(37)   Spreitzer, Gretchen M and David Doneson, Musings on the Past and Future of Employee Empowerment, Handbook of Organizational Development, Edited by Tom Cummings , (Thousand Oaks: Sage Publications, 2005), p.7.

(38)   Conger, J. and Kanungo, R. , Op.Cit., P.484.

(39)   Jay R. Dee, Alan B. Henkin and Lee Duemer, Op.Cit, P259.

(40)   Spreitzer, Gretchen M and David Doneson, Op.Cit., p.8.

(41)   Spreitzer, Gretchen M., Toward The Integration of Two Perspectives: A Review Of Social-Structural and Psychological Empowerment at Work, Op.Cit, p.6.

(42)   Portterfield, T., The Business of Employee Empowerment, (London: Quorum Books, 1999), P.51.

(43)   Spreitzer, Gretchen M., Toward The Integration of Two Perspectives: A Review Of Social-Structural and Psychological Empowerment at Work, Op.Cit, p.8

(44)   Gamoran, A., A. C. Porter, and T.G.Gahng, Teacher Empowerment: A Policy In Search Of Theory and Evidence, Center On Organization and Restructuring of Schools, 1994, Wi: Madison (Ed 372032).

(45)   Park, B.J. "Teacher Empowerment and Its Effects On Teachers Lives And Student Achievement In U.S. High School" , Unpublished Doctoral Dissertation, The University Of Wisconsin, Madison.1998.

(46)   Park, Insim, Op.Cit, P. 38.

(47)   Porter, A.C. External Standards and Good Teaching: The Pros and Cons Of Telling Teacher What To Do, Educational Evaluation and Policy Analysis, vol.11,1989, p. 345.

(48)   Short, P. M., and Rinehart, J. S., Op.Cit., p. 957.

(49)   Thomas, Kenneth W and Velthouse, Betty A., Op.Cit., pp. 666-681.

(50)   Spreitzer, Gretchen M., Psychological Empowerment in the Workplace: Dimensions, Measurement, and Validation. Op.Cit., p.1443.

(51)   Spreitzer, Gretchen M., Toward The Integration of Two Perspectives: A Review Of Social-Structural and Psychological Empowerment at Work, Op.Cit, p.7

(52)   يرجى مراجعة ما يلي:

Short, P. M., and Rinehart, J. S., Op.Cit., p. 957.

Haar, Jean. "Empowerment, Op.Cit,pp.338 – 339.

(53)   عطية حسين أفندي، تمكين العاملين: مدخل للتحسين والتطوير المستمر، (القاهرة: المنظمة العربية للتنمية الإدارية، 2003)، ص19.

(54)   Spreitzer Gretchen M., Toward The Integration Of Two Perspectives: A Review Of Social-Structural And Psychological Empowerment At Work, Op.Cit, p.2.

(55)   يرجى مراجعة ما يلي:

Hoy, W. K., & Miskel., C. G., Educational Administration: Theory, Research, And Practice, 4thed. (Singapore: Mcgraw-Hill. 1991), P. 327.

Wan Eric, Op.Cit, pp. 843-844.

(56)   Somech, Anit, Op.Cit., p.238.

(57)   يحيى ملحم، التمكين كمفهوم إداري معاصر، (القاهرة، المنظمة العربية للتنمية الإدارية، 2006)، ص ص -7 6.

(58)   دستور جمهورية مصر العربية مع آخر التعديلات، الفقرة الثانية من المادة 161 المضافة طبقا لنتيجة الاستفتاء على تعديل الدستور 26 مارس 2007.

(59)   وزارة التربية والتعليم، إنجازات التعليم: تأكيد اللامركزية ودعم المشاركة المجتمعية، يرجى مراجعة موقع الوزارة التالي:

http://knowledge.moe.gov.eg/Arabic/about/achievement/support/

(60)   المرجع السابق.

الفصل الخامس

العدالة التنظيمية في المدارس

مقدمة:

يؤكد المدافعون عن الإصلاح المدرسي وإعادة هيكلة المدرسة، والقيادة التشاركية، وتمكين المعلمين أن المدارس ينبغي أن تكون مجتمعات عادلة، وأنه من الضروري أن يتجه الباحثون التربويون إلى دراسة العدالة التنظيمية في المدرسة؛ لما يحتمل أن يكون لها من تأثيرات عميقة على المجتمع المدرسي ككل، وأداء المعلمين على نحو خاص.[1]

ويذهب بلاس وبلاس Blasé & Blasé (2003) إلى أن مديري المدارس الذين يتصفون بسوء المعاملة مثلهم مثل الرؤساء سيئي المعاملة في مختلف المنظمات؛ فكلاهما يقوم بسلوكيات متشابهة، كما أن المعلمين أيضا مثل آلاف العاملين في مختلف المواقع يخبرون نفس الآثار التدميرية لعدم عدالة المديرين وسوء معاملتهم لهم.[2]

ورغم اهتمام الباحثين المتزايد بموضوع العدالة في بيئات العمل المختلفة والآثار المترتبة عليها إلا إن الاهتمام بموضوع العدالة التنظيمية في المجال التربوي ما زال في مراحله المبكرة،[3] وربما يعود ذلك إلى حداثة الاهتمام بالعدالة التنظيمية كموضوع للدراسة في الأدبيات السلوكية والتنظيمية عموما.

أولا: ماهية العدالة في المنظمات المدرسية

إن العدالة ظاهرة اجتماعية تتخلل جميع جوانب الحياة الاجتماعية والسياسية والتنظيمية، ولقد بزغت البذور الأولى لدراسة العدالة في الفلسفة ثم انتقل المفهوم للدراسة في مجالات السياسة والقانون وعلم النفس والاجتماع والإدارة.

«وتشير بدايات الفكر القانوني والأخلاقي المدون إلى أن مصطلح العدالة Justice استخدم بصورة مساوية للإنصاف Righteousness بشكل عام».[4] ففي البداية كان موضوع العدالة مادة للاهتمام الفلسفي ترتد جذوره على الأقل إلى أفلاطون وسقراط. [5] فقد وضع أفلاطون مبدأ للعدالة عرف بمبدأ «التكافؤ النسبي Proportionate Equality» ويمثل الاستحقاق Merit جوهر هذا المبدأ إلا أن مصطلح الاستحقاق لم يكن يشير إلى معنى واحد لدى الجميع، فمثلاً تناول الفيلسوف الإنجليزي هوبز Hobbes مفهوم العدالة باعتباره يعتمد على المصطلحات التعاقدية التي يستخدمها الأفراد، أما الفيلسوف جون ستيوارت ميل J.S. Mill - في مذهبه النفعية والحرية - فقد تصور العدالة طبقا لتوجهه النفعي على أنها: «المعاملة المتساوية التي تناسب كل فرد كمسألة حق»، ورغم أن هناك مبادئ عديدة للعدالة دافع «ميل» عن المعيار النفعي (الخير الأعظم للعدد الأكبر) باعتباره يوفر أساسا للقرار الرشيد.[6]

وفي المجال التنظيمي اعترف العلماء منذ وقت طويل بأهمية العدالة كمطلب أساسي للفعالية التنظيمية والرضا الشخصي للعاملين، فعلى سبيل المثال اتفق باحثو الإدارة العلمية على أنشطة تنظيمية مثل الاستخدام العادل لاختبارات التوظيف، وتحديد الأجر العادل، والحل العادل للتظلمات، وحق صنع القرار الديمقراطي في العمل.[7]

وقد تطورت أبحاث العدالة التنظيمية ونمت بسبب الفكرة التي تذهب إلى أن الموظفين الذين يدركون أنه يتم معاملتهم بصورة عادلة سوف يستجيبون بصورة إيجابية نحو المنظمة ويندمجون في ممارسة الأنشطة التي تحقق مصالحها. [8]

وقد تضمنت أدبيات العدالة التنظيمية كل من الدراسات الميدانية والنظرية، حيث أصبحت العدالة التنظيمية من بين أكثر الموضوعات البحثية المتكررة في مجالات متنوعة مثل علم النفس التنظيمي/الصناعي/الاجتماعي، وإدارة الموارد البشرية، والسلوك التنظيمي.[9]

وهكذا يتضح أن مفهوم العدالة نبع أساسًا من مجالات الفلسفة والقانون والسياسة والعلوم الاجتماعية، وقد تم استخدامه في المجال التنظيمي لوصف دور النزاهة أو الإنصاف في بيئات العمل المختلفة، من خلال الطرق التي يحدد فيها الموظفون مدى معاملتهم بصورة موضوعية خالية من التحيز في وظائفهم.

واستقراء الأدبيات يشير إلى أن الجذور التاريخية للعدالة التنظيمية بدأت بأعمال أدمز

Adams (1963) وتطورت على يد فولجر(Folger 1977) وجرنبرج (Greenberg 1987, 1990)، وقد تم صياغة مصطلح العدالة التنظيمية أساسا بواسطة جرنبرج في عقد الثمانينيات من القرن العشرين.[10] فقد وصف جرنبرج العدالة التنظيمية كموضوع ظهر في الأدبيات خلال محاولات وصف دور النزاهة/العدالة Fairness في بيئات العمل.[11]

ويرى البعض أن العدالة التنظيمية تشير إلى المعاملة العادلة والأخلاقية للأفراد داخل المنظمة.[12] ويرى آخرون أن العدالة التنظيمية تركز على مدركات الأفراد للعدالة من خلال تصنيف أراء الموظفين ومشاعرهم عن معاملتهم ومعاملة الآخرين داخل المنظمة.[13]

كما تعرف العدالة التنظيمية بأنها: «العدالة المدركة للتبادلات الحادثة في المنظمة- سواء التبادلات الاقتصادية أو الاجتماعية- والتي تتضمن الفرد في معاملاته مع رؤسائه ومرءوسيه وزملائه والمنظمة كنظام اجتماعي».[14]

وعادة ما تتضمن الدراسات الكلاسيكية عن العدالة التنظيمية اثنين من المدركات الذاتية: الأولى هي مدركات الأفراد عن نواتج القرار أي العدالة التوزيعية، والثانية هي مدركات الأفراد عن العمليات المستخدمة في الوصول إلى القرار وتنفيذه أي العدالة الإجرائية.[15] إلا أن الدراسات الحديثة تكاد تجمع على وجود ثلاثة أشكال متميزة -لكنها متفاعلة - من العدالة التنظيمية تتمثل في العدالة التوزيعية، والعدالة الإجرائية، والعدالة التفاعلية، وأن هذه الأشكال الثلاثة ترتبط بسلوكيات واتجاهات العمل الإيجابية.[16] حيث توصل باحثو العدالة إلى أن العاملين يميلون إلى تقييم العدالة في بيئات العمل المختلفة وفقًا لثلاث فئات من المعاملة الأولى تمثل النواتج التي يحصلون عليها من المنظمة (العدالة التوزيعية)، والثانية تتمثل في السياسات الرسمية أو العمليات التي بناء عليها تم توزيع هذه النواتج (العدالة الإجرائية)، والثالثة تتضمن المعاملة الشخصية معهم (العدالة التفاعلية).[17]

ويعني ذلك أن أحكام العدالة في المنظمات التعليمية لا تعتمد فقط على ما إذا كانت نواتج التوزيع التي يحصل عليها الأفراد عادلة، ولكن أيضا طبقًا للكيفية التي يتم بها استخدام الإجراءات، وصنع القرارات، والكيفية التي يتم بها معاملتهم أثناء عملية تنفيذ وتطبيق القرارات.

ويلخص الشكل التالي بنية العدالة التنظيمية.

شكل (1)
بنية العدالة التنظيمية

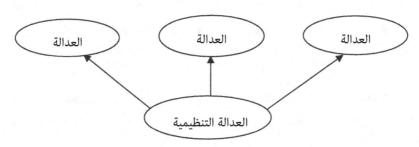

ويتضح من الشكل السابق أن العدالة التنظيمية بنية متعددة الأبعاد حيث تتضمن مدركات العاملين لعدالة توزيع نواتج العمل بما تتضمنه من عدالة توزيع الدخل والمهام والمصادر التنظيمية المختلفة، وعدالة الإجراءات المستخدمة في تحديد هذه النواتج، وعدالة التفاعلات البينشخصية بين السلطات التنظيمية والعاملين أثناء تنفيذ الإجراءات التنظيمية المختلفة.

وتأسيسًا على ما سبق يمكن تعريف العدالة التنظيمية في المدارس بأنها:

المعاملة المنصفة والنزيهة من قبل السلطات التعليمية (وعلى نحو خاص مدير المدرسة) عند توزيع النواتج المدرسية، وعند استخدام الإجراءات المتصلة بالعمل، وعند التعامل أو التفاعل الاجتماعي.

ومما هو جدير بالذكر أنه رغم اهتمام الباحثين بدراسة العدالة التنظيمية في مجالات الإدارة منذ العقد السادس من القرن العشرين إلا أنها ما زالت ظاهرة مهملة إلى حد كبير في أدبيات الإدارة التعليمية؛ حيث يلاحظ من مراجعة الأدبيات المدرسية أن الاهتمام بموضوع العدالة التنظيمية لم يلتفت إليه على نحو صريح إلا في عام 2004 عندما قدم اثنان من كبار أساتذة الإدارة التعليمية - هوي وتارتر Hoy & Tarter,2004- في الولايات المتحدة الأمريكية أول محاولة

– بحسب تصريحهما - لتطبيق بنية العدالة التنظيمية في المدرسة في دراسة لهما بعنوان: «العدالة التنظيمية في المدارس: لا عدالة بدون ثقة» حيث انطلق هوي وتارتر من التأكيد على أهمية قضايا العدالة التنظيمية في المدارس بقولهما: «إن تأكيدنا الأساسي هو أن قضايا العدالة والنزاهة في البيئات المدرسية لا يجب أن تؤخذ باستخفاف، وعلى أي فرد يشكك في صحة هذا القول أن يقوم ببساطة بزيارة إحدى المدارس ويسأل المعلمين عن مدى معاملتهم في وظيفتهم بصورة عادلة».[18] وقد قدما (10) مبادئ للعدالة التنظيمية - استخلاصا من الأدبيات - يمكن تطبيقها على المدارس وهي:[19]

أ -   **مبدأ المساواة The Equity Principle**: إن ما يحصل عليه الأفراد من المنظمة ينبغي أن يناسب مساهماتهم فيها؛ فالمكافآت التي يحصل عليها المعلمون نظير مساهماتهم ينبغي أن تعكس التوازن، فلا ينبغي أن يشعر المعلمون أن مساهماتهم لا يتم مكافآتها أو لا يتم تقديرها التقدير المناسب.

ب- **مبدأ الإدراك The Perception Principle**: إن إدراك الفرد للعدالة يسهم في إحساسه العام بالعدالة؛ فالعدالة تمثل حدثا عاما، وحكما فرديا، ويمثل إدراك المعلم للعدالة مفتاح الرضا؛ فالحكم الموضوعي ليس هو القضية، وإنما الشيء الأهم هو الإدراك الذاتي للمعلمين بأن مدير المدرسة يطبق القواعد بصورة عادلة أي يتبع الإجراءات التي يقبلها جميع المعلمين ضمنا.

ج- **مبدأ التعبير عن الرأي The Voice Principle**: إن المشاركة في صنع القرار تعزز مدركات العدالة؛ فمشاركة المعلمين مهمة بصفة عامة حيث إن لهم مساهمة شخصية أساسية في النواتج المدرسية لأن هذه القرارات تؤثر عليهم، ولذلك ينبغي على مديري المدارس أن يحرصوا على مشاركة المعلمين في صنع القرار لاسيما عندما يكون لهم مساهمة شخصية في النواتج، وعندما يكون لديهم الخبرة الكافية للمشاركة في صنع القرارات.

د-   **مبدأ العدالة البينشخصية The Interpersonal Justice Principle**: إن توفير معاملة محترمة وكريمة وحساسة تُرقّي أحكام العدالة فلا أحد يحب الأخبار السيئة ولكن إذا ما أعطيت بصورة محترمة مصحوبة بالمعلومات الكافية فإن ذلك يولد إحساسا لدى الأفراد بالمعاملة العادلة، وإحدى أكثر الأشياء صعوبة لدى مدير المدرسة أن يقوم بتوصيل أخبار سيئة للمعلمين سواء كانت تتصل بأدائهم التعليمي أو بواجباتهم غير الشائعة.

هـ- **مبدأ الاتساق: The Consistency Principle**: إن السلوك القيادي المتسق يعتبر شرطا ضروريا لإدراك العدالة لدى المرءوسين، والسلوك المتسق ليس بالضرورة سلوكا مماثلا في جميع المواقف، لكنه بالأحرى سلوك يلائم بصورة متسقة الموقف، والقيادة الفعالة تؤكد على ضرورة أن يتناسب سلوك القائد مع خصائص الموقف، والعدالة الإجرائية ينبغي أن يوجهها الاتساق، فتطبيق القواعد والإجراءات والسياسات يجب أن يكون تطبيقا نزيهًا ويمكن ملاحظته ويتصف بالاتساق إلا إنه مع ذلك يجب أن يتصف بالمرونة، ويأخذ في اعتباره احتياجات الأفراد والظروف الاستثنائية.

و- **مبدأ المساواتية The Egalitarian Principle**: إن صنع القرار ينبغي أن يكون خاليا من المصلحة الذاتية، ويتم تشكيله من خلال الغاية الجماعية للمنظمة، فلا تكون لمصلحة أي فرد الأسبقية على حاجات الجماعة، مع ملاحظة أن معاملة جميع الأفراد على حد سواء لا يعني المساواة، فالأفراد لديهم حاجات متباينة ومواهب مختلفة ولذلك فإن المساواة الصارمة في معاملة كل الأفراد لا تمثل مساواة (عدلاً) وعليه فإن المعاملة المتوازنة المبنية على الحاجات ينبغي أن تكون مؤشر صنع القرار العادل، وأن تكون المصلحة الذاتية خاضعة للصالح العام.

ز- **مبدأ التصحيح The Correction Principle** : تصحيح القرارات المعيبة أو الخاطئة. ويعتمد التصحيح على التغذية المرتدة والمعلومات الدقيقة، فعلى سبيل المثال عندما يختلف المعلمون حول التقييم يكون هناك احتياطات ودلائل لمواجهتهم فالدليل الجديد يجب أن يوجه إعادة تقييم المدير على نحو عادل ومتوازن.

ح- **مبدأ الدقة The Accuracy Principle**: ينبغي أن ترتكز القرارات على المعلومات الدقيقة. وترتبط الدقة بصورة وثيقة بالتصحيح، فمبدأ الدقة يُدّعم الإحساس بالعدالة من خلال إيضاح أن القرارات تستند إلى دليل التعبير عن الرأي والمشاركة. وقد أظهرت الدراسات أن عدالة تقييم الأداء تقوى من خلال إجراءات مثل الاعتماد على المفكرات أو المذكرات التي تضمن دقة الحكم على الأداء.

ط- **مبدأ التمثيل The Representative Principle**: يجب أن تمثل القرارات مصالح الأطراف المعنية، فالقرارات التنظيمية تؤثر على جماهير عديدة من العاملين بالمنظمة. وصنع القرار الذي يستنبط أراء الأفراد المتأثرين به يحقق مبدأ التمثيل، على سبيل المثال إن تغيير

المنهج المدرسي يؤثر على ما يقوم المعلمون بتعليمه، وفي هذه الحالة ينبغي تمثيل المعلمين في عمليات صنع القرار ليس لأن لديهم مساهمة شخصية في النواتج فقط، ولكن لأن لديهم أيضا المعرفة التي تساعدهم على المساهمة في صنع القرارات الرشيدة. وعموما فإنه يتحقق مبدأ التمثيل كلما اعتقد المعلمون أن أفكارهم محل اعتبار، ولها تأثير على النواتج.

ي- **مبدأ الأخلاقية The Ethical Principle:** إتباع المعايير الأخلاقية والسائدة. فالعدالة أساسا معيار أخلاقي كما أن الأمانة والإخلاص والأصالة والموثوقية والمساواة والنزاهة والشرف كلها تمثل معايير أخلاقية معاصرة، وينبغي أن توجه السلوك عند صنع القرارات في المنظمات المدرسية.

يتضح مما سبق أن هوي وتارتر حاولا اشتقاق مجموعة من المبادئ الأساسية - من أدبيات العدالة التنظيمية - لتوجيه العمل المدرسي مؤكدين على أن الإحساس بالعدالة في بيئات العمل المدرسي يعتمد على سلوك القائد الذي يجب أن يتصف بمجموعة من السمات مثل المساواة، والاحترام، والاتساق، والتحرر من المصلحة الذاتية، والأمانة، والأخلاقية، وإتاحة فرص المشاركة والتعبير عن الرأي للمعلمين.

وإجمالاً لما سبق يمكن إيضاح أن العدالة التنظيمية موضوع حديث النشأة نسبيا في أدبيات علم الإدارة التعليمية - على وجه الخصوص- وأن العدالة في المدارس تتعلق بمدركات أعضاء المجتمع المدرسي لعدالة المعاملة التي يحصلون عليها في المدرسة سواء عند توزيع نواتج العمل (العدالة التوزيعية)، أو عند استخدام الإجراءات وتنفيذها (العدالة الإجرائية)، أو عند التفاعل الاجتماعي والتعامل البينشخصي معهم (العدالة التفاعلية).

ثانيا: نظريات العدالة التنظيمية ومضامينها المدرسية

ظهرت العديد من النظريات والتصورات الفكرية المتعلقة بكل بُعد من أبعاد العدالة التنظيمية، وفي محاولة منه لتجميع وتصنيف التصورات الفكرية العديدة اقترح جرنبرج Greenberg, 1987 - الباحث البارز في مجال العدالة التنظيمية- بُعدين رئيسيين لتصنيف نظريات العدالة هما: [20]

- الأول: البُعد الاستجابي- الإيجابي.
- الثاني: بُعد المحتوى – العملية

وبالنسبة للبُعد الأول: البُعد الاستجابي - الإيجابي Reactive -Proactive Dimension

● تركز النظريات الاستجابية Reactive Theories للعدالة على محاولات الناس إما للهروب من حالات عدم العدالة المدركة أو تجنبها؛ وهكذا تختبر النظريات الاستجابية استجابات الأفراد أو ردود فعلهم تجاه حالات عدم العدالة المدركة.

● بينما تركز النظريات الإيجابية Proactive Theories للعدالة على التصرفات والسلوكيات التي يبذلها الأفراد من أجل تحقيق وترقية العدالة؛ وبذلك تختبر النظريات الإيجابية سلوكيات الأفراد وتصرفاتهم التي تحاول خلق الأوضاع العادلة.

البُعد الثاني: بُعد المحتوى - العملية Process-Content Dimension

● تركز نظريات المحتوى على عدالة النواتج والغايات المُحققة ذاتها (العدالة التوزيعية).

● بينما تركز نظريات العملية على عدالة الوسائل والإجراءات المستخدمة في تحقيق هذه الغايات والنواتج (العدالة الإجرائية).

وبناء عليه صنف جرنبرج نظريات العدالة إلى نظريات المحتوى الاستجابي مقابل نظريات المحتوى الإيجابي ، ونظريات العملية الاستجابية مقابل نظريات العملية الإيجابية.

أ - نظريات العدالة التوزيعية (نظريات محتوى العدالة)

صنف جرنبرج (1987) نظريات العدالة التوزيعية إلى نوعين كبيرين هما: نظريات المحتوى الاستجابي مقابل نظريات المحتوى الإيجابي؛ حيث تركز نظريات المحتوى الاستجابي على كيفية استجابة الأفراد للمعاملة غير العادلة فيما يخص التوزيعات النهائية للنواتج، بينما تركز نظريات المحتوى الإيجابي على كيفية تحقيق الأفراد لتوزيع النواتج بصورة عادلة، وقد نظر جرنبرج إلى كل من نظرية المساواة، ونظرية الحرمان النسبي، ونظرية التبادل الاجتماعي على أنها تمثل أنماطًا مختلفة لنظريات المحتوى الاستجابي، في حين اعتبر أن نموذج حكم العدالة خير مثال على نمط نظريات المحتوى الإيجابي. [21]

(1) نظرية المساواة Equity Theory :

قدم أدمز نظرية المساواة (Adams,1963) وأجرى دراساته المبكرة لاختبارها، بينما كان

يعمل أخصائيا للبحوث السيكولوجية في شركة الكهرباء العامة في كرونوفيل بولاية نيويورك، ثم في عمله بعد ذلك في كلية إدارة الأعمال بجامعة نورث كارولينا.

وقد أشار أدمز إلى أن نظريته المعروفة بنظرية المساواة تدين بالفضل للجهود الفكرية السابقة عليها وخاصة نظرية التنافر المعرفي Festinger,1957، • وأفكار هومانز Homans,1961 عن العدالة التوزيعية.[22]

ورغم أن مصطلح المساواة أُستخدم عموما لوصف نظرية أدمز، فقد ذهب البعض إلى أنه من الأفضل وصفها بنظرية عدم المساواة حيث إن القوة الدافعة الرئيسة هي النضال من أجل تحقيق المساواة، فلابد أن يخبر الفرد بعضا من مدركات عدم المساواة قبل أن تتحرك هذه القوة لديه وتعمل.[23]

وتتضمن نظرية أدمز ثلاثة عناصر أو متغيرات أساسية هي: (المدخلات، والنواتج، والمصدر المرجعي للمقارنة). وتبدأ النظرية بفكرة التبادل حيث إن الفرد يعطي شيئا ما للمنظمة ويحصل على شيءٍ ما آخر في المقابل، وما يعطيه الفرد يمكن النظر إليه بوصفه مدخلاته أو استثماراته في هذه العلاقة (من أمثلة مدخلات الفرد: مستوى تعليمه، خبرته، مهارته، العمر، الجنس، المكانة الاجتماعية، الجهد الوظيفي، المظهر الشخصي... إلخ)، وهذه المدخلات التي يتم توظيفها يجب الاعتراف بها من قبل الطرف الأول (الفرد)، ويجب أن تتصل بهذه العلاقة التبادلية، وقد يتم الاعتراف بها أو لا يتم من قبل الطرف الثاني (المنظمة أو صاحب العمل) وفي حالة عدم الاعتراف بها يحتمل حدوث حالة عدم المساواة.

وعلى الجانب الآخر من التبادل توجد أشياء مختلفة يحصل عليها الفرد تسمى نواتج علاقة التبادل، وبالمثل فإن هذه النواتج يجب أن يعترف بها الفرد الذي يحصل عليها، وأن تكون ذات صلة بعلاقة التبادل (من أمثلة النواتج : الدخل، المكافآت، الوضع الوظيفي، الترقية.. إلخ).[24]

والنوع الثالث من متغيرات النظرية هو المصدر المرجعي أي الشخص أو الجماعة المرجعية المستخدمة في تقويم حالة المساواة في علاقة التبادل لدى الفرد. والمصدر المرجعي قد يكون زميل العمل، أو أحد الأقارب، أو الجيران، أو الجماعة المهنية، كما قد يكون الشخص نفسه في وظيفة أخرى أو دور اجتماعي آخر. والواقع أن النظرية -كما صاغها أدمز لم تحدد - بدقة كيفية تحديد هذا المصدر المرجعي، إلا أنها افترضت أنه عادة ما يستخدم زملاء العمل كمصدر مرجعي للمقارنة.[25]

ويلاحظ مما سبق أن العناصر البنائية الأساسية لنظرية المساواة هي المدخلات والنواتج والمصدر المرجعي، ويشعر الفرد بعدم المساواة عندما تختلف نسبة مدخلاته/ مخرجاته عن النسبة المدركة لدى المصدر المرجعي، فالفرد ربما يشعر أنه يحصل على أقل مما يستحق -Under rewarded بمعنى أن ما يقدمه للوظيفة أقل مما يحصل عليه منها مقارنة بزملائه مثلاً، وعادة ما يحدث ذلك عندما يعتبر الفرد أنه يبذل جهدا أكبر في العمل من الآخرين، ومع ذلك يحصل على نفس ما يحصل عليه الآخرون.[26]

ويلاحظ أن النظرية ليست مقصورة فقط على حالات عدم المساواة غير المرغوبة لدى الفرد ؛ فالمساواة توجد عندما تكون نسبة المدخلات/النواتج لدى الفرد والمصدر المرجعي متساوية ، وتنشأ القوة الدافعة من عدم المساواة عندما يكون هناك انحراف عن هذه الحالة باستمرار، والفرد قد يدرك أنه يحصل على أكثر مما يستحق Over-rewarded بالنظر إلى مدخلاته مقارنة بالآخرين.

ورغم أن مقارنة نسبتي المدخلات/النواتج تعطي نظرية أدمز عنصرًا موضوعيا إلا أن أدمز أوضح أن هذه العملية ذاتية تماما.[27]

ويمكن تلخيص رد فعل الفرد تجاه عدم المساواة كما يلي :إن إدراك الفرد لحالة عدم المساواة يؤدي إلى عدم الرضا إما في شكل الغضب (إذا اعتقد أنه يحصل على أقل مما يستحق) أو في شكل الإحساس بالذنب (إذا اعتقد أنه يحصل على أكثر مما يستحق)، ويتولد لدى الشخص التوتر طبقا لمقدار إحساسه بعدم المساواة، وهذا التوتر يعمل كقوة دافعة لاختزال حالة عدم المساواة والوصول بها إلى نقطة الصفر.[28]

بمعنى آخر ذهب أدمز (1965) إلى أنه عندما لا تحقق نواتج التوزيع محك المساواة فإن الناس يخبرون المعاناة من عدم المساواة، ويحاولون استعادة حالة المساواة بصورة سلوكية أو معرفية، واقترح ستة أشكال مختلفة لتخفيض حالة عدم المساواة ارتكازا على نظرية التنافر المعرفي وهي:[29]

● تعديل المدخلات فعليا.

● تعديل النواتج فعليا.

● تحريف المدخلات أو النواتج فكريا.

● ترك المكان (العمل).

● التعامل مع المصدر المرجعي (موضوع المقارنة) من خلال التعديل أو التحريف الفكري المدخلات أو مخرجات الآخر (موضوع المقارنة).

● تغيير موضوع المقارنة (أي تغيير الفرد أو الجماعة التي يقارن الفرد نفسه بها).

وقد حاول ولستر وآخرون (Walaster et al. 1973) أيضا التنبؤ بالأوقات التي يدرك فيها الأفراد أنه يتم معاملتهم بصورة غير عادلة وكيفية استجابتهم أو رد فعلهم تجاه هذا الإدراك، حيث قدم ولستر وزملاؤه - في صياغة جديدة لنظرية المساواة - أربعة افتراضات مترابطة هي: [30]

● أن الأفراد سوف يحاولون تعظيم نواتجهم.

● أن الجماعات تحدد تعريفات المساواة وتوافق على أعضائها على أساس هذه التعريفات.

● أن عدم المساواة تؤدي إلى المعاناة النفسية بصورة تتناسب مع حجم عدم المساواة.

● أن هذه المعاناة سوف تؤدي إلى محاولة إزالتها من خلال استعادة المساواة.

وقد يصل الأفراد إلى الاعتقاد بأن العدالة التوزيعية توجد بواسطة تحريف أو تشويه المدركات أكثر مما توجد بواسطة التغيير الفعلي للموقف.

ويتضح مما سبق أن نظرية المساواة تذهب إلى أن الناس تهتم ليس بالمستوى المطلق من النواتج في حد ذاتها، ولكن بما إذا كانت هذه النواتج عادلة أم لا ، وان أحد الطرق لتحديد عدالة النواتج هو حساب مساهمات الفرد أو مدخلاته في مقابل نواتجه أو متحصلاته، ثم مقارنة هذه النسبة مع الآخرين وإذا اعتقد الفرد أن العائد أو النواتج التي يحصل عليها لا تتناسب مع مدخلاته أو ما يقدمه من مساهمات مقارنة بالآخر فإنه ينشأ لديه حالة من التوتر والضغط السلبي الذي يدفعه إلى محاولة اختزاله أو تقليله ، وأن قوة الدافعية لخفض التوتر تتناسب مع قوة عدم المساواة المدركة .

وقد استثارت نظرية المساواة منذ ظهورها العديد من الأبحاث ولاقت الكثير من النجاحات ولأنها تحدد المدخلات والنواتج بصورة كمية فقد أصبح استخدامها في دراسات السلوك التنظيمي حتميا وبالفعل أُجري ما يزيد على (100) دراسة عليها في العقد التالي لظهورها؛ الأمر الذي جعل الباحثين يستنتجون أن البرهان على نظرية المساواة هو القوة الفعلية

لها بصفة عامة منذ بدايتها حيث اعتنقها الكثير من العلماء حتى إن بعضهم أشار إليها باعتبارها من أكثر نظريات السلوك التنظيمي فائدة . [31]

ورغم هذه النجاحات فقد واجهت نظرية المساواة عدة انتقادات من أبرزها: أنها توظف مفهوم أحادى البعد للعدالة التوزيعية، فالنظرية تفترض أن الفرد يحكم على عدالة مكافآته أو مكافآت الآخرين فقط طبقا لمبدأ الاستحقاق Merit Principal (قاعدة المساهمات)، [32] في حين أن هناك قواعد أخرى قد يستخدمها الأفراد للحكم على عدالة التوزيع مثل قاعدة الحاجة وقاعدة التكافؤ.

وهناك العديد من المضامين المدرسية لنظرية المساواة، فحيث إن نظرية المساواة تقترح أن العاملين يقارنون نسب الجهد/المكافأة لديهم مع الآخرين، وأنهم يشعرون بالرضا إذا كانت هذه النسب متساوية، فإن النظرية على هذا النحو تساعد على فهم تلقي المعلمين لمستحقاتهم من الدخل وأشكال التعويض المرتكز على الأداء، وهنا تلعب تقديرات مديري المدارس دورا مهما في تحديد أي المعلمين سوف يتلقى زيادة في المكافآت، وهنا ربما يخشى المعلمون أن يتحيز مديرو المدارس في مكافأة البعض، وإذا كانت نظرية المساواة تفترض أن الموظفين يمتلكون معلومات دقيقة عن كمية الجهد الذي يبذله زملاؤهم في العمل إلا أنه في المجال التربوي يشوب هذا الافتراض نقائض وأخطاء كثيرة؛ إذ إن المعلمين نادرا ما يلاحظون عمل معلم آخر بصورة مباشرة وبذلك يفتقرون إلى وجود معلومات كاملة عن عادات عمل الآخرين، ورغم ذلك فإنهم يصيغون أحكامهم حول أي من زملائهم يعمل بجد بناءً على هذه الاستنتاجات والأدلة غير الشاملة مثل مدى بقاء المعلم بالمدرسة وتأخره بها وأي منهم يأخذ العمل إلى المنزل. وحتى رغم أن المعلم قد يكون لديه سوء إدراك لمدى جدية زملائه في العمل فإنه يتكون لديه معتقدات واستجابات معينة حول ذلك يمكن التنبؤ بها من خلال نظرية المساواة، وبذلك فإن إدراك عدم المساواة في ذهن المعلم يمكن أن يكون له التأثير نفسه على سلوكه مثل وجود حالة عدم المساواة الفعلية. [33]

وعلى أية حال يمكن الاستفادة من أفكار نظرية المساواة في عملية حفز المعلمين خاصة إذا اتبع مديرو المدارس والقادة التربويون التوجيهات التالية: [34]

● أن تمييز المكافآت على أساس الأداء يمكن أن يزيد الإنتاجية لكنه ربما أيضا يزيد الصراع داخل الجماعة، فإذا كانت هناك علاقات منسجمة وصراع قليل يفضل توزيع المكافآت بصورة متساوية بين المعلمين.

- إعطاء جميع المعلمين فرص العمل -كلما كان ممكنا- للحصول على المكافآت أما إذا قدمت بعض المكافآت لبعض المجموعات دون الأخرى فلابد من تقديم تبرير مقنع للمعلمين؛ حتى يستوعبوا ويقبلوا أسباب التميز.
- تحقيق التوازن بين الجهد المبذول في العمل المدرسي وبين قيمة المكافأة.
- أن معظم مدركات عدم المساواة لدى المعلمين تنشأ مصحوبة بتقييم الأداء؛ ولذلك إذا لم يكن هناك طريقة موضوعية وصالحة لقياس الأداء فسوف يكون مديرو المدارس عادة عرضة للاتهام بعدم العدالة في منح المكافآت ، ولتجنب هذا الاتهام يمكن لمدير المدرسة تشكيل لجنة من المعلمين لوضع معايير لتحديد أي الأفراد يستحق المكافآت.

(2) نظرية الحرمان النسبي Relative Deprivation Theory

تعود أصول هذه النظرية إلى أعمال سوفر وآخرين (1949) ومرتون وروس (1968)، وأحرزت التقدمات الحديثة فيها على يد كروسبي (1976) ومارتن (1986). وقد قدمت نظرية الحرمان النسبي بديلا لنظرية المساواة المرتكز على التبادل الخالص واقترحت أن مشاعر الحرمان ربما تنشأ من خلال المقارنات الاجتماعية الأوسع في سياقات عديدة مختلفة.(35)

وقد ميزت النظرية بين نوعين من الحرمان أولهما الحرمان الأنوي الفردي Egoistic Deprivation الذي يعتمد على المقارنات بين الأفراد وهذا النوع يماثل الأحكام المستخدمة في نظرية المساواة، أما النوع الثاني من الحرمان فهو الحرمان الأخوي الجماعي Fraternal Deprivation الذي يعتمد على المقارنة بين الجماعات وفيه يشعر الفرد أن الجماعة الاجتماعية التي ينتمي إليها محرومة بسبب الخصائص العامة للجماعة مثل العمر والجنس والعنصر، فيتركز حرمان الجماعة على التفاوت الثابت (عدم المساواة) بين جماعات مثل الذكور والإناث ، البيض والسود، الإدارة والعمال. (36)

وقد أشار مارتن Martin (1993) إلى أن كل من نظرية المساواة ونظرية الحرمان النسبي بينهما تشابهات مهمة حيث تتضمن كلتا النظريتان مقارنة مساهمة ونواتج الأفراد مع مساهمات الآخرين ونواتجهم لتحديد العدالة التوزيعية، ويخبر الأفراد مشاعر الحرمان عندما تشير المقارنة الاجتماعية إلى عدم المساواة في توزيع المكافآت.(37)

كما أشار مارتن إلى أن النتائج المستخلصة من الدراسات المتعلقة بحرمان الجماعة تدل

على أنه تحت بعض الظروف يقارن بعض أعضاء الجماعة المحرومة -خصوصا تلك التي لا تبرر إيديولوجيتها وضعها الاجتماعي المنخفض- أنفسهم بأعضاء الجماعات ذات المكانة الأعلى ويتوصلون إلى أن عدم التساوي بين الجماعات شيء متوقع وغير مُرْضٍ وظالم. ويلاحظ أن مشاعر الاستياء والاغتراب التي يشعر بها أعضاء الجماعة المحرومة تفجر احتجاجات عنيفة أو قد تفجر أفعالا جماعية تتحدى شرعية نظام توزيع المكافآت بأكمله، ولذلك أوضح مارتن بناء على نتائج بحث حرمان الجماعة أهمية تضمين مناظير أعضاء الجماعة المحرومة في النظرية والبحث. [38]

ويلاحظ مما سبق أن نظرية الحرمان النسبي تم تقديمها أساسا في إطار مفهوم العدالة الاجتماعية، وأنه من الممكن تطبيقها على العدالة التنظيمية باعتبار أن المنظمة تمثل نظاما اجتماعيا مصغرا يتفاعل فيه أعضاؤها طبقا لمبادئ التفاعل الجماعي ويتأثرون بالمجتمع الكبير علاوة على تأثرهم بطبيعة المنظمة التي يعملون فيها، وما تضيفه تلك النظرية هو أن الإحساس بعدم المساواة يمكن أن يدركه أعضاء جماعة معينة عندما تقارن نفسها بجماعة أخرى داخل المنظمة، وبذلك تضيف نظرية الحرمان النسبي فكرة أنه ليس الفرد فقط الذي يحتمل أن يتعرض لمشاعر عدم المساواة، وإنما الجماعة أيضا يمكن أن تتعرض لذلك، وتتأثر بمشاعر الحرمان النسبي عندما تقارن نفسها بغيرها من الجماعات داخل التنظيم، ولعل أبرز المضامين المدرسية لهذه النظرية تتمثل في توعية القيادات التربوية ومديري المدارس بعدم التفرقة بين الجماعات المدرسية المختلفة فلا تمييز في المعاملة لجماعة اللغات أو الرياضيات مثلا على جماعة التاريخ أو الموسيقى، ولا تفرقة بين جماعة النشاط الفني وجماعة النشاط الاجتماعي... إلخ.

(3) نظرية التبادل الاجتماعي Social Exchange Theory

قدم بلو Blau,1964 مفهوم التبادل الاجتماعي ليصف التفاعلات الاجتماعية التي يواجهها الموظفون داخل المنظمة، واقترح المنظرون الذين درسوا ظاهرة التبادل أن الموظفين يقيمون هذه التفاعلات الاجتماعية، وأن تلك التبادلات المُرْضية تؤدي إلى تبادل الموظفين مستقبلا. [39] وتتعامل نظرية التبادل الاجتماعي مع كيفية تشكيل الناس للعلاقات مع المنظمة وكيفية التعامل مع السلطة في إطار هذه العلاقات، ويعتبر بلو (1964) من أوائل من ميزوا بين نوعين من علاقات التبادل بين الفرد والمنظمة هما علاقة التبادل الاقتصادي Economic Exchange مقابل علاقة التبادل الاجتماعي. فقد ذهب بلو إلى أن التبادل الاجتماعي يشير إلى

العلاقات التي تستتبع واجبات مستقبلية غير محددة، ورغم أن التبادل الاجتماعي يشبه التبادل الاقتصادي في كونه يولد توقعا ببعض العوائد المستقبلية للمساهمات إلا أن الطبيعة النوعية لهذا العائد غير محددة على عكس التبادل الاقتصادي. [40]

إن علاقة التبادل الاقتصادي تقوم على أساس حسابي أو تعويضي، بينما ترتكز علاقة التبادل الاجتماعي على ثقة الأفراد في أن الطرف الآخر في عملية التبادل سوف يتحمل التزاماته بصورة عادلة على المدى الطويل، وهذه الثقة هي جوهر المحافظة على التبادل الاجتماعي – خصوصا على المدى القصير - عندما تحدث التناقضات المؤقتة بين البواعث والمساهمات الفردية في تلك العلاقة. [41]

وتأسيسا على أفكار بلو فإن الثقة تمثل أساس تشكيل علاقة التبادل الاجتماعي، والثقة بنية متعددة الأبعاد، وتتضمن عوامل مثل توقع أن الطرف الآخر سوف يتصرف بصورة مرغوبة تهدف إلى النفع العام والاعتماد على الطرف الآخر، ورغم أن الثقة تمثل العنصر الأساسي في وجود علاقة التبادل الاجتماعي والمحافظة عليها إلا أن نظرية التبادل الاجتماعي تجاهلت بصورة كبيرة كيفية وجود الثقة في هذه العلاقة. [42]

وتمثل العدالة التنظيمية أحد المصادر المهمة للثقة، ففي المنظمة يمكن للمديرين التأثير على بناء الثقة لدى العاملين ، فالمعاملة العادلة من قبل الإدارة يمكن أن تخلق مشاعر الثقة من خلال إزالة الخوف من الاستغلال، كما أن هذه المعاملة العادلة التي تظهر احتراما لحقوق وكرامة الموظفين تؤدي إلى نمو الثقة، وهذه الثقة الناشئة تكون بالتالي وسيلة للتبادل الإيجابي الإضافي، والتي تؤدي بالتالي إلى استقرار العلاقات. [43]

يتضح من ذلك أن نظرية التبادل الاجتماعي تفسر العدالة التنظيمية من قبل إدارة المنظمة كمقابل لقيام الموظفين بأعباء العمل وأدائهم لواجباتهم، وأن الثقة بين الطرفين تمثل متغيرا وسيطا لتلك العلاقة (عدالة المنظمة /أداء العاملين).

والمضامين المدرسية لنظرية التبادل الاجتماعي عديدة ومن أهمها التأكيد على أهمية تنمية علاقات التبادل الاجتماعي بين المعلمين والمدرسة، ونشر مناخ الثقة التنظيمية في إدارة المدرسة والثقة في زملاء العمل، والثقة بين أعضاء المجتمع المدرسي ككل حتى يطمئن كل طرف بأن الطرف الآخر سوف يفي بتعهداته والتزاماته؛ مما يؤدي إلى تعزيز مدركات العدالة التنظيمية داخل المدرسة بصفة عامة.

(4) نموذج حكم العدالة Justice Judgment Model

يمثل نموذج حكم العدالة الذي قدمه ليفنثال Leventhal (1976, 1980) أحد التوجهات الفكرية المختلفة عن نظرية المساواة فبينما تركز نظرية المساواة على استجابات أو ردود فعل الأفراد نحو عدم المساواة في الدخل ، فان ليفنثال وزملاءه قد درسوا الظروف التي يوظف فيها الناس معايير متباينة للعدالة.[44]

لقد درس ليفنثال العدالة التوزيعية من منظور الفرد الذي يصنع التوزيع على عكس الذي يتلقى التوزيع (منظور نظرية المساواة) فطبقا لنظرية المساواة يدرك الفرد حالة العدالة عندما تكون المكافآت التي يحصل عليها متناسبة مع المساهمات التي يقدمها؛ وبناء عليه فان إدراك الفرد للعدالة يتأثر بواسطة قاعدة المساهمة Contribution Rule التي تقرر أن الأفراد الذين يؤدون عملاً أفضل يجب أن يحصلوا على نواتج أعلى، بمعنى آخر أن نظرية المساواة كانت تقر قاعدة واحدة للعدالة هي قاعدة المساهمة فقط، وهو ما انتقده ليفنثال بشدة مؤكدا على أهمية وجود معايير مختلفة للتوزيع تحدد المحكات التي من خلالها تتحدد عدالة توزيع النواتج.[45]

وبذلك يسلك نموذج حكم العدالة الذي قدمه ليفنثال منحى أكثر إيجابية من نظرية المساواة فالناس تحكم على استحقاقهم من خلال استخدام قواعد عديدة مختلفة للعدالة، وهناك ثلاث قواعد أساسية للعدالة التوزيعية هي:

- قاعدة المساهمة Contribution Rule
- قاعدة التكافؤ Equality Rule
- قاعدة الحاجات Needs Rule

وقد ذهب ليفنثال إلى أن القرارات التوزيعية التي ترتكز على قاعدة المساهمة تستهدف تحقيق مستوى أعلى من الإنتاجية ، أما قاعدة التكافؤ فتستخدم عندما يكون الهدف التوزيعي هو المحافظة على الانسجام الاجتماعي في حين تستخدم قاعدة الحاجات عندما يكون الهدف هو تعزيز الرفاهية الشخصية.[46]

ويضع نموذج حكم العدالة أربع مراحل متتالية يقيم الفرد خلالها عدالة النواتج وهي: أن الفرد في المرحلة الأولى يقرر أي قواعد العدالة يستخدم وكمية الوزن المعطى لها (أي الأهمية التي يعطيها لكل قاعدة)، وفي المرحلة الثانية يقدر حجم النواتج التي يستحقها وأنواعها

طبقا لكل قاعدة من قواعد العدالة «تقدير تمهيدي»، وفي المرحلة الثالثة يجمع النواتج المستحقة على أساس كل قاعدة في التقدير النهائي «تجميع أو توحيد القاعدة»، وفي المرحلة الأخيرة (الرابعة) يقوِّم النواتج الفعلية التي حصل عليها من خلال المقارنة بين ما حصل عليه فعلا وما كان يستحقه «تقويم النواتج».(47)

ومما سبق يتضح أن نموذج حكم العدالة يفترض أن أحكام العدالة لدى الفرد ربما ترتكز ليس فقط على قاعدة المساهمة ولكن أيضا على قاعدة التكافؤ أو قاعدة الحاجات، وعليه يقيم الأفراد إجراءات التوزيع التي يستخدمها صناع القرار طبقا للموقف؛ ففي المواقف المختلفة يمكن للفرد أن يوظف معايير أو قواعد مختلفة للعدالة التوزيعية كالمساهمة أو التكافؤ أو الاحتياجات .

ففي حين تقرر قاعدة التكافؤ بأن كل فرد عليه أن يحصل على نواتج مماثلة بصرف النظر عن حاجاته أو مساهماته، فإن قاعدة الاحتياجات تقرر أن الأفراد ذوي الاحتياجات الأكبر يجب أن يحصلوا على نواتج أكبر. وبمعنى آخر أن المفهوم الأساسي لحكم العدالة هو أن الفرد يطبق قواعد التوزيع بصورة اختيارية من خلال إتباع قواعد مختلفة في أوقات مختلفة؛ وبذلك فان المحكات الأساسية لدى الفرد في تقييم العدالة ربما تتغير في مواقف مختلفة؛ وبذلك حول ليفنثال محور بحث العدالة نحو التوزيع ودور الموزع ، وأثار تساؤلات أساسية عن دور الموزع في قضايا العدالة التوزيعية.(48)

وتتمثل **المضامين المدرسية لنموذج حكم العدالة** في إمكانية أن يوظف المعلمون قواعد مختلفة للحكم على عدالة مديري المدارس أو القيادات التربوية الأعلى في توزيع النواتج وكما اقترح النموذج أن هناك ثلاثة قواعد للتوزيع هي: قاعدة المساهمة، وقاعدة التكافؤ، وقاعدة الحاجة، وتأسيسا على ذلك يمكن للسلطات المدرسية أو التربوية استخدام أي من القواعد الثلاثة بناء على اختلاف طبيعة الموقف والهدف التوزيعي، فإذا كان الهدف هو تحقيق الانسجام الاجتماعي داخل المدرسة وتقليل حدة الصراعات والتنافس فإن قاعدة التكافؤ (المساواة بين الجميع في توزيع النواتج) تعتبر أنسب القواعد، أما إذا كانت بحيرة الأداء راكدة، وهناك قلة في الإبداع في العمل المدرسي فإن قاعدة المساهمة يمكن أن تحل هذه المشكلة بمعنى أن الأكثر إسهاما في تطوير العمل المدرسي وبذل الجهد يحصل على نواتج (مكافآت أكثر)، كما يمكن للموزعين (السلطات التربوية) أن يستخدموا قاعدة الحاجة بناء على دراسة احتياجات

المعلمين وتوزيع النواتج طبقا للحاجات وهذا قد يكون مفيدا في تحقيق المصالح والرفاهية الشخصية للمعلمين.

ب - نظريات العدالة الإجرائية والتفاعلية (نظريات عملية العدالة).

مثلما صنف جرنبرج نظريات العدالة التوزيعية إلى نوعين (نظريات المحتوى الاستجابي، ونظريات المحتوى الإيجابي) صنف أيضا نظريات العدالة الإجرائية إلى نوعين (نظريات العملية الاستجابية، ونظريات العملية الإيجابية) وقد أوضح جرنبرج اختلاف نظريات العملية الاستجابية عن نظريات العملية الإيجابية للعدالة الإجرائية في أن نظريات العملية الاستجابية تركز على إجراءات حل النزاع أما نظريات العملية الإيجابية فتركز على إجراءات التوزيع.

(1) نموذج رقابة العملية Process Control Model

يمثل نموذج الرقابة الذي قدمه ثيبوت ووكر (1975) Thibaut & Walker أول مثال لنظريات العملية الاستجابية حيث إنه يتعلق بتقييم استجابات الأفراد نحو إجراءات حل النزاع. فقد قارنت دراسات ثيبوت ووكر بين ردود فعل الناس نحو إجراءات حل النزاع التي تختلف فيما يتعلق بنوعين من الرقابة هما: رقابة العملية Process Control ورقابة القرار Decision Control حيث تشير رقابة العملية إلى مقدار الرقابة المتاح للمتنازعين على الإجراءات المستخدمة لتسوية نزاعاتهم، بينما تشير رقابة القرار إلى مقدار الرقابة المتاح على تحديد النواتج أي قدرة الأفراد على إبداء الرأي في تحديد النواتج أثناء مرحلة صنع القرار.[49]

وقد أشار ثيبوت ووكر إلى أن الأفراد يدركون العدالة الإجرائية عندما تتاح لهم رقابة العملية في الإجراءات ورقابة صنع القرار لدى الطرف الثالث المحايد (الإدارة).

ويذكر تيلر وآخرون (1997) أن نظرية ثيبوت ووكر عن العدالة الإجرائية تم تطبيقها في كل من الأوضاع القانونية وغير القانونية مثل الأوضاع الإدارية، والتنظيمية والسياسية، ويؤكد تيلر وزملاؤه أن هناك دراسات عديدة دعمت النتائج التي ذكرها ثيبوت ووكر بأنه «كلما زادت رقابة العملية على الإجراءات زاد الحكم عليها بأنها عادلة».[50]

ولعل أهم المضامين المدرسية لنموذج رقابة العملية تتمثل في إتاحة الفرصة أمام المعلمين وكافة أعضاء المجتمع المدرسي لمراقبة إجراءات حل النزاع المتعلق بهم ومتابعة إجراءات عملية صنع القرار والمشاركة فيها؛ كنوع من ضمان عدالة الإجراءات المدرسية، وبذلك يمكن القول

أن أبرز المضامين التي يمكن الاستفادة منها في هذه النظرية هو التأكيد على أهمية مشاركة المعلمين في عمليات صنع القرار المدرسي.

(2) نظرية تفضيل التوزيع Allocation Preferences Theory

تعتبر نظرية تفضيل التوزيع لليفنثال (1980) Leventhal أول مثال لنظرية العملية الإيجابية حيث تم تطبيقها بصورة صارمة على القرارات الإجرائية أكثر من القرارات التوزيعية. وتشير نظرية تفضيل التوزيع إلى أنه سيتم تفضيل إجراءات التوزيع التي تؤدي إلى تحقيق أهداف الموزع، التي تنطوي على العدالة، وقد حدد ليفنثال وآخرون (1980) سبعة عناصر للإجراءات التوزيعية التي ربما تؤدي إلى تحقيق العدالة وهى: [51]

● اختيار وكلاء صنع القرار.

● تحديد قواعد أساسية لتقويم الأفراد المحتمل تلقيهم للمكافآت.

● تجميع معلومات عن الأفراد المحتمل أن يتلقوا المكافآت.

● تحديد هيكل عملية القرار.

● إقامة إجراءات وقائية لرقابة السلوك لكل من الموزعين والأفراد المحتمل أن يتلقوا المكافآت والموارد.

● تأسيس إجراءات جذابة تمكن الأفراد غير الراضين من تحقيق التعويض والإنصاف.

● تأسيس ميكانزمات لتغيير الإجراءات التوزيعية التي ربما تكون غير عادلة.

كما طور ليفنثال (1980) أيضا ستة قواعد للعدالة لتقييم عدالة العناصر السبعة للإجراءات التوزيعية فالإجراء العادل ينبغي أن يكون: [52]

● متسقًا (أي يطبق بصورة ثابتة على جميع الأفراد عبر الزمن).

● غير متحيز.

● دقيقًا (التأكد من أنه تم تجميع معلومات دقيقة استخدمت في صنعه).

● قابل للتصحيح في حالة الخطأ.

● ممثلا لاهتمامات كل الأطراف (التأكد من أنه تم أخذ آراء الجماعات المختلفة في الاعتبار).

● منسجمًا مع المعايير الشخصية للأخلاقيات والقيم.

ومن الممكن ملاحظة العديد من المضامين لنظرية تفضيل التوزيع في الأوضاع التنظيمية عموما والأوضاع المدرسية على نحو خاص، ولعل من أبرزها الاستفادة من القواعد الستة التي اقترحها ليفنثال للإجراءات العادلة، فالإجراءات المدرسية سواء إجراءات حل النزاع المدرسي، أو إجراءات توزيع نواتج العمل المدرسي ينبغي أن يُراعى فيها أن تكون متسقة يتم تطبيقها بنفس الكيفية على الجميع، وأن تتصف بتحري الدقة في جمع المعلومات، والمرونة بحيث تكون قابلة للتعديل والتصحيح إذا تبين فشلها، وأن تكون مُمثلة لاهتمامات جميع الأطراف المعنية، ومنسجمة مع القيم والمعايير الأخلاقية القويمة.

(3) نموذج المصلحة الذاتية ونموذج قيمة الجماعة للعدالة الإجرائية

قدم لند و تيلر Lind & Tyler (1988) نموذجين لوصف أسباب حدوث التأثيرات الإجرائية ويمكن تصنيف هذين النموذجين بناء على ما إذا كانت محددات العدالة تستقطب مصالح اقتصادية شخصية للفرد، أو تظهر تفاعلاً مع قيمه؛ حيث اقترحا بنيتين متميزتين للعدالة الإجرائية هما: الاهتمامات الوسيلية (المصلحة الذاتية)، والاهتمامات غير الوسيلية (قيمة الجماعة).[53]

📖 نموذج المصلحة الذاتية Self Interest Model

يرتكز نموذج المصلحة الذاتية والذي كان يسمى مسبقا بالمنظور الوسيلي، على افتراض أن الناس تحاول تعظيم مكاسبها الشخصية عندما يتفاعلون مع الآخرين.[54]

ويلاحظ أن هذا المنظور «الوسيلي» كان الأساس في الدراسات المبكرة عن العدالة الإجرائية، ويؤكد النموذج أن الاهتمام بالإجراءات ينبع أساسا من خلال تأثير هذه الإجراءات على النواتج التي تؤدي إليها وبمعنى آخر أن الإجراءات تكون ذات قيمة طالما أنها تؤدي إلى نواتج مرغوبة أي عندما تعزز المصلحة الذاتية للفرد.[55]

ويدعي نموذج المصلحة الذاتية أن الأفراد ربما يختارون الاهتمام بالمدى الطويل عند تقييم مكاسبهم الاقتصادية، وفي حالة التفاعل مع الجماعة فإن الناس تكسب أكثر من خلال التعاون في خاتمة المطاف مما يمكن أن تكسبه منفردة رغم أن التسويات الاقتصادية متأصلة في التفاعلات الاجتماعية. وكنتيجة لذلك فإن الناس ربما تتحمل خسارات اقتصادية قصيرة المدى إلى الحد الذي يتوقعون فيه أن النواتج المرغوبة وشيكة الحدوث في المستقبل. وهكذا

فإن الإخفاقات قصيرة المدى يمكن التغاضي عنها عندما يكون هناك بعض الوعود بمكاسب مستقبلية.[56]

وفي ضوء ما سبق يمكن القول إن نموذج المصلحة الذاتية يفسر مدركات الأفراد لعدالة النواتج أو الإجراءات طبقا لمدى مساهمتها في تحقيق منفعة ذاتية للشخص، فالنواتج الأكثر نفعًا يعتقد أنها تكون عادلة بصرف النظر عن عدالة الإجراءات؛ وبذلك فإن نموذج المصلحة الذاتية يقترح أن الاهتمام بالإجراءات يفرض بصورة أساسية من خلال تأثيراتها، بمعنى آخر إن الإجراءات تكون ذات قيمة كلما أدت إلى نتائج مرغوبة، أي عندما تعزز المصالح الذاتية للفرد.

ولعل من أبرز المضامين المدرسية التي يمكن الاستفادة منها طبقا لهذا النموذج هو أن تضع القيادة المدرسية في اعتبارها المصالح الذاتية للمعلمين، ولا يعني ذلك أن تطغى مصالح الأفراد على المصلحة العامة للمدرسة، وإنما التأكيد على أهمية مراعاة المصالح الذاتية للمعلمين كوسيلة يمكن من خلالها تعزيز إدراكهم للعدالة التنظيمية بالمدرسة.

📖 نموذج قيمة الجماعة للعدالة الإجرائية Group-Value Model

تم اقتراح نموذج قيمة الجماعة كتكملة لنموذج المصلحة الذاتية، فالأفراد في الجماعات يكونون أكثر ميلا لوضع مصالحهم الذاتية جانبًا، ويتصرفون بالطريقة التي تساعد كل أعضاء الجماعة. ويفترض نموذج قيمة الجماعة أن الناس تقدر أهمية العلاقات مع الجماعات على المدى الطويل (سواء كانوا يعملون في جماعات صغيرة أو منظمات ضخمة) وهذا يجعلهم يهتمون بالإجراءات التي تزيد من تماسك الجماعة. إن هذا النموذج يؤكد أن الجماعات تعطي الناس أكثر من مجرد المكافآت المادية فالانتماء للجماعة هو أيضا وسيلة لتحقيق المكانة الاجتماعية وتقدير الذات؛ ولذلك يعي الناس أهمية وضعهم داخل الجماعة؛ لأن ذلك يقدم لهم تلك المكافآت الاجتماعية القيمة.[57]

وبتعبير آخر فإن الرقابة ليست ضرورة في حد ذاتها، ولكن الأكثر أهمية هو تنمية العلاقات داخل الجماعة التي تتيح للأفراد حرية التعبير عن الرأي ويوضح ذلك تيلر Tyler (1989) بقوله:

«إن نموذج قيمة الجماعة يناقش مفهومًا أوسع لمعنى العدالة الإجرائية من ذلك الذي قدمه نموذج الرقابة (ثيبوت ووكر)؛ إنه يفترض أن الناس في المنظمات تركز على ارتباطهم طويل المدى مع الجماعة، ومع ذوي السلطة بها ومع المنظمة ككل، فالناس يتوقعون أن المنظمة

تستخدم إجراءات حيادية في صنع القرارات التي يتخذها رؤساء محل ثقة؛ ولذلك فإنه بمرور الوقت سوف يستفيد جميع أعضاء الجماعة بصورة عادلة من كونهم أعضاء في الجماعة، كما أنهم أيضا يتوقعون أن الجماعة وذوي السلطة بها يعاملونهم بالطرق التي تدعم تقديرهم لذاتهم ولكونهم أعضاء ذوي قيمة في الجماعة يستحقون المعاملة باحترام وكرامة وأدب.»(58)

ويعتبر الأفراد أن الإجراءات التي تسمح بإبداء الرأي تكون عادلة وذلك لأنهم يستطيعون المشاركة كأعضاء ذوي قيمة في الجماعة، وحتى لو لم يؤد الرأي إلى نواتج مرغوبة فإنه يعزز العدالة الإجرائية المدركة؛ لأن قيمته الوظيفية التعبيرية تؤكد على قيمة العضو وأهميته في الجماعة.(59)

وفي عام 1992 طور تيلر ولند Tyler&Lind نموذج يتعلق بالسلطة في الجماعات وهو يعد صورة معدلة لنموذج قيمة الجماعة، وقد اهتم المؤلفان بمناقشة ثلاثة موضوعات تتصل بصاحب السلطة تؤثر على أحكام العدالة الإجرائية وهي: الثقة Trust، والحيادية Neutral، والسمعة الحسنة Standing. وبالنسبة للثقة فيمكن قياس صاحب السلطة الجدير بالثقة من خلال نزاهته وأخلاقياته فإذا كان صاحب السلطة يتصرف بنزاهة ويأخذ في حسبانه حاجات وتطلعات الأفراد، فإنه يمكن الوثوق به. أما حيادية صاحب السلطة فيمكن الحكم عليها من خلال عدم تحيزه الشخصي في صنع القرارات واستخدامه للحقائق. أما السمعة الحسنة فتشير إلى تقدير المكانة الذي يعطيه الأفراد لصاحب السلطة الذي يعاملهم بكرامة وأدب واحترام لحقوقهم.(60)

وهكذا من خلال الإجراءات التي يستخدمها صاحب السلطة، يحكم الأفراد على الحيادية والثقة والسمعة الطيبة لصاحب السلطة، وما إذا كان سوف يتم معاملتهم بعدالة ونزاهة أم لا.

ويمكن اشتقاق العديد من المضامين المدرسية لنموذج قيمة الجماعة ولعل من أهمها:

● تنمية وعي أعضاء المجتمع المدرسي بقيمة عضويتهم في المدرسة وما يمكن أن يستتبعه ذلك من احترام وتقدير ومزايا اجتماعية ومادية أخرى.

● تنمية انتماء المعلمين والتزامهم نحو المدرسة.

● عند اختيار مديري المدارس وتعيينهم يراعى أن يتصف المديرون بسمات الحيادية والسمعة الحسنة.

● تنمية مناخ من الثقة المدرسية في مدير المدرسة وزملاء العمل المدرسي.

(4) نظرية المعارف المرجعية Referent Cognition Theory (RCT)

قدم فولجر (Folger, 1986) نظرية المعارف المرجعية تأسيسا على نظرية المساواة،[61] حيث تُمثل نظرية فولجر امتدادا لمحاولات نظرية المساواة في تفسير ردود فعل الأفراد نحو نواتج العمل غير العادلة. وتذهب إلى أن الأفراد يقيمون النواتج بناء على بعض الأطر الفكرية المرجعية.[62] وتميز النظرية بين نوعين من الاستجابات أو ردود فعل الأفراد عند إدراكهم لعدم عدالة النواتج التي يحصلون عليها هما:

☐ استجابة الاستياء   Resentment

☐ استجابة الرضا/عدم الرضا (Dis)Satisfaction.[63]

وتفسر النظرية كيف ينشأ عدم الرضا عندما يقارن الشخص الواقع الكائن بالبديل الأكثر مرغوبية.[64] وبصورة محددة تذهب نظرية المعارف المرجعية إلى أنه «في الموقف الذي يتضمن توزيع النواتج من قبل صانع القرار تزيد استجابة الاستياء عندما يعتقد الناس أنهم كانوا سيحصلون على نواتج أفضل لو استخدم صانع القرار إجراءات أخرى كان يجب تنفيذها».[65]

فالمحور الأساسي لهذه النظرية هو التفكير التصوري، أو المحاكاة العقلية أي ما يتصوره الفرد بشأن ما ينبغي أن تكون عليه الإجراءات المرجعية أو النواتج المتوقعة، وطبقا لهذه النظرية تؤدي الناس ثلاثة أنماط من المحاكاة العقلية تتضمن المعارف المرجعية، والتبرير، واحتمال التحسن على النحو التالي:[66]

المعارف المرجعية تمثل أوضاع بديلة ممكنة التخيل تختلف عن الأوضاع الفعلية للشخص فالناس تكون أكثر ميلا للإحساس بعدم الرضا عندما يعتبرون أن النواتج المُتخيلة أو المتصورة أكثر جاذبية من الواقع الفعلي الكائن، ويصبح الأفراد على وعي بالبدائل عندما يحصل الآخرون على مكافآت تختلف عما يحصلون عليه؛ ولأن النواتج المرجعية يتم مقارنتها بالنواتج الفعلية يفكر الناس فيما ينبغي أن يحصلوا عليه. وبصرف النظر عن كون القاعدة التوزيعية المنتهكة هي المساهمة أو التكافؤ أو الحاجة فالناس تميل للشعور بالاستياء، وبغض النظر عن نوع القاعدة المنتهكة فإن الأساس هو أن ما حدث ليس ما كان ينبغي أن يحدث وفقًا لتصور الفرد.

وبالنسبة للتبرير فهو يرتبط بالطريقة التي يجب فعل الأشياء بها، فالمقارنة بين الإجراءات

الفعلية والإجراءات المرجعية يثير تساؤلا عن أي من الإجراءات المرجعية يعد أكثر قابلية للتبرير من تلك الإجراءات التي أنتجت النواتج الموجودة فعلا؛ فإذا تم الحكم على الإجراءات الفعلية بأنها قاصرة أخلاقيا مقارنة بالإجراءات المرجعية فسوف يكون التبرير ضعيفا للنواتج الموجودة فعلا، وعلى العكس إذا حكم الفرد على الإجراءات الفعلية الموجود بأنها متميزة فسيكون التبرير قويا، وبعبارة أخرى إذا تم إدراك المبرر العقلي للإجراء الموجود بأنه أقل ملاءمة من الإجراء المرجعي تحدث حالة عدم الرضا، وبالعكس إذا نظر الفرد إلى المبرر العقلي على أنه ملائم، ومن ثم يمكن تبريره فإنه يزول الإحساس بعدم الرضا عن النواتج الحالية. وبالنسبة لاحتمال التحسن فأحيانا ينظر الناس إلى النواتج الموجودة باعتبارها مؤقتة خاصة عندما لا يكونون راضين عنها؛ فالرضا ربما يتأثر بما يتوقعون الحصول عليه مستقبلا، والأساس هو أن الناس تكون أكثر رضا إذا أدركوا أن هناك احتمالية لتحسن نواتجهم مستقبلا.

يلاحظ مما سبق أن نظرية المعارف المرجعية تنحو منحى مشابها للنظريات السابقة -خاصة نظرية المساواة- في تفسير استجابات الأفراد تجاه عدم العدالة المدركة في البيئات التنظيمية المختلفة، فبينما ركزت نظرية المساواة على المقارنة بين مدخلات/مخرجات الفرد مع مدخلات/مخرجات المصدر المرجعي فإن نظرية المعارف المرجعية تؤكد على المقارنة بين الواقع الفعلي للفرد والوضع المرغوب الذي كان يتوقع حدوثه، وتضيف النظرية بُعدا جديدا يتمثل في مدى مشروعية الإجراءات التي أدت إلى توزيع النواتج بهذه الطريقة وذلك في ضوء مقارنتها بالإجراءات المرجعية، والنقطة الأخيرة التي اهتمت بها النظرية هو مدى اعتقاد الأفراد باحتمال التحسن في أوضاعهم؛ فالناس يمكنهم تحمل حالة عدم العدالة إذا كان لديهم اعتقاد باحتمال تحسن نواتجهم في المستقبل القريب. ويتضح من ذلك أن التركيز الأساسي لنظرية المعارف المرجعية ينصب على الجانب المعرفي في تفسير مدركات العدالة لدى العاملين. ولعل المضامين التنظيمية والمدرسية لهذه النظرية تتمثل في:

● تعديل الوضع الفعلي بما يتفق مع الوضع المرجعي لدى العاملين.

● تعديل الوضع المرجعي من خلال التأثير في أفكار ومعارف العاملين حتى يقترب من الوضع الفعلي.

● الاهتمام بالتغيير الإيجابي حتى ينمو لدى العاملين الاعتقاد باحتمال تحسن الأوضاع مستقبلا.

وتأسيسا على العرض السابق لنظريات العدالة التنظيمية يمكن ملاحظة ما يلي:

● أنه يمكن تصنيف نظريات العدالة التنظيمية إلى نمطين كبيرين طبقا لهدف النظرية، فالنظريات التي حاولت تفسير كيفية إدراك العاملين لعدالة توزيع النواتج والمكافآت تندرج تحت فئة نظريات العدالة التوزيعية، أما النظريات التي اهتمت بتفسير إدراك العاملين لعدالة الإجراءات التي اتبعت في تحديد النواتج فتندرج تحت فئة نظريات العدالة الإجرائية (متضمنة العدالة التفاعلية أثناء تطبيق وتنفيذ الإجراءات).

● أن نظريات العدالة تختلف بشأن التأثيرات المتداخلة بين أحكام العدالة التوزيعية والعدالة الإجرائية، فعلى سبيل المثال يؤكد المنظور الوسيلي (المصلحة الذاتية) أن مدركات العدالة التوزيعية تؤثر على مدركات العدالة الإجرائية بينما لا يفترض نموذج قيمة الجماعة ذلك التأثير.

● تختلف النظريات في تأكيدها على دور الثقة؛ فالثقة بنية تفسيرية أساسية في نظرية التبادل الاجتماعي، ونموذج قيمة الجماعة، ولكنها ليست كذلك في النموذج الوسيلي على سبيل المثال.

● أنه أمكن استخلاص بعض المضامين المدرسية لكل نظرية من نظريات العدالة التنظيمية، وأن التكامل بين هذه المضامين جميعها أمر لابد منه لغرض تعزيز العدالة في البيئة المدرسية عامة ولدى معلميها بصفة خاصة.

● أنه لا توجد نظرية أفضل من غيرها في تفسير ظاهرة العدالة التنظيمية؛ ومن ثم فان البحث عن النظرية المُثلى للعدالة يعد توجها خاطئا؛ لأنه من الممكن أن يكون هناك أسباب متعددة ومختلفة لأحكام العدالة (سواء التوزيعية أو الإجرائية)، ولذلك ليس المهم تفضيل إحدى النظريات على الأخرى ولكن الأهم هو المقارنة والتكامل بين النظريات والنماذج المختلفة لتحقيق فهم أفضل لظاهرة العدالة في بيئات العمل المختلفة.

ثالثا: أبعاد العدالة التنظيمية في المدرسة

ظهرت في الأدبيات ثلاثة أبعاد أساسية للعدالة التنظيمية وهي على النحو التالي – مرتبة من الأقدم إلى الأحدث في الظهور- العدالة التوزيعية، والعدالة الإجرائية، والعدالة التفاعلية.

فمع بداية اهتمام الباحثين بظاهرة العدالة في بيئات العمل المختلفة- منذ أوائل عقد الستينيات من القرن العشرين - كان محور اهتمامهم ينصب على عدالة توزيع النواتج (العدالة

التوزيعية)، وفي منتصف عقد السبعينيات تقريبا بدأ اهتمام الباحثين يتحول نحو دراسة عدالة الإجراءات المستخدمة في تحديد تلك النواتج (العدالة الإجرائية) ، وشهد عقد الثمانينيات تيارا هائلا من البحوث والدراسات عن ظاهرة العدالة الإجرائية، والتي انبثق منها البُعد الثالث للعدالة التنظيمية (العدالة التفاعلية).

أ - العدالة التوزيعية: Distributive Justice

تركزت الأبحاث المبكرة عن العدالة في المنظمات على مفاهيم العدالة التوزيعية، فقد كانت العدالة التوزيعية قبل عام 1975 تُمثل المحور الوحيد لدراسات العدالة التنظيمية. والحقيقة أن مفهوم العدالة التوزيعية ترجع جذوره وأصوله إلى نظرية المساواة التي قدمها أدمز Adams (1963) لتكون نقطة البداية في بحث العدالة التوزيعية بل والعدالة التنظيمية بصفة عامة، فقد ذهب أدمز إلى أن أحد طرق تحديد عدالة توزيع النواتج هو حساب مساهمات الفرد أو مدخلاته مقابل نواتجه أومتحصلاته،• وفي حين ركز أدمز على قاعدة المساهمة Contribution Rule لتحديد العدالة التوزيعية انتقد ليفنثال (1980) Leventhal ذلك مؤكدا على أهمية وجود قواعد مختلفة لتحديد عدالة التوزيع واقترح - علاوة على قاعدة المساهمة - قاعدتين مختلفتين هما قاعدة التكافؤ Equality وقاعدة الحاجة Need باعتبارهما محكات متباينة للحكم على العدالة التوزيعية.••

وبذلك تتضمن العدالة التوزيعية مجموعة من المبادئ أو القواعد التي يستخدمها الناس لتحديد الحقوق والواجبات الأساسية وتحديد ما يحصلون عليه من المنافع وأعباء التعاون الاجتماعي ليكون توزيعا ملائما.(67)

وقد أوضحت الدراسات أن البيئات المختلفة، والأهداف التنظيمية المتباينة، والدوافع الشخصية المتنوعة يمكن أن تحدد استخدام قواعد توزيع معينة، ورغم ذلك فإن كل قواعد التوزيع هدفها تحقيق العدالة التوزيعية؛ إنها فحسب تحاول خلق العدالة التوزيعية من خلال استخدام قواعد مختلفة.(68)

وتشير العدالة التوزيعية إلى مدركات الأفراد فيما يتعلق بعدالة نواتج القرار Decision Outcomes.(69) ويعني ذلك أن العدالة التوزيعية تتركز حول النواتج التي يحصل عليها الأفراد بناء على قرارات التوزيع المختلفة سواء فيما يتعلق بقرارات توزيع المهام أو المسئوليات

أو توزيع الدخل والمكافآت والمصادر المختلفة.

ويعرفها فولجر وكونفسكي Folger & Konovsky, 1989 بأنها: «العدالة المدركة لكميات التعويض التي يتلقاها الموظف».[70] ويشير هذا التعريف إلى أهمية العلاقة التبادلية بين الفرد والمنظمة؛ فالفرد يقدم مدخلاته التي قد تتمثل في الجهد الذي يبذله في العمل، والخبرة التي يمتلكها، والمهارة التي يتمتع بها وينتظر مقابل ذلك تعويضا عادلا من المنظمة.

ويرى البعض أن العدالة التوزيعية تتمثل في درجة ارتباط المكافآت والجزاءات بالأداء الوظيفي.[71] بمعنى أن العدالة التوزيعية تتحقق عندما يحصل الموظفون ذوو الإسهام الأكبر في العمل على نواتج (مكافآت) أكثر، وذوو الإسهام الأقل يحصلون على مكافآت أقل.[72] ومما يؤخذ على هذا التعريف أنه يقصر مفهوم العدالة التوزيعية على قاعدة المساهمة في حين أن هناك قواعد أخرى يمكن أن تحدد العدالة التوزيعية مثل قاعدة الحاجة وقاعدة التكافؤ.

ويعرفها آخرون بأنها: «العدالة المدركة للنواتج أو المخصصات التي يتلقاها الأفراد».[73] ويلاحظ أن هذا التعريف عام وشامل؛ فهو لم يحدد نوعا معينا للنواتج أو المكافآت، كما لم يحدد قاعدة معينة للحكم على عدالة التوزيع.

ومما سبق يمكن القول إن العدالة التوزيعية تمثل البعد الأول من أبعاد العدالة التنظيمية الذي اهتم به الباحثون، وإنها تعني بصفة عامة مدى توزيع النواتج (مثل الدخل/ المكافآت، والمهام والمسئوليات، الموارد، المزايا، إلخ) بصورة عادلة طبقا لتقدير الموظفين في المنظمات المختلفة.

ب - العدالة الإجرائية Procedural Justice

بدأ العلماء في طرح مجموعة من التساؤلات – التي لم تنلْ الاهتمام الكافي في دراسات العدالة التوزيعية- عن العدالة في البيئات التنظيمية المختلفة، وبصورة محددة أُثيرت أسئلة عن كيفية إدارة خطط الأجور، والممارسات المتعلقة بإعادة حل النزاع في المنظمات؛ مما دفع إلى زيادة الاهتمام بنمط العدالة الأكثر توجها نحو العملية، أي نمط العدالة الذي يتعامل مع كيفية صنع القرار بدلا من محتوى القرار، بعبارة أخرى بدأ الباحثون في الاهتمام بالسؤال عن كيف يتم صنع القرار؟ (عملية صنع القرار)، بدلا من السؤال عن ماهية ذلك القرار - السؤال التقليدي الذي كان محور تركيز دراسات العدالة التوزيعية- (محتوى القرار ذاته)، وهكذا بدأ

الباحثون يتحولون نحو الاهتمام بدراسة العدالة الإجرائية في بيئات العمل المختلفة.[74]

ويعود الفضل الأول في إثارة اهتمام الباحثين بقضايا العدالة الإجرائية إلى ثيبوت ووكر Thibaut & Walker (1975) حيث أجريا مجموعة من الدراسات عن استجابات الأفراد نحو إجراءات حل النزاع أدت إلى تطوير نظريتهم المعروفة بنموذج رقابة العملية للعدالة الإجرائية.

وتشير العدالة الإجرائية بصفة عامة إلى كيفية صنع قرارات التوزيع، وتعرف بأنها «عدالة العملية التي يتم من خلالها تحديد النواتج».[75] ويلاحظ أن هذا التعريف شامل حيث لم يحدد نوعية معينة لنواتج القرارات، وإنما أطلق المعنى واسعا ليتضمن عدالة عملية صنع القرارات المختلفة، وحددها البعض بأنها «العدالة المدركة للوسائل المستخدمة في تحديد كميات التعويض».[76] ويؤخذ على هذا التعريف أنه يقصر مفهوم العدالة الإجرائية على الوسائل المستخدمة في تحديد المكافآت المالية والمادية فقط، في حين أنها تتضمن عدالة إجراءات العمل المختلفة مثل إجراءات الاختيار والتعيين، وإجراءات الترقية، وإجراءات حل النزاع، وإجراءات تقييم الأداء...إلخ.

ويعرفها آخرون بأنها: «مدركات الموظف لعدالة الإجراءات المستخدمة في تحديد النواتج»[77] وواضح أن هذا التعريف أشمل إذا إنه لم يحدد نوعا معينا من النواتج التي يحصل عليها الفرد.

ويلاحظ مما سبق أن معظم تعريفات العدالة الإجرائية تركز على الجانب الذاتي للعدالة الإجرائية فجميعها تحدد العدالة الإجرائية من خلال مدركات الأفراد لعدالة الإجراءات أو العمليات أو الطرق والوسائل التي تستخدمها المنظمة أو ذوو السلطة بها في صنع قرارات التوزيع، ومن المعروف أن الإدراك عملية ذاتية بطبيعتها، ومن ثم فمن المحتمل أن يدرك بعض العاملين أحد الإجراءات على أنه إجراء عادل، بينما يدركه آخرون على أنه إجراء غير عادل وظالم، ويؤكد الفكرة السابقة كونفسكي Konovsky (2000) عندما أشار إلى أن «العدالة الإجرائية يمكن أن تشير إلى الظروف الموضوعية أو الذاتية؛ فالعدالة الإجرائية الموضوعية تشير إلى العدالة الفعلية أو الحقيقية، أما العدالة الإجرائية الذاتية فتشير إلى مدركات الإجراءات الموضوعية، أو إلى قدرة الإجراء الموضوعي على تعزيز أحكام العدالة، والملاحظ أنه عادة ما يقيس باحثو العدالة الجانب الذاتي للعدالة الإجرائية وتأثيراتها»؛[78] ولعل مرد ذلك أنه الجانب الأكثر أهمية في التأثير على أداء العاملين واتجاهاتهم؛ فالناس تسلك عادة وفق ما

تعتقد وتدرك.

ولما كانت الإجراءات تعد جزءا مهما في الحياة التنظيمية، فإن المعلمين في المدارس - مثلهم مثل جميع العاملين - يواجهون إجراءات صنع القرار في سياق عملهم اليومي؛ ومن ثمّ فمن الطبيعي أن يهتموا بعدالة هذه الإجراءات، فالمعلمون يتمنون أو يتوقعون أن تستخدم إدارة المدرسة إجراءات عادلة، وأن هذه الإجراءات العادلة سوف تساعدهم على تقوية علاقتهم بمدير المدرسة والمدرسة ككل، كما أنها تزيد من شعورهم بعدالة الإجراءات.

ويرى البعض أن العدالة الإجرائية تتضمن بُعدين متميزين: الأول: يعرف بالبُعد الهيكلي Structural Dimension ويقصد به خصائص الإجراءات الرسمية ذاتها، والثاني هو البُعد البينشخصي Interpersonal Dimension ويشير إلى كيفية المعاملة التي يتلقاها الموظفون أثناء تنفيذ الإجراءات.[(79)] وجدير بالذكر أن هذا البُعد الثاني من العدالة الإجرائية هو ما يعرف عادة بالعدالة التفاعلية، والذي اعتبره بعض الباحثين بُعدا متميزًا من أبعاد العدالة التنظيمية بصورة مستقلة عن العدالة الإجرائية.

ج - العدالة التفاعلية International Justice

تُمثل العدالة التفاعلية البُعد الثالث للعدالة التنظيمية وتعبر عن المدى الذي يشعر فيه الأفراد بالاحترام والتقدير من قبل المنظمة وقادتها. وقد قدم بيس وموج Bies & Moag (1986) التقدم الأكثر حداثة في أدب العدالة التنظيمية من خلال تركيز الانتباه على جودة التعامل البينشخصي الذي يتلقاه الأفراد عند تنفيذ الإجراءات، وأشارا إلى ذلك الجانب من العدالة بالعدالة التفاعلية.

يقول بيس وموج «إن العدالة التفاعلية تدل على اهتمامات الأفراد بجودة المعاملة البينشخصية التي يحصلون عليها أثناء تنفيذ الإجراءات التنظيمية»،[(80)] ويعني ذلك أن العدالة التفاعلية في المدارس هي ذلك الجانب من العدالة التنظيمية، والتي تشير إلى جودة المعاملة التي يحصل عليها المعلمون في سياق التفاعل الاجتماعي مع القيادات المدرسية أثناء تنفيذ القرارات وتطبيق الإجراءات المدرسية.

وقد حدد بيس وموج أربعة محكات للحكم على العدالة التفاعلية حيث اقترحا أنه يمكن تقييم عدالة التفاعلية طبقا للمدى الذي تتصف به سلطات صنع القرار بما يلي:[(81)]

● الصدق.

● الاحترام.

● توصيل القرارات .

● الاهتمام بتقديم مبررات وتفسيرات للقرارات.

والجدير بالذكر أن بعض الباحثين يعتبرون العدالة التفاعلية حالة فرعية من العدالة الإجرائية، باعتبارها تشير إلى الجانب البينشخصي في صنع القرارات، إلا أن الدراسات الحديثة تنظر إلى العدالة التفاعلية كبعد ثالث من أبعاد العدالة التنظيمية. [82]

يقول سكرليك وفولجر Scarlicki & Folger (1997) «إن الصورة الثانية من العدالة الإجرائية والتي شاع تسميتها حديثا بالعدالة التفاعلية تتضمن أفعالا متنوعة مثل الاهتمام بمصالح المرءوسين، وتقديم تفسيرات كافية للقرارات، وإظهار المشاركة الوجدانية تجاه مآزق الآخرين». [83]

وتنمو العدالة التفاعلية عندما يُعامل صناع القرار الأفراد بأدب واحترام، ويقومون بشرح وتفسير القرارات بصورة شاملة. [84] وبصرف النظر عن كيفية النظر إلى العدالة التفاعلية - سواء كبنية مستقلة أو كجزء من العدالة الإجرائية - فإن الدراسات الحديثة تشير إلى أن العدالة التفاعلية تتكون من بُعدين أساسيين هما: العدالة المعلوماتية، والعدالة البينشخصية حيث إن:

● العدالة المعلوماتية Informational تشير إلى كفاية المعلومات المستخدمة في تفسير كيفية تنفيذ الإجراءات وكيفية صنع القرارات.

● العدالة البينشخصية Interpersonal تشير إلى التفاعلات الاجتماعية بين أعضاء المنظمة، فنوعية التفاعلات مع الرؤساء والزملاء يمكن أن تؤثر على مدركات الأفراد للعدالة في البيئات التنظيمية المختلفة. [85]

ويتضح مما سبق أنه رغم استمرار وجود اختلاف منطقي بين الباحثين في اعتبار العدالة التفاعلية أحد مكونات العدالة الإجرائية، أو اعتبارها بُعدًا متميزًا من أبعاد العدالة التنظيمية ذهب البعض إلى أن العدالة التفاعلية في حد ذاتها تتكون من بُعدين متميزين: الأول سمي العدالة البينشخصية، وتعكس الدرجة التي يتم فيها التعامل مع الناس بأدب وكرامة واحترام

من قبل المنظمة أو السلطات الممثلة لها أثناء تنفيذ الإجراءات أو تحديد النواتج. والبُعد الثاني للعدالة التفاعلية أطلق عليه العدالة المعلوماتية وتركز على التفسيرات المقدمة للموظفين والتي تتضمن معلومات عن أسباب استخدام الإجراءات بطريقة معينة، أو مبررات توزيع النواتج بشكل معين.

وإجمالاً لما سبق يمكن القول إن هناك اتفاقًا عامًا بين الباحثين على وجود بُعدين رئيسيين للعدالة التنظيمية هما العدالة التوزيعية والعدالة الإجرائية، ويختلف الباحثون في العدالة التفاعلية هل هي بُعد ثالث متميز أم حالة فرعية للعدالة الإجرائية، وأيا كان الأمر فإن العدالة التنظيمية تمثل بنية معقدة متعددة الأبعاد بيد أن أبعادها متكاملة ومترابطة ويؤثر كل منها في الآخر، وهي في مجموعها تؤثر على السلوكيات الإيجابية والنواتج التنظيمية المرغوبة.

رابعا: نواتج العدالة التنظيمية في المدرسة

لقد جذبت ظاهرة العدالة التنظيمية اهتمام كل من المديرين والموظفين وأصحاب العمل والمساهمين التنظيميين بصفة عامة؛ حيث ينظر للعدالة كقيمة توحيدية توفر مبادئ أساسية لتحقيق التماسك لجميع الأطراف المتنازعة وخلق هياكل تنظيمية مستقرة.[86]

وقد توجهت العديد من الدراسات لبحث نواتج العدالة التنظيمية وتتفق الأبحاث في هذا الصدد على أن للعدالة التنظيمية نواتج مهمة سواء على المستوى الفردي أو على المستوى التنظيمي.

فعلى المستوى الفردي تتمثل نواتج العدالة التنظيمية في مجموعة من الاتجاهات والسلوكيات الإيجابية لدى الموظفين مثل الالتزام التنظيمي، حيث تبين أن مدركات العدالة التنظيمية ترتبط بارتفاع مستويات الالتزام التنظيمي لدى العاملين (Mcfarlin & Sweeney, 1992) [87] وكذلك ارتفاع الرضا الوظيفي Job Satisfaction وانخفاض التحول - ترك العمل - Turnover، فكلما زاد إحساس العاملين بالعدالة التنظيمية في بيئات العمل المختلفة زادت مشاعر الرضا الوظيفي بأبعاده المختلفة (الرضا عن الدخل، الرضا عن الزملاء، الرضا عن الرئيس/ المدير...)، وانخفض استعداد الأفراد لترك العمل (Kirk & Dailey, 1992).[88]

كما اتضح أيضا أن مدركات العدالة التنظيمية تؤدي إلى زيادة ثقة الأفراد في الإدارة والمنظمة Organizational Trust (Kernan&Hanges,2002)، [89] كما أنها تنمي لدى الأفراد الاستعداد لأداء المهام التطوعية وما تتضمنه من أدوار إضافية أو سلوكيات المواطنة التنظيمية

التي تسهم في تحسين الأداء التنظيمي (Organ,& Moorman,1993)،[90] وهذه الاتجاهات والسلوكيات الإيجابية تنعكس على المستوى التنظيمي فتؤدي إلى زيادة الفعالية التنظيمية بصفة عامة.

أما عدم توافر العدالة التنظيمية فيؤدي إلى السلوكيات المضادة للإنتاجية Counterproductive Behaviors، مثل الضغوط الوظيفية، والسلوكيات الانتقامية Retaliation والتخريبية Sabotage، والسرقة Theft، وزيادة العدوان، وقلة الجهد المبذول في العمل؛ مما ينعكس على المستوى التنظيمي في انخفاض الإنتاجية التنظيمية عامة.[91] ويلخص بجر (Beugre, 2002) نموذجا لنواتج العدالة التنظيمية على المستوى الفردي وعلى المستوى التنظيمي في الشكل التالي:[92]

شكل (2)
نواتج العدالة التنظيمية

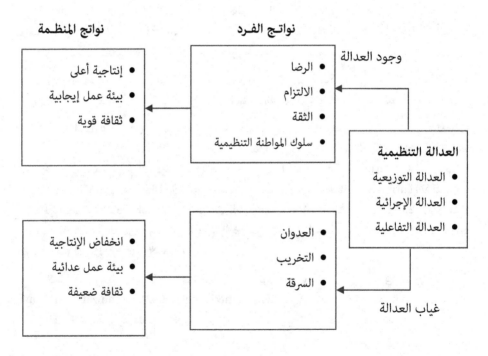

Source: Beugre, 2002, p.1094.

ويتضح من الشكل السابق أن للعدالة التنظيمية نواتج مهمة سواء على المستوى الفردي أو التنظيمي فهي تلعب كمحدد أساسي لعدد من الاتجاهات والسلوكيات الفردية الإيجابية كالالتزام والرضا والمواطنة ومن ثم تحقيق ثقافة تنظيمية قوية وبيئة عمل إيجابية وإنتاجية أعلى كما أنها تمنع انتشار بعض الاتجاهات والسلوكيات السلبية كالسرقة والتخريب والعدوان كأساليب للانتقام من المنظمة ومن ثم حماية المنظمة من هذه السلوكيات التدميرية.

هوامش ومراجع الفصل الخامس:

(1)   Joseph Blasé and Jo Blasé, "The Phenomenology of Principal Mistreatment: Teachers' perspectives", Op.Cit. , P.413. and,

-     Joseph Blasé and Jo Blasé, "The Dark Side of Leadership: Teacher Perspectives of Principal Mistreatment", Educational Administration Quarterly, Vol. 38, No. 5, 2002, p. 719.

(2)   Joseph Blasé and Jo Blasé, "The Phenomenology of Principal Mistreatment: Teachers' perspectives", Op.Cit. , P.406.

(3)   Wayne K. Hoy and C. John Tarter, Organizational Justice in Schools: No Justice without Trust", International Journal of Educational Management, Vol. 18, No.4, 2004, p. 250.

(4)   Edmovd Cahn, "Justice" In D.L. Sills (Ed.), International Encyclopedia of The Social Sciences, (New York: Macmillan and Free Press, 1972), P.341.

(5)   Jason A. Colquitt et al., Justice at the Millennium: A Meta – Analytic Review of 25 Years of Organizational Justice Research", Journal of Applied Psychology, Vol. 86, No.3, 2001, p.425.

(6)   Marjorie Chan, "Organizational Justice Theories and Landmark Cases", the International Journal of Organizational Analysis, Vol.8, No.1, 2000, P.70.

(7)   Jerald Greenberg, "Organizational Justice: Yesterday, Today and Tomorrow", Journal of Management, Vol.16, No.2, 1990, p.399.

(8)   Gary J. Ruder, "The Relationship among Organizational Justice, Trust and Role Breadth Self-Efficacy", Unpublished Doctoral Dissertation, Faculty of the Virginia Polytechnic Institute and State University, 2003, p.32.

(9)   Tony Simons and Quinetta Roberson, "Why Managers Should Care about Fairness: The Effects of Aggregate Justice Perception on Organizational Outcomes", Journal of Applied Psychology, Vol.88, No.3, 2003, p.432.

(10)   Mcdowall, A. and C. Fletcher, Employee Development: An Organizational Justice Perspective", Personnel Review, Vol.33, No.1, 2004, p.10.

(11)   Jerald Greenberg, Op.Cit., p. 400.

(12)   B. Charles Tatum et al., "Leadership, Decision Making and Organizational Justice", Management Decision, Vol.41, No.10, 2003, P.1008.

(13)   Mark N. K. Saunders and Adrian Thornhill, "Organizational Justice, Trust and the Management of Change an Exploration", Personnel Review, Vol.32, No.3, 2003, P.361.

(14)   Constant D. Beugre, Managing Fairness in Organization, (Westpotr: Quorum Books, 1998), p.xiii.

(15)   Thomas. M. Begley et al., "Power Distance as A Moderator of The Relationship between Justice and Employee Outcomes in Sample of Chinese Employees", Journal of Managerial Psychology, Vol.17, No.8, 2002, p.692.

(16)   Denise M. Anderson and Kimberly J. Shinew,"Gender Equity in the Context of Organizational Justice: A Closer Look at a Reoccurring Issue in the Field", Journal of Leisure Research, Vol.35, No.2, 2003, p.230.

(17)   Carolina Moline et al., "Relationships between Organizational Justice and Burnout at the Work-Unit Level", International Journal of Stress Management, ,Vol. 12, No. 2, 2005, p.101.

(18)   Wayne K. Hoy and C. John Tarter, "Organizational Justice in Schools: No Justice without Trust", International Journal of Educational Management, Vol. 18, No.4, 2004, p. 250.

(19)   Ibid., pp. 250-259.

(20)   Jerald Greenberg, "A Taxonomy of Organizational Justice Theories", Academy of Management Journal, Vol.12, No.1, 1987, pp.9-10.

(21)   Op.Cit., pp.9-10..

● لمزيد من التفاصيل حول نظرية التنافر المعرفي يرجى مراجعة ما يلي:

عبد اللطيف خليفة، «ارتقاء القيم»: دراسة نفسية، عالم المعرفة، العدد 160، الكويت،1992 ، ص ص -225 222.

ياسر فتحي الهنداوي، «الالتزام التنظيمي وضغوط العمل الإداري لمديري مدارس التعليم الأساسي بجمهورية مصر العربية»، رسالة ماجستير غير منشورة مقدمة لقسم التربية المقارنة والإدارة التعليمية، كلية التربية، جامعة عين شمس،2002 ، ص 53.

(22)   J.Stacy Adams, "Toward an Understanding of Inequity", Journal of Abnormal and Social Psychology, Vol.67, No.5, 1963, P.422.

(23)   John B. Miner, Theories of Organizational Behavior, (Illinois: Dryden Press,1980), p.107.

(24)   Ibid.

(25)   Ibid. p. 107.

(26)   Ibid., p.108.

(27)   Jason A. Colquitt et al., Op.Cit. , p.425.

(28)   J.B. Miner, Op.Cit. , P.108.

(29)   Hyung-Ryong Lee, "An Empirical Study of Organizational Justice as a Mediator of the Relationships among Leader-Member Exchange and Job Satisfaction, Organizational Commitment and Turnover Intentions in the Lodging Industry", Unpublished Doctoral Dissertation, Faculty of the Virginia, Polytechnic Institute and State University, 2000, p.22.

(30)   Elaine Walster, Ellen Berscheid and G.William Walaster, "New Direction in Equity Research", Journal of Personality and Social Psychology, Vol.25, No.2, 1973, pp.151-154.

(31)   Jerald Greenberg, "Organizational Justice: Yesterday, Today and Tomorrow", Op.Cit., p.401.

(32)   Hyung-Ryong Lee, Op.Cit. , pp.22-23.

(33)   John T. Seyfarth, Personnel Management for Effective Schools, (London: Allyn & Bacon, 1996), pp.97-99.

(34)   Ibid. pp.98-99.

(35)   B. Markovsky and C.W. Younts, "Prospects for Distributive Justice Theory", Social Justice Research, Vol.14, No.1, 2001, p.48.

(36)   Marjorie Chan, "Organizational Justice Theories and Landmark Cases", The International Journal of Organizational Analysis, Vol.8, No.1, 2000, p.72.

(37)   J. Martin, "Inequality Distributive InJustice and Organizational Illegitimacy", In J.K. Murnighan (Ed.), Social Psychology In Organizations. Advances In Theory and Research, (New Jersey: Prentice-Hall, 1993), P.316. Cited in Marjorie Chan, Op. Cit. P.72.

(38)   Ibid., pp.316-317.

(39)   Pamela Brandes et al., "Social Exchanges within Organizations and Work Outcomes: The Importance of Local and Global Relationships", Group & Organization Management, Vol. 29, No. 3, 2004, p.276.

(40)   Mary A. Konovsky and S. Douglas Pugh, "Citizenship Behavior and Social Exchange", Academy of Management Journal, Vol.37, No.3, 1994, P.657.

(41)   Mary A. Konovsky, derstanding Procedural Justice and Its Impact on Business Organization", Journal of Management, Vol.26, No. 3, 2000, p.493.

(42)   Ibid.

(43)   Ibid., pp.493-494.

(44)   Jerald Greenberg, "Organizational Justice: Yesterday, Today and Tomorrow", Op. Cit., p.401

(45)   Hyung-Ryong Lee, Op.Cit. , p.23.

(46)   Marjorie Chan, Op.Cit. , p.73.

(47)   Hyung-Ryong Lee, Op.Cit, pp.23-24.

(48)   Ibid.

(49)   Jerald Greenberg, "Organizational Justice: Yesterday, Today and Tomorrow", Op.Cit., p.403.

(50)   Tom R. Tyler et al., Social Justice in Adverse Society, (Boulder: West View Press, 1997), P.88, Cited in Marjorie Chan, Op.Cit. , P.74.

(51)   G.S. Leventhal et al., "Beyond Fairness, A theory of Allocation Preferences", In G. Mikula (Ed.), Justice and Social Interaction, (New York: Springer-Verlage, 1980) Cited In Marjorie Chan, Op.Cit. , P.74.

(52)   G.S. Leventhal et al. ,Op.Cit., Cited In:

        Craig A. Wendorf, "The Structure and Determinants of Justice Criteria Importance", Paper Presented at the 76th Annual Meeting of MPA, Chicago, IL, April 2004, pp.1-2.

        Joel Brockner et al., "Interactive Effects of Procedural Justice and Outcome Negative on Victims and Survivors of Job Loss", Academy of Management Journal, Vol.37, No.2, 1994, pp.397-398.

(53)   T. L. Robbins et al., "Using The Group-Value Model To Explain The Role of Non- instrumental Justice In Distinguishing The Effects of Distributive and Procedural Justice", Journal of Occupational and Organizational Psychology, Vol.73, No.3, 2000, P.511.

(54)   Tom R. Tyler et al., "Understanding Why the Justice of Group Procedures Matters: A Test of the Psychological Dynamics of the Group-Value Model" , Journal of Personality and Social Psychology, Vol. 70, No. 5, 1996,p.913.

(55)   Jerald Greenberg, "Organizational Justice: Yesterday, Today and Tomorrow", Op. Cit. , pp.408-409.

(56)   Hyung-Ryong Lee, Op.Cit. , pp.32-33.

(57)   Donald E. Colon, "Some Tests of the Self-Interest and Group Value Models of Procedural Justice: Evidence from an Organizational Appeal Procedural", Academy of Management Journal, Vol.36, No.5, 1993, P.1110.

(58) Tom R. Tyler, "The Psychology of Procedural Justice: A Test of the Group Value Model", Journal of Personality and Social Psychology, Vol.57, No.4, 1989, P.837.

(59) Marjorie Chan, Op.Cit. , P.75.

(60) Tom R. Tyler and E.A. Lind, "A Relational Model of Authority In Group", In M.P. Zanna (Ed.), Advances In Experimental Social Psychology, (San Diego: Academic Press, 1992), Cited In Marjorie Chan, Op.Cit. , pp.75-76.

(61) Robert Folger, "Rethinking Equity Theory: A Referent Cognition Model" ,in H.W. Bierhoff et al., (Eds.), Justice in Social Relation, (New York: Plenum, 1986), pp.145-162.

(62) Barry M. Goldman, "The Application of Referent Cognitions Theory to Legal-Claiming By Terminated Workers: The Role of Organizational Justice and Anger", Journal Of Management, Vol. 29, No.5, 2003, P.707.

(63) Jerald Greenberg, "Organizational Justice: Yesterday, Today and Tomorrow", Op. Cit. , p.410.

(64) Karl Aquino et al., "Integrating Justice Constructs into the Turnover Process: A Test of a Referent Cognitions Model", Academy of Management Journal, Vol.40, No.5, 1997, p.1211.

(65) Russell Cropanzano and Robert Folger, "Referent Cognition and Task Decision Autonomy: Beyond Equity Theory", Journal of Applied Psychology, Vol.74, No.2, 1989, p.293.

(66) Karl Aquino et al., Op.Cit., p.1212.

• انظر نظرية المساواة في الفصل الحالي.

•• انظر نموذج حكم العدالة الذي قدمه ليفنثال لتفسير العدالة التوزيعية في الفصل الحالي.

(67) Linda J. Skitka, "Are Outcome Fairness and Outcome Favorability Distinguishable Psychological Constructs? A Meta-Analytic Review", Social Justice Research, Vol. 16, No.4, 2003, p.313.

(68)   Jason A. Colquitt et al., Op.Cit., p.426.

(69)   Timothy A. Judge and Jason A. Colquitt, "Organizational Justice and Stress: The Mediating Role of Work–Family Conflict", Journal of Applied Psychology, Vol. 89, No.3, 2004, p.395.

(70)   Robert Folger and Mary. A. Konovsky, "Effects of Procedural and Distributive Justice on reactions To Pay Raise Decisions", Academy of Management Journal, Vol.32, No.1, 1989, p.115.

(71)   Sang-Wook Kim et al., "The Determinants of Career Intent among Physicians at A U.S. Air Force Hospital", Human Relations, Vol. 49, No.8, 1996, p.951.

(72)   J. L. Price, "Handbook of Organizational Measurement", International Journal of Manpower, Vol.18, No.4/5/6,1997, P.424.

(73)   Nina D. Cole and Douglas H. Fline, "Perception of Distributive and Procedural Justice in Employee Benefits: Flexible Versus Traditional Benefit Plans", Journal of Managerial Psychology, Vol.19, No.1, 2004, P.19.

(74)   Jerald Greenberg, "Organizational Justice: Yesterday, Today and Tomorrow", Op.Cit., p.402.

● انظر نموذج الرقابة لثيبوت ووكر في الفصل الحالي.

(75)   Yochi Cohen-Charash, "The Role of Justice in Organizations: A Meta-Analysis", Organizational Behavior and Human Decision Processes,Vol. 86, No. 2, 2001, p.280.

(76)   Dean B. Mcfarlin and Paul D. Sweeney, "Distributive and Procedural Justice as Predictors of Satisfaction with Personal and Organizational Outcomes", Academy of Management Journal, Vol. 35, No.3, 1992, P.626.

(77)   Tina L. Robbins et al., "Intra- and Inter-Justice Relationships: Assessing the Direction", Human Relations, Vol.53, No.10, 2000, P.1331.

(78)   Mary. A. Konovsky, Op.Cit., p.492.

(79)   Stephen P. Schappe, "Influence of Job Satisfaction and Organizational Commitment and

Fairness Perceptions on Organizational Citizenship Behavior", Journal of Psychology, Vol.132, No.3, 1998, p.279.

(80)   R. J. Bies and J.S. Moag, "Interactional Justice: Communication Criteria of Fairness", In. R. J. Lewicki et al., (Eds.). Research on Negotiations in Organizations, (Greenwich: JAI Press; 1986), p.44. Cited in Jason A. Colquitt et al., Op.Cit., p.426.

(81)   Tony Simons and Quinetta Roberson, Op.Cit., P.433.

(82)   M. Audrey Korsgaard et al., "What Motivates Fairness? The Role of Subordinate Assertive Behavior on Managers' Interactional Fairness", Journal of Applied Psychology, Vol.83, No.5, 1998, p.731.

(83)   D. P. Scarlicki and Robert Folger," Retaliation in the Workplace: The Roles of Distributive, Procedural and Interactional Justice", Journal of Applied Psychology, Vol.82, No.3, 1997, p.435.

(84)   David A. Jones et al.," Perceptions of Leadership Fairness in the Canadian Forces: Unintended Consequences of Leader Behaviour and Transmission of Core Values", paper presented to Canadian Forces Leadership Institute, March 31, 2003, p.8.

(85)   Francesca Poulos, Teachers' Perceptions of Procedural Justice: Their Impact on Teachers' Efficacy and Commitment", Unpublished Doctoral Dissertation, Educational Leadership Department, University of Connecticut, 2004, p 17.

(86)   Mary A. Konovsky, Op.Cit., p.489.

(87)   Dean B. Mcfarlin and Paul D. Sweeney, Op.Cit. 632.

(88)   R. C. Dailey and D. J. Kirk, "Distributive and Procedural Justice as Antecedents of Job Dissatisfaction and Intent to Turnover", Human Relations, Vol.42, 1992, p.305.

(89)   M.C. Kernan and P.J. Hanges, "Survivor Reactions to Reorganization: Antecedents and Consequences of Procedural, Interpersonal and Informational Justice", Journal of Applied Psychology, Vol.87, No.5, 2002, p.916.

(90)   Dennis W. Organ and Robert H. Moorman, "Fairness and Organizational Citizenship

Behavior: What are The Connections", Social Justice Research, Vol.6, No.1, 1993, p.16.

(91)   Heather J. Smith et al., "Interpersonal Treatment, Social Identity and Organizational Behavior", Chapter in
       Haslam A. et al., (Ed.), Social Identity at Work: the Social Identity Approach, (New York: Psychology Press,
       2002), p.2.

(92)   Constant D. Beugre, "Understanding Organizational Justice and Its Impact on Managing Employee: An
       African Perspective", International Journal of Human Resources Management, Vol.13, No.7, 2002,
       P.1094.

الفصل السادس

الالتزام التنظيمي في المدارس

مقدمة:

يمكن النظر إلى الالتزام التنظيمي في المدارس على أنه نوعا من ارتباط الفرد بالمدرسة التي يعمل بها ويتمثل في إحساسه بالتعلق العاطفي بها، وإدراكه للتكاليف التي يتحملها إذا تركها، ومشاعره بالواجب نحوها.

وقد استحوذ مفهوم الالتزام التنظيمي على اهتمام كبير في الدراسات التنظيمية المختلفة، بيد أن هذه الدراسات في المنظمات التعليمية قليلة بصفة عامة، رغم النتائج الإيجابية العديدة التي تترتب على شيوع الالتزام التنظيمي لدى العاملين بالمدرسة.[(1)]

حيث يعلق الباحثون آمالاً عريضة على الالتزام التنظيمي، باعتباره منبئًا أفضل من الرضا الوظيفي على التحول Turnover والمتغيرات السلوكية الأخرى في العمل والتي ترتبط بالفعالية التنظيمية.

ولقد قام ريكرز Reichers, 1985 بمراجعة الأدبيات، وحدد (11) دراسة عالجت الالتزام التنظيمي كمتغير مستقل، وأكثر من (20) دراسة اعتبرته متغيراً تابعًا.[(2)]

ورغم التزايد المستمر للدراسات في مجال الالتزام التنظيمي إلا أنه ما زال هناك اختلاف حاد ومنطقي بين الباحثين حول معني الالتزام التنظيمي وكيفية قياسه.[(3)]

أولا: ماهية الالتزام التنظيمي ومناحي دراسته

نمى موضوع الالتزام التنظيمي - بصورة عريضة - في تخصصات علمية متنوعة، مثل السلوك التنظيمي، وعلم الاجتماع، وعلم النفس الصناعي / والاجتماعي / والتنظيمي، وقد

ساهم ذلك في تعدد مداخل دراسته بين الباحثين، وعمومًا يمكن تصنيف جميع هذه المداخل تحت منحيين كبيرين لدراسة الالتزام التنظيمي هما:

- المنحى السلوكي.
- المنحى الاتجاهي.

أ- منحى الالتزام السلوكي: Behavioral Commitment

تطور هذا المنحى اعتمادًا على دراسات علماء النفس الاجتماعي، ويهتم بالعملية التي يصبح من خلالها الأفراد ملتزمين أو مرتبطين بأفعالهم.[4] ويعني ذلك أنه منحى يركز على العملية التي يطور فيها الفرد التزامه ليس بالتنظيم فحسب، وإنما بما يفعله ويمارسه عامة.

ويرتكز المنحى السلوكي على نظرية ليون فستنجر (L. Festinger) عن التنافر المعرفي Cognitive dissonance Theory،[5] كما تأثر إلى حد بعيد بنظرية بيكر H. Becker, 1960 عن الرهانات الجانبية Side - Bets (تلك الرهانات أو المزايا التي يخشى الفرد فقدها إذا ترك العمل بالمنظمة).[6]

ويعد كل من ستو Staw, 1977، وسلانسيك Salancik, 1977 من أبرز رواد المنحى السلوكي في دارسة الالتزام، فقد أكدا على ضرورة التفرقة بين الالتزام، كما يبدو من وجهة نظر باحثي السلوك التنظيمي (الالتزام الاتجاهي)، والالتزام كما يراه علماء النفس الاجتماعي (الالتزام السلوكي).[7]

وقد نظر سلانسيك إلى الالتزام من منظور سلوكي مشابه إلى حد ما مع تصور بيكر، حيث يقول: «إن الالتزام هو ما يدفع بالسلوك والتضمينات السلوكية في موقف ما بسبب السلوك في موقف آخر سابق».[8]

ويقرر سلانسيك صراحة أن رؤيته للالتزام مشتقة أساسًا من نموذج الالتزام الذي طوره عالم النفس الاجتماعي كيسلر Kiesler, 1971، والذي ترتد جذوره إلى نظرية التنافر المعرفي.[9] حيث ذهب كيسلر إلى أن الالتزام هو «ارتباط الفرد بأفعاله السلوكية»، وتأسيساً على ذلك عرَّف سلانسيك الالتزام بأنه «الحالة التي يصبح فيها الفرد مقيداً بإطار سلوكه (أو أفعاله)، ويزداد من خلالها اعتقاده بالمحافظة على هذا السلوك أو الفعل».[10]

ويتضح من ذلك أن سلانسيك يستخدم لفظ الفعل Action والسلوك Behavior بصورة

متبادلة، ويعوِّل عليهما كأساس للالتزام، ويؤكد ذلك بقوله: «أن تفعل يعني أن تلتزم سواء»[11]، ويعني ذلك أن من يفعل فعلاً - أو يسلك سلوكًا - يكون مرتبطًا (ملتزمًا) بأداء هذا الفعل أو السلوك فيما بعد، وهي وجهة نظر مشابهة إلى حد بعيد لنظرية الاقتران Theory of Contiguity التي وضعها عالم النفس السلوكي إدوين جاثري E. Guthrie لتفسير التعلم، فالتعلم عند جاثري يحدث عن طريق الفعل، يقول جاثري «إذا كنت تعمل شيئًا في موقف معين، فأنت تميل إلى عمل نفس هذا الشيء إذا وجدت مرة أخرى في نفس الموقف السابق».[12]

وبصورة أكثر وضوحًا - تعكس مدى تأثر سلانسيك بجاثري - يقول سلانسيك: «إن الالتزام هو سلوك ينتج من خلال العملية التي يصبح فيها الأفراد مرتبطين سيكولوجياً نحو أفعالهم بالشكل الذي يشعرون معه بإلزام شخصي لمتابعة مسار هذه الأفعال».[13]

بيد أن سلانسيك يقرر أنه إذا كان الفعل هو المقوم الأساسي لمفهوم الالتزام فإنه لا تعتبر كل الأفعال (السلوكيات) بطريقة متكافئة التزامًا، فهناك درجات للالتزام، ودرجة الالتزام تشتق من المدى الذي تصبح فيه سلوكيات الشخص رباطًا (قيدًا)، وهناك ثلاثة محددات أو خصائص للأفعال السلوكية تجعلها قيودًا (روابط)، وبناءًا عليها تتحدد درجة الالتزام.[14]

وهذه الخصائص هي:

الإرادة: Volition

تشير إلى إدراك أن الفعل يتم عمله عن طريق الاختيار الحر، وعندما يزداد الإحساس بالإرادة يشعر الفرد بمسئولية شخصية عن الفعل، وبالتالي يشعر بالحاجة إلى تبرير اختياره من خلال التصرف بطريقة تتسق مع هذا الاختيار.[15]

إمكانية إبطال الفعل: Revocability

تشير إلى المعكوسية المدركة للفعل، فكلما أدرك الفرد أنه لا يستطيع عمل السلوك المناقض (المعاكس) للفعل الذي اختاره بسبب التكاليف التي تترتب على ذلك ازداد التزامه نحو أداء هذا الفعل،[16] وهنا يتضح مدى تأثر سلانسيك بفكرة الرهانات الجانبية التي اقترحها بيكر لتفسير الالتزام، ويؤيد ذلك سكول School, 1981 بقوله: «إن المنظور السلوكي يستخدم مفهوم الاستثمار الشخصي لتفسير العضوية (مسار النشاط المتجانس)».[17]

العلنية: Publicness

وتعني إدراك أو ملاحظة الآخرين للعمل الذي يقوم به الفرد، فعلنية الفعل تربطه بالسياق الاجتماعي، وفي إطار ذلك يشير سلانسيك إلى أن العلنية تمثل المدى الذي يعرف فيه الآخرون الفعل، وأنواع الأشخاص الذين يعرفونه، «إذ إن بعض الناس غير مهمين بالنسبة لنا في ملاحظتهم لسلوكنا»؛ ولذلك يقترح سلانسيك «أن أحد الطرق البسيطة كي تلزم نفسك بأداء فعل معين هو أن تخبر أصدقاءك مثلاً أنك تواظب على أداء هذا الفعل، وهكذا سوف تجد نفسك مقيدًا من خلال تصريحاتك بذلك».[18]

وهكذا تعتبر العلنية من أقوى محددات سلوك الالتزام، فكلما أدرك الفرد أن أفرادًا آخرين - مثل أصدقائه أو أسرته أو غيرهم من ذوي الأهمية بالنسبة له - يلاحظون ما يقوم به من سلوك أو عمل كان أكثر التزامًا بأداء هذا السلوك فيما بعد، وقام بأفعال تتسق مع مسار هذا العمل مستقبلاً.

وجملة القول أن المنحى السلوكي ينظر للالتزام باعتباره سلوكًا في الأصل، بصرف النظر عن المجال الذي يحدث فيه - وقد يكون هذا المجال التنظيم، ولذلك ينشأ الالتزام السلوكي حتى قبل التحاق الفرد بالمنظمة وذلك طبقًا لمدى حرية الفرد في اختيار العمل بهذه المنظمة (خاصية الإرادة)، وإدراكه التكاليف التي تترتب على تركه لها (خاصية الإبطال)، ووعيه بأن هناك أشخاصًا آخرين - من ذوي الأهمية له - يلاحظون ويدركون ما يقوم به من عمل أو سلوك (خاصية العلنية).[19]

ويتميز سلوك الالتزام في المنحى السلوكي عن السلوكيات الأخرى في المنظمة بأنه سلوك متميز Extraordinary Behavior «إنه السلوك الذي يفوق التوقعات المعيارية للمنظمة من الفرد».[20]

ومن أمثلة سلوكيات الالتزام: المواظبة على الحضور بانتظام، والتمكن من العمل والأداء المتميز، وطاعة السياسات التنظيمية.[21]

ويرى ديكوتس وسميرز Decotiis & Summers, 1987 أن المشكلة المحتملة في المنحى السلوكي تتمثل في أن الاحتكام إلى تحديد السلوك المتميز بطريقة حدسية على أنه سلوك التزام تعد مسألة صعبة لاسيما عند تمييزه عن مصادره الأخرى كنظام مكافآت فعال، ونقص فرص الحصول على وظيفة بديلة.. وهكذا.[22]

ويبدو أن المشكلة التي يتصورها ديكوتس وسميرز تدحض نفسها بنفسها؛ لأن سلوك الالتزام هو سلوك متميز، كما اعترف بذلك ديكوتس وسميرز ذاتهما، أما المصادر الأخرى للسلوك المتميز في العمل فهي نفسها مصادر لسلوك الالتزام، فهي تمثل الرهانات الجانبية على حد تعبير بيكر (تلك الرهانات التي يخشي الفرد فقدها إذا لم يظهر سلوكيات الالتزام)، أو هي تمثل خاصية إمكانية إبطال الفعل التي تصورها سلانسيك على أنها من محددات الالتزام السلوكي، حيث يتصور الفرد صعوبة عدم إظهار سلوكيات الالتزام بسبب التكاليف التي يتحملها بناءًا على ذلك.

ونخلص مما سبق أن ملامح الفلسفة التي ينتهجها المنحى السلوكي في تناول ظاهرة الالتزام يمكن إيجازها فيما يلي:

- أن المنحى السلوكي يتناول ظاهرة الالتزام كسلوك ظاهر Overt Behavior بعيدًا عن دوافع هذا السلوك، وبصرف النظر عن المجال الذي يتم في إطاره (سواء كان هذا المجال المنظمة، أو المهنة، أو الأسرة، أو غيرها من المجالات التي يمكن أن يلتزم نحوها الفرد).
- أن الفكرة الرئيسة التي يقوم عليها هذا المنحى تعتمد على استعادة السلوك السابق، ويتأكد ذلك من خلال تعريف سلانسيك للالتزام باختصار على أنه «الإحساس بالإلزام النفسي للتصرف بطريقة تتسق مع تضمينات السلوك السابق»[23]، فعندما يقوم الفرد بسلوك معين في موقف ما فإن هذا السلوك (الأول) سوف يحدد السلوكيات المستقبلية للفرد، ومن ثم يكون الفرد أكثر ميلاً - فيما بعد - لتكرار هذا السلوك، أو القيام بسلوكيات تتسق مع هذا السلوك السابق في المواقف المشابهة، وهكذا يصبح الفرد مقيدًا (ملتزمًا) بإطار سلوكه ويزداد بذلك اعتقاده بضرورة المحافظة على هذا السلوك.
- أن المنحى السلوكي يركز على العملية التي يصبح من خلالها الأفراد ملتزمين بأفعالهم، ويهتم بتحديد الخصائص أو العوامل التي تساهم في تحديد درجة الالتزام السلوكي مثل: الإرادة، وإمكانية إبطال الفعل، والعلنية.

ب - منحى الالتزام الاتجاهي Attitudinal Commitment

يهتم هذا المنحى بدراسة الالتزام التنظيمي كاتجاه يتكون لدى الفرد نحو المنظمة التي يعمل بها. وقد نمى هذا المنحى وتطور على يد علماء السلوك التنظيمي.

فقد غرس بورتر وزملاؤه مودى وستيرز Porter, Mowday & Steers البذور الأولى لتطوير مفهوم الالتزام التنظيمي (الاتجاهي).[24] حيث ذهب بورتر وزملاؤه إلى أنه إذا كان هدف الالتزام السلوكي هو السلوك، فإن هدف الالتزام الاتجاهي هو التنظيم، ومن ثم فقد استخدموا مصطلحيّ الالتزام الاتجاهي والالتزام التنظيمي بطريقة متبادلة.[25] ويؤيد ذلك جوست Guest, 1998 بقوله: «إن الاهتمام بالالتزام كاتجاه يتعلق أساسًا بالالتزام نحو المنظمة».[26]

ويعتبر المنحى الاتجاهي هو المنحى الأكثر شيوعًا للدراسة بين الباحثين، ويؤكد ذلك ماثيو وزاجك Mathieu & Zajac, 1990 بقولهما: «في أغلب الأحيان كان النوع المدروس من الالتزام التنظيمي هو الاتجاهي، وقد تم قياسه في معظم الأحيان بواسطة المقياس الذي أعده بورتر وزملاؤه لهذا الغرض».[27]

وقد استخدم الباحثون مصطلحات عديدة للإشارة إلى الالتزام الاتجاهي مثل: الالتزام القيمي Value، والالتزام المعياري Normative، والالتزام التوحدى Identification والالتزام الوجداني Affective، والالتزام الحسابي Calculative، الالتزام المستمر Continuance.[28] حيث يتفق معظم المنظرين في هذا المنحى على أن الالتزام التنظيمي يمثل الرابطة أو الوصلة بالنسبة للفرد نحو المنظمة، إلا أن الاختلاف بينهم يتمثل في كيفية الدراسة والتفكير في نمو هذه الرابطة، والأبعاد التي تتألف منها.[29]

قد أشار شيلدون Sheldon, 1971 إلى الالتزام التنظيمي على أنه يمثل:[30] «اتجاهًا أو توجهًا نحو التنظيم يؤدي إلى ربط هوية الفرد بالمنظمة» وحدد هذا الاتجاه في بُعدين هما:

- الاستثمار Investment ويقصد به المشاركة في المنظمة للحصول على منافع أو مزايا مرغوبة.

- الاندماج الاجتماعي ويقصد به تفاعل وتطابق الفرد مع أعضاء المنظمة.

كما قدم بوشنان Buchanan, 1974 تعريفًا للالتزام التنظيمي أصبح فيما بعد أساسًا لكثير من التعريفات الاتجاهية للالتزام، فقد عرفه على أنه يمثل للفرد «الارتباط العاطفي الموالي لقيم التنظيم وأهدافه، ولدوره في علاقته بتلك الأهداف والقيم، ومساعي التنظيم بصرف النظر عن القيمة المادية النفعية المجردة له»، ويتضمن الالتزام كاتجاه نحو المنظمة عند بوشنان ثلاثة اتجاهات فرعية هي:[31]

- الإحساس بالتوحد مع أهداف المنظمة.

- الشعور بالاستغراق في الواجبات التنظيمية.
- الشعور بالولاء نحو المنظمة.

أما بورتر وآخرون (Porter et al., 1974, Mowday et al., 1979, 1982) الذين يعدون بحق أبرز زعماء مدرسة الالتزام الاتجاهي، فقد عرفوا الالتزام التنظيمي على أنه اتجاه يشير إلى «القوة النسبية لتوحد الفرد مع تنظيم معين واندماجه فيه»، وقد حددوا ثلاثة أبعاد رئيسة لهذا الاتجاه هي:[32]

- قبول قيم التنظيم وأهدافه والإيمان القوى بها.
- الاستعداد لبذل الجهد لصالح التنظيم.
- الرغبة القوية لاستمرار العضوية بالمنظمة (البقاء بها).

وقد تعرضت جهود بورتر وزملائه للنقد الشديد من بعض الباحثين، فعلى سبيل المثال: يرى ديكوتس وسميرز 1987 أن محاولات بورتر وزملائه توسيع مفهوم الالتزام التنظيمي ليشمل بُعد «الاستعداد لبذل الجهد في صالح التنظيم» إنما ترجع في الأساس إلى فكرة بوشنان عن استغراق الدور في العلاقة مع قيم التنظيم وأهدافه، الأمر الذي أدي إلى التشابه الكبير بين مفهومي الالتزام والدافعية، بيد أن ديكوتس وسميرز أوضحا أن هناك اختلافًا جوهريًا بين مفهوم الالتزام التنظيمي والدافعية في حد ذاتها يتمثل في أن أهداف الفرد في حالة الالتزام تنبعث من التنظيم وليس من بعض الأهداف الفردية.[33]

كما رفض ديكوتس وسميرز أيضاً اعتبار البُعد الثالث (تحقيق العضوية والبقاء بالمنظمة) - الذي حدده بورتر وزملاؤه - ضمن أبعاد الالتزام التنظيمي، وقد أكدا على ذلك بقولهما:

«إننا أيضًا نستبعد فكرة الرغبة في البقاء بالمنظمة من مفهوم الالتزام التنظيمي؛ فقد نوقشت الرغبة في البقاء بالتنظيم أولا في سياق نماذج ترك العمل الإرادي، وقد كانت دالة بصورة قوية على الرضا الوظيفي؛ وحيث إننا لا نستطيع مناقشة الرغبة في البقاء كدالة للالتزام أكثر منها للرضا؛ لذلك يبدو معقولاً ألا نتناولها كأحد عناصر الالتزام التنظيمي، وربما تكون النظرة الصحيحة لها أنها ترتبط بالحالة الوجدانية لوجود الالتزام التنظيمي».[34]

وتأسيسًا على ذلك قدم ديكوتس وسميرز تصوراً لمفهوم الالتزام أكثر تحديداً من تصور بورتر وزملائه ويشبه إلى حد بعيد تصور بوشنان، فقد عرفا الالتزام التنظيمي بأنه:[35]

«المدى الذي يقبل فيه الفرد ويستدخل قيم التنظيم وأهدافه، ويرى دوره التنظيمي في مساهمته نحو تحقيق هذه الأهداف والقيم بصرف النظر عن المنافع الشخصية التي قد تترتب على هذه المساهمة»، وبذلك يقترح ديكوتس وسميرز أن الالتزام التنظيمي يعتبر تكوينًا ثنائي البعد هما:

● التزام هدفي واستدماج قيمي.
● الاستغراق في الدور تمشيًا مع هذه الأهداف والقيم.

أما موتز Mottaz, 1988 فقد عرف الالتزام التنظيمي على أنه «استجابة وجدانية (اتجاه) ينتج من تقويم حالة العمل التي تصل أو تربط الفرد بالتنظيم».[36] وكما هو واضح أن موتز يحاول تفسير هذا الاتجاه لا تعريفه، ويتبين ذلك من استخدامه كلمة «ينتج» في التعريف، حيث يؤيد موتز المنظور التقايضي في تفسيره لظاهرة الالتزام التنظيمي ذاهبًا إلى أن الأفراد يلتزمون تنظيميًا للحصول على أجور معينة (مقابل ذلك) من المنظمة، وهكذا لم يعبأ موتز بتحديد بنية الالتزام التنظيمي مكتفيًا بتأييد الأبعاد الثلاثة التي قدمها بورتر وزملاؤه، ومحاولاً البحث في محددات الالتزام التنظيمي لا مكوناته.

وفي عام 1991 انتقد ماير وآلن Meyer & Allen, 1991 التصورات السابقة عن مفهوم الالتزام التنظيمي، واقترحا تعريفًا جديدًا ومقياسًا بديلاً للالتزام التنظيمي يميز بين ثلاثة أشكال للالتزام هي: الالتزام الوجداني، والالتزام المستمر، والالتزام المعياري.

ويبرز ماير وآخرون (1993) ذلك بقولهم: «لقد أصبح واضحًا أن الالتزام يعتبر بنية معقدة ومتعددة الأوجه، فقد عرَّف الباحثون وتناولوا إجرائيًا موضوع الالتزام بطرق مختلفة؛ ونتيجة لذلك أصبح هناك صعوبة في تنظيم نتائج البحث المتراكمة؛ وحيث إنه أصبح هناك اعتراف بإمكانية تناول ظاهرة الالتزام التنظيمي بأشكال مختلفة فإنه يجب على الباحث أن يقرر بوضوح أي أشكال الالتزام سيكون موضع اهتمامه، وأي المقاييس ملائمة لهذا الغرض».[37]

وجمله القول أن المنحى الاتجاهي في دراسة الالتزام التنظيمي يزخر بوجهات نظر متعددة ورؤى مختلفة، كان أبرزها منظور بورتر وزملائه الذين عملوا على تطوير مفهوم الالتزام التنظيمي منذ أوائل السبعينيات من القرن الماضي، ووضعوا أداة رائدة لقياسه سميت باستبانة الالتزام التنظيمي (OCQ)، وقد شاع استخدامها في معظم الدراسات الأجنبية والعربية، وقد تعرضت جهودهم للنقد الشديد؛ لأنهم دمجوا بين مكونات الالتزام التنظيمي ومخرجاته فقد

خلطوا بين حالة الالتزام وما يترتب عليها من نتائج مثل (الاستعداد لبذل الجهد التنظيمي، والرغبة في البقاء بالمنظمة).

وبعد استعراض وجهات النظر الأساسية في المنحى الاتجاهي يلاحظ أن معظم الدراسات عن الالتزام في المنظمات الاجتماعية المختلفة (ومن بينها المدارس) تمت في إطار هذا المنحى، ففي المجال التربوي: استخدم معظم الباحثين تصور بورتر وزملائه لوصف ظاهرة الالتزام التنظيمي سواء للمعلمين أو لمديري المدارس.

وفي ضوء ما سبق يتضح أن الباحثين انقسموا إلى فريقين فريق يؤيد المنحى السلوكي، وآخر يؤمن بالمنحى الاتجاهي في دراسة الالتزام التنظيمي، وعلاوة على ذلك تعددت وجهات النظر داخل المنحى الواحد، فتعددت المسميات والمصطلحات التي تستخدم لوصف نفس الظاهرة (الالتزام التنظيمي).

ويرى المؤلف أن تقسيم الالتزام التنظيمي إلى التزام سلوكي، والتزام اتجاهي هو وضع يصعب تبريره لاسيما وأن السلوك هو أحد مكونات الاتجاه؛ فلكل اتجاه ثلاثة مكونات أساسية هي: [38]

● المكون المعرفي.
● المكون الوجداني.
● المكون السلوكي.

ومن ثم إذا كان المكون السلوكي هو أحد مكونات الاتجاه فكيف يتسنى التفرقة بينهما؟! ولعل ذلك هو ما جعل مودى وزملاؤه ينتقدون بشدة مسألة التمييز بين الالتزام الاتجاهي والالتزام السلوكي، مؤكدين أن الإصرار على أفضلية أحدهما على الآخر هو أمر مشكوك فيه، ففي الواقع كلا المفهومين مرتبطان إلى حد بعيد. [39]

ويؤيد ذلك ستيرز وبورتر Steers & Porter, 1983 بقولهما: «لعله من الأفضل النظر إلى عملية الالتزام التنظيمي على أنها سلسلة من التعزيزات الذاتية تكون فيها السلوكيات والاتجاهات مرتبطة بصورة تبادلية». [40]

ويتسق ذلك مع مفهوم الاتجاه attitude فمن المعروف أن «اتجاه الفرد نحو الشيء هو سبب السلوك المرتبط بهذا الشيء، وأن هذا السلوك ـ تباعاً ـ يعدل أو يعزز الاتجاه». [41]

ومن هنا يتبين: إنه لا يجوز الفصل بين المنحيين السلوكي والاتجاهي، ولا ينبغي محاولة ذلك ؛ فكلا المفهومين مرتبطان، وكل منهما يكمل الآخر.

أما بالنسبة لتعدد وجهات النظر واختلافها فيما يتعلق بمكونات أو أشكال الالتزام التنظيمي فقد حاول ماير وآلن حسم هذه القضية بعدما قاما بمراجعة شاملة لأدبيات الالتزام التنظيمي، حيث لاحظا أنه يمكن تصنيف جميع وجهات النظر السابقة تحت ثلاث أفكار عامة متباينة هي:[42]

● الارتباط الوجداني.
● التكاليف المدركة.
● الإحساس بالواجب.

وأطلقا على ذلك مسميات:

● الالتزام الوجداني.
● الالتزام المستمر.
● الالتزام المعياري.

وهو ما يعرف بالمفهوم ثلاثي المكونات (الأشكال) للالتزام التنظيمي.

ثانيا: مكونات الالتزام التنظيمي:

ظهرت في الأدبيات عدة أشكال مختلفة للالتزام التنظيمي، يمكن تصنيفها تحت ثلاثة مكونات رئيسة تتمثل فيما يلي:

1- الالتزام الوجداني: Affective Commitment

إن أحد المداخل الكبرى لدراسة الالتزام التنظيمي هو النظر إليه على أنه ارتباط وجداني (عاطفي) نحو المنظمة، فالفرد في حالة الالتزام الوجداني يتوحد مع المنظمة، ومن ثم يلتزم بالسعي نحو تحقيق أهدافها.

ويرى جاروس وآخرون Jaros, et al, 1993 أن جذور الالتزام الوجداني ترجع إلى جهود كانتر Kanter, 1968،[43] فقد عرفت كانتر الالتزام عامة على أنه «رغبة التمثيل الاجتماعي لدى الأفراد نحو منح طاقتهم وولائهم للنظام الاجتماعي (المنظمة)»[44] ويتضح من ذلك أن

كانتر كانت من أوائل من لفت الانتباه إلى أهمية المكون الوجداني للالتزام التنظيمي متمثلاً في مشاعر الفرد بالولاء نحو المنظمة، إلا أن التطور الحقيقي للالتزام الوجداني جاء على يد أصحاب نظرية التوحد،[45] فتحت مسمي الالتزام الاتجاهي، وجَّه بورتر وزملاؤه مسار البحث الرئيسي حول المكون الوجداني للالتزام التنظيمي،[46] حيث أكدوا (بورتر وآخرون 1974، مودي وآخرون 1979، 1982) على أهمية الشعور بالانتماء وخبرة الولاء في مفهوم الالتزام التنظيمي، وقد أيدَّ بوشنان (1974) ذلك، واستخدم أوريلي وكاتمان O'Reilly, Chatman 1986 مصطلح الالتزام التوحدى ليصفا نفس المكون عندما عرّفا الالتزام التنظيمي التوحدى بأنه «مشاعر الفخر بالانتماء للمنظمة، ورغبة الانتساب إليها».[47]

وقد تم قياس الالتزام الوجداني في معظم الأبحاث السابقة - التي تمت قبل عقد التسعينيات من القرن العشرين - باستخدام استبانة الالتزام التنظيمي (OCQ) التي طورها بورتر وزملاؤه.

وقد عرَّف ماير وآلن الالتزام الوجداني باعتباره أحد المكونات الثلاثة للالتزام التنظيمي، ويشير إلى «ارتباط الموظف عاطفياً بالمنظمة، وتوحده معها واندماجه فيها»[48]، ووضعاً مقياساً لقياسه (1984، 1990، 1991) وعدله ماير وآخرون (1993)، ويقرر ماير نفسه وآخرون Meyer, et al., 2001 أن مقياس الالتزام الوجداني الذي اقترحه ماير وآلن يرتبط بصورة دالة قوية بمقياس بورتر وزملائه (OCQ)،[49] وقد أكد على ذلك من قبل بعض الباحثين مثل دونهام وآخرين Dunham et al., 1994.[50]

ولذلك يقترح كو وآخرون Ko, et al, 1997 النظر إلى مفهوم الالتزام الذي قدمه بورتر وزملاؤه باعتباره يعني الولاء Loyalty نحو المنظمة[51]، ولعل ذلك هو ما جعل كثيراً من الأبحاث العربية التي استخدمت مفهوم بورتر وزملائه عن الالتزام التنظيمي تترجم اصطلاح Commitment بالولاء.

وبالنسبة لنمو الالتزام الوجداني، ذهب ماير وآخرون (1993) إلى أن الموظفين ذوي الخبرة التنظيمية المنسجمة مع توقعاتهم أو المشبعة لاحتياجاتهم الأساسية ينمو لديهم رباط وجداني نحو التنظيم أقوى من ذوي خبرات الإشباع الأقل،[52] ولذلك يؤكد كو وآخرون (1997) أن العملية التي تؤدي لنمو الالتزام الوجداني تستند إلى المبادئ التقايضية بين الفرد والمنظمة، حيث يتوافر لدى المنظمة نظام للثواب والعقاب، ويلتزم الموظفون تنظيماً إما

للحصول على الثواب المرغوب أو تجنب العقاب، وبناء على ذلك اقترح كو وزملاؤه مجموعة من العوامل التي تساهم في نمو الالتزام الوجداني ومنها الاستقلال الوظيفي، وإتاحة فرص الترقية، والإحساس بالأمن الوظيفي وإدراك عدالة الأجر وعدالة التوزيع. [53]

وعلى أية حال، فإن الالتزام الوجداني يعد أكثر مكونات الالتزام التنظيمي تناولاً وتداولاً بين الباحثين لدرجة أن البعض قصر معنى الالتزام التنظيمي على الشكل الوجداني له، بيد أن ماير وآلن أوضحا منذ وقت مبكر ضرورة التفرقة بين والالتزام الوجداني والالتزام المستمر، وحذرا من الخلط بينهما.

2- الالتزام المستمر: Continuance Commitment

قدم آلن وماير (1990) مفهوم الالتزام المستمر كأحد مكونات نموذجهما الاتجاهي عن الالتزام التنظيمي، وذهبا إلى أن الالتزام المستمر هو أحد أشكال الارتباط النفسي للعمل بالمنظمة، حيث يشير إلى ذلك الالتزام المرتكز على التكاليف التي تقترن بترك الموظف العمل بالمنظمة. [54]

وتمثل نظرية هاورد بيكر عن الرهانات الجانبية (1960)، [55] الأساس النظري لمفهوم الالتزام المستمر، فقد ساهم عمل بيكر في تطوير فكرة الاستثمارات التي يصنعها الموظف مع المنظمة، والتي يخشى فقدها إذا لم يستمر في النشاط أو العمل بها، وقد حاول رتيزر وتريس & Ritzer Trice, 1969 تقديم مقياس لقياس شكل الالتزام الذي تصوره بيكر، وقام هربنييك والتو بتعديله (1972)، مستخدمين اصطلاح الالتزام الحسابي. [56]

وتأسيساً على أعمال بيكر وتابعيه، اقترح ماير وآلن (1984) مصطلح الالتزام المستمر (بمعني الالتزام نحو استمرار مسار معين من العمل)، وطورا مقياساً لقياسه، وأكدا على أن هذا المقياس الجديد الذي يقترحانه يعتبر مناسباً بصورة أكبر لقياس شكل الالتزام الذي تصوره بيكر في نظريته عن الرهانات الجانبية من الأدوات السابقة، [57] وقد توصل ماكجي وفورد McGee & Ford, 1987 إلى أن مقياس الالتزام المستمر الذي أعده ماير وآلن عام 1984 ينقسم إلى مقياسين فرعيين أحدهما يعكس دور البدائل الوظيفية المتاحة أمام العامل عند اتخاذه قرار البقاء بالتنظيم والثاني يعكس التضحية الشخصية المقترنة بترك المنظمة، وأن المقياس الفرعي الثاني للالتزام المستمر يعد أدق تعبيراً عن رؤية نظرية الرهان الجانبي للالتزام كما وضعها بيكر. [58]

وقد أكد ذلك ماير وآخرون 2001 بقولهم: «إنه اتضح أن هناك بُعدين فرعيين للالتزام

المستمر هما التضحية المدركة، وقلة البدائل الوظيفية المتاحة، وأن البعد الفرعي الخاص بالتضحية الشخصية بالاستثمارات التي صنعها العامل مع التنظيم تعد أفضل إجرائياً للتعبير عن رؤية بيكر عن الرهانات الجانبية من البعد الفرعي الآخر (قلة البدائل الوظيفية)» [59] ومع ذلك يرى كو وآخرون(1997) أن قلة البدائل الوظيفية الخارجية تؤدي إلى تزايد التكاليف المقترنة بترك المنظمة ومن هنا تزيد احتمالات نمو الالتزام المستمر لدى العاملين مع إدراكهم لقلة البدائل الوظيفية المتاحة أمامهم في البيئة الخارجية. [60]

وبالنسبة لنمو الالتزام المستمر فقد ذهب ستيفن وآخرون .Steven et al., 1978 إلى أن الالتزام المستمر ينمو بصفة عامة على أساس من التعقل الاقتصادي Economical Rational. [61] فكل شيء يمكن أن يزيد من التكلفة المقترنة بترك المنظمة قد يؤدي إلى نمو الالتزام المستمر، كما أشار ماير وآلن (1984) إلى أن الالتزام المستمر يزيد عندما تزيد كمية أو عدد الرهانات الجانبية، [62] فالالتزام المستمر ينمو عامة نتيجة للرهانات الجانبية التي يصنعها الفرد مع التنظيم أو الاستثمارات التي يخشى فقدها إذا لم يستمر في العمل بالمنظمة. [63]

وقد اعتبر ماير وآلن أن الالتزام المستمر هو المكون الثاني في النموذج ثلاثي المكونات للالتزام التنظيمي وأنه يرتكز في الأساس على أفكار بيكر عن الرهانات الجانبية، حيث تأثر ماير وآلن وتابعوهم بهذه الأفكار إلى حد كبير سواء في تعريفهم للالتزام المستمر أو في تحديدهم لعوامل نموه، وتعتبر الأداة التي طورها ماير وآلن لقياسه – بغض النظر عن كونها أحادية البعد أم لا – هي الوسيلة الأكثر ملاءمة لقياس شكل الالتزام المستمر كما تصوره بيكر.

3- الالتزام المعياري: Normative Commitment

يبدو أن جذور الالتزام المعياري ترتد إلى جهود اتزوني (1961) عندما تحدث عن الاندماج الأخلاقي كأحد أشكال الاندماج في المنظمة، حيث ذهب إتزوني إلى أن الالتزام المعياري (الاندماج الأخلاقي) يرتكز على استدخال معايير المنظمة والتوحد مع السلطة التنظيمية. [64]

ويلاحظ أن فكرة استدخال الفرد لقيم التنظيم ومعاييره وأهدافه كانت موضع اهتمام دراسات عديدة (مثل دراسات بورتر وزملائه)، إلا أن هذه الدراسات استخدمت هذه الفكرة للإشارة إلى الالتزام الوجداني.

وقد حاول فريس و أرناي Ferris & Aranya, 1983, تعديل تصور بورتر وزملائه تحت

مسمي الاندماج الأخلاقي.[65] وقد شكلت هذه المحاولات الإرهاصات الأولى لبزوغ نظرية الواجب عند وينر (1982)،[66] تلك النظرية التي تعتبر الأساس النظري الذي استند إليه ماير وآلن في اقتراحهما بوجود شكل ثالث للالتزام التنظيمي يختلف عن الشكلين السابقين، وأطلقا عليه مسمي الالتزام المعياري وعرفوه على أنه يشير إلى مشاعر الموظف بالواجب نحو البقاء بالتنظيم وعدم تركه.[67]

والشيء الملاحظ أن الباحثين استخدموا مصطلحات عديدة للإشارة إلى الالتزام المعياري، فالبعض تناوله تحت مسمي الالتزام الأخلاقي Moral مثل جاروس وآخرون Jaros, et al., 1993 الذي عرفه بأنه «الدرجة التي يرتبط فيها الفرد سيكولوجيا بالمنظمة عن طريق استدخال قيم التنظيم وأهدافه وغاياته».[68] وأطلق آخرون عليه الالتزام القيمي Value مثل مير وشورمان Mayer, Schoorman, 1992 اللذين عرفوه بأنه «قبول الموظف لأهداف المنظمة وقيمها».[69]

وبالنسبة لنمو الالتزام المعياري، يقترح وينر (1982) أن الالتزام المعياري ينمو نتيجة للمعتقدات المعيارية التي تستدخل قبل الالتحاق بالمنظمة (خلال عمليات التنشئة العائلية والثقافية)، وبعد الالتحاق بالمنظمة (خلال عملية التنشئة التنظيمية).[70] ويرى كو وآخرون (1997) أن هناك آلية أخرى تعمل على نمو الالتزام المعياري هي مبدأ المقايضة أو ما يسميه سكول School, 1981 التبادلية Reciprocity فطبقاً لهذا المبدأ ينمو الالتزام المعياري خلال تلقي المكافآت من المنظمة حيث ينغرس لدى العامل الإحساس بالواجب الأخلاقي (لرد الجميل) من خلال الالتزام التنظيمي، وهذا ما أكده أيضاً ماير وآخرون (1993) بقولهم «إن الالتزام المعياري ينمو طبقاً لخبرات التنشئة الاجتماعية التي تؤكد على تدعيم الوفاء بالبقاء».[71]

مما سبق يمكن القول إن الأدبيات استقرت على وجود ثلاث أفكار متباينة تمثل أشكالاً مختلفة للالتزام التنظيمي هي فكرة الواجب، وفكرة الولاء (الارتباط العاطفي)، وفكرة التكاليف المدركة (المصالح المحسوبة) وهو ما أطلق عليه الالتزام المعياري، والوجداني، والمستمر، وقد ذهب ماير وآلن إلى أن كل فرد يحظى بدرجات مختلفة من الأشكال الثلاثة Three Forms، وأن لكل شكل منها تضمينات متباينة على السلوك الوظيفي، فجميعها مثلاً ترتبط سلبياً بالتحول - وإن كان بدرجات متفاوتة - وبينما يرتبط كل من الالتزام المعياري والوجداني إيجابياً بالأداء الوظيفي والمواطنة التنظيمية، فإن الالتزام المستمر يرتبط بهما ارتباطًا سلبيًا أو صفريًا ؛ ولذلك حذر ماير وآخرون من «أنه ليست كل أشكال الالتزام متشابهة في

تأثيراتها، وأن على المنظمات التي تبغي المحافظة على التزام أعضائها أن تتخذ حذرها فيما يتعلق بشكل الالتزام الذي تريد غرسه لدى أعضائها». فالالتزام الوجداني مثلاً ثبت أن له نتائجه الإيجابية بالنسبة للفرد أو المنظمة وذلك على عكس الالتزام المستمر الذي اتضح ارتباطه بكثير من السلوكيات غير المرغوبة (مثل سلوكيات الانسحاب والتحول وترك العمل).(72)

ثالثا: أهمية دراسة الالتزام التنظيمي في المدرسة

تعد المدارس (المنظمات التعليمية) إحدى أشكال المنظمات الاجتماعية، وقد أدركت جميع المنظمات أهمية توافر الالتزام التنظيمي بين أعضائها من الافتراض الصريح بأن الالتزام يقلل سلوكيات الانسحاب Withdrawal مثل التأخر عن العمل، والتحول (ترك العمل)، بالإضافة إلى أن الموظفين الملتزمين يكونون عادة أكثر استعداداً لإظهار سلوكيات المواطنة أو الدور الإضافي extra-Role(73) مثل الإبداع والتجديد، ومن منظور أوسع فإن المجتمع ككل يتجه نحو الاستفادة من الالتزام التنظيمي للعاملين في صور خفض معدلات ترك العمل، وتحقيق إنتاجية قومية أعلي، وجودة العمل.(74)

وقد أرجع مودي وبورتروستيرز Mowday, porter, steers, 1982 أسباب هذا الاهتمام المتزايد بموضوع الالتزام التنظيمي إلى:(75)

- الاعتقاد بأن التزام العامل نحو المنظمة التي يعمل بها يعتبر مؤشراً صادقاً، ومنبئاً يمكن الاعتماد عليه في توقع سلوكيات معينة لاسيما التحول؛ فالأفراد الملتزمون يكونون عادة أكثر رغبة في البقاء بالمنظمة والعمل على تحقيق أهدافها.
- أن لمفهوم الالتزام جاذبية فطرية لدي كل من العلماء الإداريين والسلوكيين فقد نبع الاهتمام بتعزيز التزام العامل من الدراسات المبكرة عن ولاء العاملين، والتي اعتبرت الولاء سلوكاً مرغوباً ينبغي أن يكتسبه العامل ويظهر في سلوكه.
- أن زيادة فهم ظاهرة الالتزام ربما يساعد في إدراك طبيعة العمليات السيكولوجية العامة والتي تؤثر في اختيار الفرد للعمل في تنظيم معين والاندماج فيه.

وذهب موتز Mottaz, 1988 إلى أن الاهتمام بالالتزام التنظيمي نشأ من التأكيد المستمر على أن له نتائج مهمة محتملة على مختلف جوانب الأداء التنظيمي.(76)

وذكر ستيرز Steers, 1977 أن الالتزام التنظيمي يعتبر منبئاً أفضل من الرضا الوظيفي على ترك الموظف للعمل،[77] فالالتزام يعتبر بنيه أكثر شمولاً من الرضا، إذ إنه يعكس استجابة وجدانية عامة نحو المنظمة ككل، أما الرضا فإنه يعكس استجابة واحدة إما نحو وظيفة ما، أو نحو جوانب معينة لتلك الوظيفة.[78]

كما ذهب مودي وآخرون (1979) إلى أن الأفراد الملتزمين عادة ما يكونون أعلى إنتاجية وأحسن دافعية وأكثر رضا من زملائهم الأقل التزاما في العمل.[79]

ووجد ديكوتس وسميزر 1987 أن الالتزام التنظيمي يرتبط إيجابيا وبقوة بكل من: الرضا الوظيفي، والدافعية، وارتفاع الروح المعنوية للعاملين.[80]

كما اقترح مودي وآخرون (1982) أن غياب الالتزام يمكن أن يقلل الفعالية التنظيمية بصفة عامة، فالأفراد الملتزمون يكونون أقل رغبة في ترك العمل أو البحث عن وظيفة أخرى، علاوة على أنهم يدركون قيمة وأهمية التكامل بين الأهداف التنظيمية والفردية، حيث يفكر الموظف الملتزم في أهداف التنظيم بصورة شخصية.[81]

وبصورة حديثة قام ما ير وآخرون (2001) بإجراء التحليل البعدي Meta Analysis لنتائج الالتزام التنظيمي بأشكاله الثلاثة (الوجداني، والمستمر، والمعياري)، فوجدوا أن الأشكال الثلاثة للالتزام ترتبط سلبيا بالتحول، حيث يرتبط الالتزام الوجداني بصورة أكثر قوة يليه الالتزام المعياري، فالالتزام المستمر، وبنفس الترتيب السابق يرتبط الالتزام التنظيمي سلبيا بالانسحاب، كما وجدوا أن الالتزام الوجداني يرتبط بالغياب بصورة سلبية، في حين يرتبط الالتزام المستمر والمعياري بالغياب بصورة إيجابية ضعيفة. أما الأداء الوظيفي، فقد وجدوا له ارتباطاً إيجابياً مع الالتزام الوجداني والمعياري، وارتباطًا سلبيًا مع الالتزام المستمر، وكذلك سلوك المواطنة التنظيمية Organizational Citizenship لها ارتباط إيجابي مع الالتزام الوجداني والمعياري، إلا أن ارتباطها بالالتزام المستمر كان قريباً من الصفر.[82]

ومن كل ما سبق يتضح أهمية الالتزام التنظيمي ودوره في الحياة التنظيمية بصفة عامة، ولذلك لا عجب أنه نال - ولازال ينال - اهتمام الباحثين في مجالات متنوعة، ففي المجال التربوي أشارت الأبحاث إلى:[83]

- أن إدراك المعلمين للالتزام التنظيمي لدي مدير المدرسة يرتبط بحيوية المدرسة وقوتها

School Robustness، حيث يشعر المعلمون أن المدرسة مكان شيق، ذو معنى لديهم، ومثير للتحدي والإنجاز.

● أن الالتزام التنظيمي يمثل قوة دافعة في المدارس.

● أن الالتزام التنظيمي يمكن أن يلعب دورًا هامًا في تحقيق الفعالية المدرسية.

● أن المدارس التي تحقق نجاحًا أكاديميًا يكون لديها أفراد ملتزمون بصورة أكبر.

وتأسيساً على ذلك يمكن القول إن توافر الالتزام التنظيمي يعتبر مطلبًا مهماً لدي المعلمين وجميع أعضاء المجتمع المدرسي بما فيهم مديرو المدارس باعتبارهم قادة للعمل في مدارسهم ونماذج يحتذى بها.

رابعا: نظريات الالتزام التنظيمي وتطبيقاتها المدرسية

تحفل الأدبيات بنظريات ونماذج عديدة حاولت تفسير ظاهرة التزام الأفراد نحو المنظمات التي يعملون بها، ومن أهم هذه النظريات والنماذج ما يلي:

1- نظرية الرهان الجانبي: Side – Bet theory

تنسب هذه النظرية لهاورد بيكر H. Becker, 1960، فقد عرف بيكر الالتزام على أنه: «ميل للارتباط في مسارات متجانسة من النشاط نتيجة لتراكم الرهانات الجانبية، التي يمكن فقدها لو توقف النشاط»، ويقصد بالمسارات المتجانسة من النشاط تحقيق العضوية بالمنظمة (بمعني استمرار العمل والتوظف بالمنظمة). [84]

وقد استخدم بيكر اصطلاح الرهانات الجانبية ليشير إلى تراكم الاستثمارات التي يصنعها الفرد مع المنظمة (مثل الاستثمار في المال، والوقت، والجهد الوظيفي، وصداقات العمل..)، مما يجعل ترك الفرد للمنظمة أمراً صعباً ومكلفًا. [85] حيث ناقش بيكر أنه بمرور الوقت تنشأ تكاليف معينة تجعل من الصعب على الشخص عدم الالتزام بمسار النشاط المتجانس، مثل التهديد بفقد هذه الاستثمارات، علاوة على نقص البدائل المتاحة أمام الفرد للالتحاق بعمل آخر أو تعويض فقد العمل الحالي، كل هذا يجعل الفرد ملتزماً نحو المنظمة. [86]

وهكذا تذهب نظرية الرهان الجانبي إلى أن الفرد يميل للبقاء بالمنظمة (يلتزم تنظيمياً) لأنه

لا يتحمل الخسارة التي قد تترتب على تركه لها ؛ فمثلاً قد يفقد الفرد استثماراته في الوقت، والجهد، وغيرها من المزايا الأخرى التي لو ترك المنظمة الحالية فربما لا يستطيع تعويضها.(87)

وقد عُرف الالتزام الذي أشار إليه بيكر بالالتزام الحسابي Calculative Commitment؛ وذلك نتيجة لتأكيده على المصالح المحسوبة التي تربط الفرد بتنظيم معين.(88)

ولقد أيدَّ كثير من الباحثين نظرية الرهان الجانبي التي وضعها بيكر لتفسير ظاهرة الالتزام التنظيمي، ومن أبرز هؤلاء الباحثين هربينك والتو Hrebiniak & Alutto, 1972 اللذان عرفا الالتزام الحسابي على أنه «ظاهرة بنائية تحدث نتيجة للتفاعلات الفردية - التنظيمية، والبدائل في الرهانات الجانبية أو الاستثمارات بمرور الوقت».(89)

وهكذا استخدم هربنيك وآلتو فكرة بيكر عن الرهانات الجانبية لتفسير ظاهرة الالتزام التنظيمي. ويبدو أن بيكر وأتباعه كانوا متأثرين بالمنظور التقايضي الذي أشار إليه مارش وسيمون 1958 ذلك المنظور الذي يفسر ظاهرة الالتزام نحو المنظمة باعتبارها تنمو نتيجة لرضا الموظف عن الإغراءات والمكافآت التي يقدمها التنظيم للفرد، تلك المكافآت التي على الموظف أن يضحي بها إذا ترك المنظمة، وعلي حد تعبير بيكر يشعر الموظف بالالتزام نحو المنظمة بسبب الرهانات الجانبية (التكاليف المادية والنفسية والاجتماعية المقترنة بترك المنظمة).(90)

وقد أشار بيكر إلى أنه لكي تؤدي الرهانات الجانبية دورها في التأثير على التزام الفرد فإنه ينبغي أن يكون الفرد على وعي بها.(91)

يتضح من كل ما سبق أن نظرية الرهان الجانبي قد ترَّسَّمت منظور تبادل المنفعة في تفسيرها لظاهرة الالتزام التنظيمي، حيث يرغب الأفراد في البقاء بالمنظمة ماداموا يحصلون على القابل الإيجابي، وهذا البدل قد يكون مالياً، كما قد يكون في شكل رهانات أخرى مثل المعاش، وإمكانيات النمو المهني، ونمو الصداقات، فلكل هذه الرهانات المالية وغير المالية يلتزم الأفراد نحو المنظمات - أياً كان نوعها - وينسحب ذلك على أعضاء المدارس كمنظمات تعليمية.

وفى ضوء فروض نظرية الرهان الجانبي يمكن توقع مستوى الالتزام التنظيمي لدى مدير المدرسة والناظر والمعلمين وغيرهم من أعضاء المجتمع المدرسي، حيث إنهم قد يلتزمون تنظيمياً؛ نتيجة لوعيهم بوجود رهانات جانبية أو استثمارات يخشون فقدها إذا تركوا العمل بالمدرسة، وخاصة مدير المدرسة الذي من المفترض أن يكون أكثر أعضاء المدرسة امتلاكاً

للرهانات الجانبية مثل طول مدة الخدمة، والخبرة في العمل المدرسي، وارتفاع مستواه التنظيمي بالمدرسة، وفرص النمو المهني وغيرها من الرهانات التي تجعل من الصعب عليه عدم الالتزام نحو المنظمة التي يعتبر المسئول الأول عنها.

2- نظرية التوحد: Theory of Identification

وتسمى بنظرية التطابق بين أهداف الفرد والمنظمة The Individual – Organizational Goal Congruence Theory وتركز على فكرة أن الأفراد يرغبون في قبول الأهداف التنظيمية ويعملون على تحقيقها إذا كانت هذه الأهداف تماثل أهدافهم الشخصية.[92]

وتأسيسًا على ذلك تفسر هذه النظرية ظاهرة الالتزام التنظيمي باعتبارها دالة لمدى التطابق بين قيم وأهداف كل من الفرد والمنظمة. وقد تطورت هذه النظرية على يد بورتر وزملائه مودي وستيرز، وباختصار تقرر نظرية التوحد أن الموظفين يملكون رغبة قوية للبقاء بالمنظمة (أي يلتزمون بالبقاء) لأنه يتوافر لديهم ما يلي:[93]

● إيمان بقيم التنظيم وأهدافه.
● الاستعداد لبذل الجهد لصالح التنظيم.
● الرغبة في استمرار العضوية بالمنظمة.

وقد تعرضت هذه العناصر الثلاثة التي حددها بورتر وزملاؤه - كأبعاد لبنية الالتزام التنظيمي – إلى النقد الشديد. ويعلق كوشمان Kushman, 1992 باختصار على هذه العناصر كما يلي:[94]

إن العنصر الثاني يعتبر مرادفاً لفكرة دافعية العمل، والعنصر الثالث يصف الولاء ويشبه العنصر الثاني في كونه يعتبر مؤشراً على النوايا السلوكية أكثر من الاتجاهات في حد ذاتها، ولا يتبقى سوى العنصر الأول الذي يصف التطابق بين القيم والأهداف الفردية والتنظيمية، ويظهر فيه الارتباط الوجداني بين الفرد والمنظمة ومن ثم يمكن قبوله كأساس لتفسير ظاهرة التزام العاملين نحو المنظمة، أما العنصران الثاني والثالث فيمكن اعتبارهما مخرجات للالتزام التنظيمي أكثر من كونهما مكونات له.

وجملة القول أن نظرية التوحد تفسر الالتزام التنظيمي باعتباره رابطة وجدانية تنشأ لدى الفرد عندما تتطابق قيمه وأهدافه الشخصية مع قيم التنظيم وأهدافه.

وبصرف النظر عن الانتقادات الشديدة الموجهة لعناصر بنية ظاهرة الالتزام كما وصفها بورتر وزملاؤه (أصحاب نظرية التوحد)، يذهب بعض أساتذة الإدارة التعليمية إلى أن فكرة بورتر وزملائه عن الالتزام التنظيمي تعتبر ملائمة بصورة قوية لتكوين الفعالية المدرسية.[95]

ويرجع ذلك إلى أن الفعالية المدرسية ترتبط بإيمان أعضاء المجتمع المدرسي - لاسيما المدير - بقيم التنظيم المدرسي وأهدافه، واستعدادهم لبذل الجهد من أجل نجاح المدرسة، ورغبتهم في العمل بالمدرسة وعدم تركها.

3- نظرية الواجب: Theory of Obligation

تطورت هذه النظرية على يد وينر Wiener, 1982، فقد انتقد وينر المحاولات السابقة لتفسير الالتزام التنظيمي باعتبارها تفسيرات جزئية قاصرة عن تقديم فهم شامل للظاهرة، وذهب إلى أن هذا الفهم الشامل ينبغي أن يأخذ في اعتباره دراسة المعتقدات المعيارية المستدخلة مثل المعايير الأخلاقية الشخصية لدى العاملين التي تخلق لديهم الإحساس بالواجب نحو المنظمة.

ومن هنا ينظر وينر إلى الالتزام كعملية دافعية معيارية تختلف اختلافًا كليًا عن التوجهات النفعية الوسيلية، وتتفق إلى حد ما مع نظرية التوحد وتعد امتدادًا وتطويرًا لها، وقد تأثر وينر في ذلك بنموذج فشبن Fishbein 1967 عن المقاصد السلوكية Behavioral Intentions.[96]

وقد عرف وينر الالتزام التنظيمي على أنه «شعور ناتج من الضغوط المعيارية المستدخلة للعمل بالطريقة التي تحقق أهداف المنظمة ومصالحها»، وبناءًا على ذلك يفسر الالتزام التنظيمي باعتباره دالة للمعتقدات المعيارية التي يستدخلها الفرد خلال عمليات التنشئة الاجتماعية سواء قبل الالتحاق بالمنظمة، أو بعد الالتحاق بها.

ويكتسب الفرد هذه المعايير الأخلاقية قبل الالتحاق بالمنظمة من خلال مؤسسات التنشئة الاجتماعية المختلفة مثل الأسرة، أما التنشئة التي تحدث بعد التحاقه بالمنظمة فتسمي بالتنشئة التنظيمية وهي عملية تصبح من خلالها قيم الأعضاء ومعاييرهم ومعتقداتهم متطابقة مع تلك الموجودة بالمنظمة وبذلك يتحدد الالتزام التنظيمي ببعدين أساسيين هما:[97]

- القيم العامة للولاء والواجب.
- التوحد التنظيمي.

بالنسبة لقيم الولاء والواجب تصورها الاستعدادات الشخصية لدى الفرد والتي تتمثل في مدى اعتقاد الفرد بأن عليه واجباً أخلاقياً للارتباط والتصرف بطريقة تعكس الإحساس بالولاء والواجب في جميع المواقف الاجتماعية، ومن بينها المواقف التنظيمية، وبوصف هذه التصرفات الأخلاقية تمثل الشيء الصحيح الذي ينبغي عمله.

أما بالنسبة للتوحد التنظيمي فيتجسد من خلال عمليات التنشئة التنظيمية التي تستهدف تحقيق الاتساق والتطابق بين الغايات والأهداف الفردية والتنظيمية.

وجملة القول أن نظرية الواجب تفسر ظاهرة الالتزام التنظيمي لدى العاملين باعتبارها مشاعر العامل بالواجب نحو البقاء بالمنظمة والسعي لتحقيق أهدافها، فالموظف يلتزم لأنه يشعر بأن عليه أن يفعل ذلك ؛ لأن ذلك هو الشيء الصحيح أخلاقيًا.

وإذا كان من الصعب على المدارس والمنظمات الأخرى التحكم في الاستعدادات الشخصية لدى العاملين بها نحو الالتزام التنظيمي، فإنه يمكنها تحقيق الالتزام التنظيمي لدى أعضائها بصور عديدة من خلال عمليات التنشئة التنظيمية للعاملين، وحتى يتأتى ذلك فإنه «ينبغي أن تكون المنظمة قادرة على تحديد نظامها القيمي بوضوح؛ وذلك لدفع أعضائها على قبوله وجذبهم نحو القيم التنظيمية المتسقة مع معتقداتهم، فكل هذا من شأنه أن يخلق لدى العامل الإحساس بالواجب نحو المنظمة التي يعمل بها».[98]

ويعد مدير المدرسة من أكثر الأفراد العاملين إحساسًا بالواجب نحو المدرسة (أو يفترض أن يكون كذلك) ؛ حيث إنه المسئول الأول عن إدارة المدرسة، وعن جميع العاملين بها بصرف النظر عن استعداده الشخصي للالتزام نحو المدرسة.

4- نموذج إتزوني:

في إحدى المحاولات المبكرة لتأصيل مفهوم الالتزام، قدم إتزونيEtzioni, 1961 نموذجاً نظرياً يرتكز على امتثال العضو للتوجيهات التنظيمية. ذهب اتزوني إلى أن القوة أو السلطة التي تمارسها المنظمات على أعضائها تتأصل في طبيعة اندماج الموظف في المنظمة، وهذا الاندماج أو الالتزام يأخذ أحد الأشكال الثلاثة التالية:[99]

الاندماج الأخلاقي: Moral Involvement

ويمثل توجهاً إيجابياً نحو المنظمة يرتكز على استدخال قيم المنظمة وأهدافها ومعاييرها والتوحد مع السلطة، ومن هنا ربما يصبح الموظف مندمجاً في الأنشطة التنظيمية ؛ لشعوره أن المنظمة تؤدي غايات نافعة أو نبيلة.

الاندماج الحسابي Calculative Involvement:

ويمثل علاقة أقل قوة بالمنظمة، ويركز بصورة كبيرة على العلاقة التقايضية التي تنمو بين الأعضاء والمنظمة، حيث يصبح الأعضاء ملتزمين نحو المنظمة؛ لأنهم يدركون علاقة تقايضيه نافعة وعادلة بين مساهماتهم والعوائد التي يتلقونها من المنظمة مقابل ذلك.

الاندماج الاغترابي Alienative Involvement

ويمثل توجهًا سلبيًا نحو التنظيم، ويظهر بصورة نموذجية في المواقف التي يكون فيها سلوك الفرد مقيدًا بصرامة ودون إرادته، ففي السجن - مثلاً - يندمج النزلاء في التنظيم (السجن) نتيجة للفعل المجتمعي، وليس عن طريق اختياراتهم.

ويلاحظ مما سبق أن إتزوني استخدم اصطلاح الاندماج Involvement بصورة متساوية مع اصطلاح الالتزام Commitment، وفي ذلك حاول إتزوني تصنيف أشكال التزام أو اندماج العاملين في المنظمة وذلك تحت ثلاثة أشكال: فالعامل إما أن يلتزم نتيجة لإحساسه بالوازع الأخلاقي نحو المنظمة، أو لأنه يحصل على مقابل عادل لالتزامه من المنظمة، أو أنه يلتزم دون إرادته فيكون بذلك ملزما للاندماج في التنظيم، لا ملتزما طواعية.

ويتضح تأثر إتزوني بمارش وسيمون 1958 في صياغته لشكل الاندماج الحسابي، فهذا الشكل يشبه إلى حد بعيد المنظور التقايضي الذي تصوره مارش وسيمون والذي يدور حول العلاقة بين «الإسهامات – الإغراءات» حيث يحسب المعامل مدى التوازن بين إسهاماته (أي ما يؤديه من عمل) والإغراءات (أي المكافآت أو الأجر الذي يحصل عليه من المنظمة).

كما أثر إتزوني في تابعيه من خلال صياغته لشكل الاندماج الأخلاقي والذي تطور فيما بعد في صورة نظرية الواجب عند وينر 1982، وفي شكل الالتزام المعياري عند ماير وآلن 1991.

وبتطبيق نموذج إتزوني على المدارس باعتبارها إحدى المنظمات الاجتماعية يلاحظ أن أعضاء المجتمع المدرسي ربما يندمجون في أنشطتها (يلتزمون)؛ نتيجة لإدراكهم أن المدرسة تؤدي رسالة سامية (اندماج أخلاقي)، كما قد يلتزمون التزاماً حسابياً للحصول على أجور معينة (رواتب، مكافآت .... إلخ)، في حين قد يُجبر البعض على الالتزام (يلزم بذلك) من خلال السلطات العليا المفروضة عليه.

5- نموذج كانتر:

ناقشت كانتر Kanter, 1968 أنماطًا عديدة للالتزام التنظيمي تنتج عن مطالب سلوكية مختلفة تفرضها المنظمة على أعضائها. واقترحت كانتر وجود ثلاثة مناحي مختلفة للالتزام التنظيمي هي: [100]

الالتزام المستمر Continuance Commitment

تعرفه كانتر بأنه تفاني العضو للبقاء بالمنظمة؛ بسبب المطالبة بأن يقدم تضحيات شخصية واستثمارات إلى المدى الذي يصبح فيه تركه للمنظمة عملية صعبة أو فادحه بعد ما بذل من تضحيات واستثمارات بهذه المنظمة، ويبدو هنا مدى تأثر كانتر بنظرية الرهانات الجانبية في تفسير هذا النوع من الالتزام.

الالتزام التلاحمي Cohesion Commitment:

تحدده كانتر بوصفه تعلقاً عاطفياً للعضو بالعلاقات الاجتماعية في المنظمة، حيث تعمل المنظمة على غرس مشاعر الأخوة أو التآخي بين أعضائها، فالمنظمة تتعهد بأشكال مختلفة من الأنشطة لتنمية الارتباط النفسي للعضو نحوها (مثلاً تقديم توجيهات عامة للعاملين في اليوم الأول ثم ملاحظات عامة للموظفين الجدد، واستخدام زي موحد .... إلخ) كل هذه الجهود تهدف إلى تنمية التلاحم بين الأعضاء مما يزيد الالتزام التلاحمي.

الالتزام الرقابي Control Commitment:

تعرفه كانتر بأنه ارتباط العضو بمعايير المنظمة التي تشكل السلوك في الاتجاهات المرغوبة ؛ ويوجد الالتزام الرقابي عندما يعتقد الموظف أن قيم المنظمة ومعاييرها تمثل دليلاً هاماً للسلوكيات الملائمة، ومن ثم يحدث الالتزام من خلال إعادة تشكيل الأعضاء لمعتقداتهم بما يتفق مع قيم المنظمة ومعاييرها.

ويلاحظ أن كانتر على النقيض من إتزوني، فهي ترى أن مناحيها الثلاثة للالتزام مترابطة معاً بصورة قوية، حيث عادة ما تستخدم المنظمة هذه الأشكال الثلاثة معاً وفي وقت واحد لتنمية التزام أعضائها، فعلى سبيل المثال: قد يلتزم الموظف تنظيمياً، نتيجة للتعهد بالبقاء، والإحساس بتلاحم الجماعة، والتوحد مع القيم والمعايير التنظيمية، أما إتزوني فقد حاول تطوير فئات للالتزام التنظيمي مقترحاً أن التزام الموظف يقع تحت إحدى الفئات الثلاثة التي حددها.(101)

وبتطبيق نموذج كانتر علي المنظمات التربوية يلاحظ أن العاملين بالمدرسة (ومنهم المعلمين ومدير المدرسة) يمكن أن يلتزموا؛ نتيجة الاستثمار في الجهد والوقت الذي بذل في العمل المدرسي، وأيضًا نتيجة علاقات الفرد الاجتماعية وإحساسه بالتلاحم مع أعضاء المجتمع المدرسي وأيضًا من خلال إيمانه بقيم التنظيم المدرسي ومعاييره.

6- نموذج ماير وآلن:

اقترح ماير وآلن (1991) نموذجًا شاملاً لتفسير ظاهرة الالتزام التنظيمي وأطلقا عليه مسمى النموذج ثلاثي المكونات للالتزام التنظيمي three Component Model of organizational Commitment ويفسر هذا النموذج ظاهرة الالتزام التنظيمي باعتبارها بنية معقدة تتألف من ثلاثة مكونات Components أو أشكال Forms رئيسة للالتزام وهي: الالتزام الوجداني، والالتزام المستمر، والالتزام المعياري، وأن هذه الأشكال الثلاثة تنظر إلى الالتزام التنظيمي كحالة سيكولوجية تصف علاقة الموظف بالمنظمة، وتنطوي على تضمينات قراره باستمرار العضوية في المنظمة أو تركها، بيد أن الطبيعة السيكولوجية لكل شكل منها مختلفة تماما، فالموظفون ذوو الالتزام الوجداني القوي يبقون بالمنظمة؛ لأنهم يرغبون ذلك، أما ذوو الالتزام المستمر القوي يبقون ؛ لأنهم يحتاجون ذلك، في حين يبقي ذوو الالتزام المعياري القوي؛ لأنهم يشعرون بأنه يجب عليهم أن يفعلوا ذلك.(102)

وقد لاحظ ماير وآلن أن هناك اختلافا كبيراً بين الباحثين في تناول ظاهرة الالتزام التنظيمي ؛ لدرجة أصبحت معها هذه الظاهرة غامضة ومعقدة مما أدى إلى وجود العديد من التعريفات المختلفة للالتزام التنظيمي (Mowday et al, 1982)، والمجالات المتباينة له (Morrow, 1983)،(103) والمصطلحات العديدة التي استخدمها الباحثون للإشارة إلى الظاهرة نفسها (Jaros, et al, 1993).(104)

وبصورة مبكرة اقترح ماير وآلن 1984 ضرورة التفرقة بين مفهوم الالتزام كما تصوره بيكر وأتباعه، ومفهوم الالتزام كما تناوله بورتر وزملاؤه؛ وتأسيساً على ذلك استطاعا ماير وآلن في ذلك الوقت التمييز بين شكلين مختلفين للالتزام التنظيمي، أطلقا عليهما مسمي الالتزام المستمر (المرتكز على أعمال بيكر وأتباعه)، والالتزام الوجداني (النابع من أعمال بورتر وزملائه) وأكدا أن هذين الشكلين من الالتزام التنظيمي مستقلان، بمعنى أن المدى الذي يلتزم فيه الموظف وجدانياً لا يؤثر على درجة التزامه المستمر والعكس بالعكس. (105)

وفي عام 1990 اقترح آلن وماير إضافة شكل ثالث للالتزام التنظيمي يختلف عن الشكلين السابقين أطلقا عليه الالتزام المعياري، ثم قاما في عام 1991 بتقديم الصورة الكاملة للنموذج ثلاثي المكونات (أو الأشكال) للالتزام التنظيمي. (106)

حيث أوضح ماير وآلن 1991 أن الأدبيات تحفل برؤى عديدة ومختلفة قدمها الباحثون لمفهوم الالتزام التنظيمي، واقترحا أنه يمكن تصنيف جميع هذه الرؤى السابقة تحت ثلاث أفكار رئيسة هي:

● الالتزام كارتباط وجداني نحو المنظمة (تمثله نظرية التوحد).

● الالتزام كتكلفة مدركة مقترنة بترك المنظمة (تمثله نظرية الرهان الجانبي).

● الالتزام كواجب بالبقاء في المنظمة (تمثله نظرية الواجب).

وتأسيسًا على ذلك افترض ماير وآلن وجود ثلاثة مكونات مختلفة للالتزام التنظيمي هي: الالتزام الوجداني، والالتزام المستمر، والالتزام المعياري، وذهبا إلى أن الموظف يخبر درجات مختلفة من المكونات الثلاثة للالتزام، وأن كل مكون منها ينمو نتيجة لخبرات مختلفة، كما يكون له تضمينات متباينة على السلوك الوظيفي. (107)

ويؤكد ذلك فكرة أن الالتزام التنظيمي حالة معقدة ذات مكونات أساسية ثلاثة متكاملة يمكن أن تتباين في درجة وجودها من شخص إلى آخر أو من فترة زمنية إلى أخرى.

والشكل التالي يوضح محددات النموذج ثلاثي المكونات ونتائجه ومصاحباته لماير وآلن:

شكل رقم (1)

يبين محددات النموذج ثلاثي المكونات ونتائجه ومصاحباته [108]

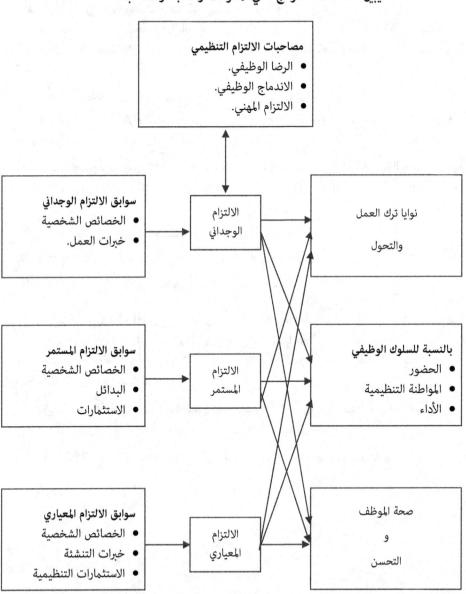

مصاحبات الالتزام التنظيمي
- الرضا الوظيفي.
- الاندماج الوظيفي.
- الالتزام المهني.

سوابق الالتزام الوجداني
- الخصائص الشخصية
- خبرات العمل.

الالتزام الوجداني

نوايا ترك العمل

والتحول

سوابق الالتزام المستمر
- الخصائص الشخصية
- البدائل
- الاستثمارات

الالتزام المستمر

بالنسبة للسلوك الوظيفي
- الحضور
- المواطنة التنظيمية
- الأداء

سوابق الالتزام المعياري
- الخصائص الشخصية
- خبرات التنشئة
- الاستثمارات التنظيمية

الالتزام المعياري

صحة الموظف

و

التحسن

يتضح من الشكل السابق أن النموذج ثلاثي المكونات الذي يقترحه ماير وآلن لتفسير ظاهرة الالتزام التنظيمي يقسم هذه الظاهرة إلى ثلاثة أشكال فرعية، ولكل شكل منها محدداته ومصاحباته ونتائجه، فمن أبرز المتغيرات المصاحبة للالتزام التنظيمي: الرضا الوظيفي، والاندماج الوظيفي، والالتزام المهني، وبالنسبة للسوابق أو المحددات فإن الخصائص الشخصية تمثل عاملاً مشتركاً يؤثر على الأشكال المختلفة للالتزام التنظيمي، في حين أن خبرات العمل تعد أقوى محددات الالتزام الوجداني، والبدائل الوظيفية والاستثمارات هي المحددات الأساسية للالتزام المستمر، أما الالتزام المعياري فيتأثر بصفة أساسية بخبرات التنشئة الاجتماعية والتنظيمية، وبالنسبة لنتائج الأشكال الثلاثة فإنها ترتبط جميعًا بالتحول والأداء الوظيفي والمواطنة التنظيمية والصحة العامة للموظف، وإن كان ذلك بدرجات متفاوتة وفي اتجاهات متباينة.

مما سبق يمكن القول إن هناك نظريات ونماذج عديدة حاولت تفسير ظاهرة الالتزام التنظيمي، وأن النموذج الثلاثي الذي يقترحه ماير وآلن يعتبر نموذجاً نظرياً شاملاً يستفيد من النظريات والأفكار السابقة، فالالتزام الوجداني - كما اتضح - نابع أساساً من أفكار بورتر وزملائه أصحاب نظرية التوحد، والالتزام المستمر تمثله نظرية الرهان الجانبي عند بيكر وأتباعه، أما الالتزام المعياري فيستند على نظرية الواجب التي طورها وينر، وبذلك استطاع ماير وآلن فض الخلاف والتناقض بين الأفكار السابقة الذي نشأ من تعصب كل فريق من الباحثين لوجهة نظره، وقصر مفهوم الالتزام التنظيمي عليها، - وهو ما يمكن تسميته بداء الاختزالية Reductionism في البحث العلمي - وقد جاءت أعمال ماير وآلن مؤكدة على أن النظريات السابقة ليست بالضرورة متناقضة، إنما هي بالأحرى متكاملة، فهناك ثلاثة أشكال متكاملة للالتزام التنظيمي يخبرها الفرد بدرجات مختلفة وتؤلف في مجموعها مستوى التزامه نحو التنظيم، وأن هذه الأشكال تختلف في عوامل نموها ونتائجها بالنسبة للفرد والمنظمة.

وجملة القول إن هذه النماذج والنظريات المقترحة لتفسير ظاهرة الالتزام تطبق على المنظمات عامة، وتطبق أيضًا على المنظمات التعليمية باعتبارها منظمات مجتمعيه تهدف إلى تربية النشء؛ الأمر الذي يفرض ضرورة توفر الالتزام لدى جميع العاملين بها لاسيما مدير المدرسة باعتباره قائدًا لفريق العمل بالمدرسة.

هوامش ومراجع الفصل السادس:

(1) Kushman, James W., "The Organizational Dynamics of Teacher Workplace Commitment: A Study of Urban Elementary and Middle Schools," Educational Administration Quarterly, Vol. 28, No. 1, 1992, P. 8.

(2) Reichers, A. E., "AReview and Reconceptualization of Organizational Commitment," Academy of Management Review, Vol. 10, No. 3, 1985, PP. 465 – 476.

(3) KO, J. W.., et al, "Assessment of Meyer and Allen's Three – Component Model of Organizational Commitment In South Korea," Journal of Applied Psychology, Vol. 82, No. 6, 1997, PP. 961.

(4) Guest, David, Commitment", In C.L. Cooper and C. Argyris. (Ed.), Encyclopedia of Management, (Oxford: Blackwell Publishers inc., 1998), P.85.

(5) تتركز نظرية التنافر المعرفي حول مصدرين أساسيين لعدم الاتساق بين الاتجاه والسلوك هما: آثار ما بعد اتخاذ القرار، وآثار السلوك المضاد للاتجاه، فقد ينشأ عدم الاتساق بين الاتجاه الذي يتبناه الفرد وبين سلوكه نظراً لأن الفرد اتخذ قراره دونه تروٍّ أو معرفة بالنتائج المترتبة عليه، أما فيما يتعلق بآثار السلوك المضاد للاتجاه فقد يعمل الشخص في عمل معين ويعطيه قيمة على الرغم من أنه لا يرضي عنه فهو يعطيه قيمة وأهمية لأنه يريد الحصول من ورائه على الكسب المادي، ومن هنا ينشأ عدم الاتساق بين الاتجاه والسلوك، وتوصف أشكال عدم الاتساق بأنها حالات من التنافر المعرفي.

انظر: عبد اللطيف خليفة، ارتقاء القيم: دراسة نفسية، (الكويت: عالم المعرفة، العدد 160، إبريل 1992)، ص ص 222-225.

(6) انظر نظرية الرهان الجانبي في هذا الفصل.

(7) Mowday, R.T., et al, Employee-Organization Linkages: The Psychology of Commitment, Absenteeism and Turnover, (New York: Academic Press, 1982), P. 24.

(8) Salancik, G. R., "Commitment and the control of Organizational Behavior and Belief", In B. M. Staw (Ed.), Psychological Dimensions of Organizational Behavior, (New York: Macmillan, 1991), P. 306.

(9)   Ibid., P. 306.

(10)   Salancik, G. R., "Commitment is too easy !," Organizational Dynamics, Vol. 5, No. 2, Summer 1977, P. 62.

(11)   Salancik, G. R., Commitment and the control of Organizational Behavior and Belief, Op. Cit., P. 306.

(12)   أنور الشرقاوي، التعلم: نظريات وتطبيقات، ط 5، (القاهرة: الأنجلو المصرية، 2001)، ص 93.

(13)   Kline, C. J. and L. H. Peters, Behavioral commitment and Tenure of New Employees: A Replication and Extension, Academy of Management Journal, Vol. 34, No. 1, 1991, P. 194.

(14)   Salancik, G. R., Op. Cit., Commitment and the control of Organizational Behavior and Belief, pp. 306 – 307.

(15)   Kline, C. J. and L. H. Peters, Op. Cit., PP. 194 – 195.

(16)   Ibid.

(17)   School, R. W., Differentiating Organizational Commitment from Expectancy as a Motivating force, Academy of Management Review, Vol. 6, No. 4, 1981, P. 590.

(18)   Salancik, G. R., Commitment and the control of Organizational Behavior and Belief, Op. Cit., P. 307.

(19)   Kline, C. J. and L.H. Peters, Op. Cit., pp. 202 - 203.

(20)   Decotiis, T. A. and T.P. Summers, A path Analysis of Model of the Antecedents and consequences of organizational commitment," Human Relation, Vol. 40, No. 7, 1987, P. 496.

(21) Pfeffer, J. and J. Lawler, "Effects of Job Alternatives, extrinsic rewards, and behavioral commitment on Attitude toward the Organization: Afield test of the insufficient justification paradigm,"Admanistrative Science Qauarterly, Vol. 25, No. 1, 1980, P.41.

(22) Decotiis, T. A. and T. P. Summers, Op. Cit., P.496.

(23)   Kline, C. J. and L. H. Peters, Op. Cit., P. 195.

(24)   Ko, J. W., et al, Op. Cit., P. 961.

(25)   Mowday, R. T., et al, Op. Cit., P. 24.

(26)   Guest, David, Op. Cit., P.84.

(27)   Mathieu,J.E. and D. M. Zajac," A Review and Meta Analysis of the Antecedents, Correlates, and Consequences of Organizational commitment," Psychological Bulletin, Vol. 108, No. 2, 1990, P. 171.

(28)   Jaros, S. J., et al, Effects of Continuance, Affective, and Moral Commitment on the withdrawal process: An Evaluation of Eight structural Equation Models, Academy of Management Journal, Vol. 36, No. 5, 1993, P.953.

(29)   Mathieu, J. E. and D. M. Zajac, Op. Cit., PP. 171 – 172.

(30)   Sheldon, M. E., "Investments and Involvements as mechanisms Producing commitment to Organization", Administrative Science Quarterly, Vol. 16, No. 2, 1971, P142.

(31)   Buchanan, B., Building Organizational Commitment: The Socialization of Managers in Work Organizations, Administrative Science Quarterly, vol, 19, No. 4, 1974, P. 535.

(32)   راجع في هذا الصدد:

Porter, L. W., et al, Op. Cit., 604.

Mowday, R. T., et al, Op. Cit., P.27.

Mowday, R. T., et al, "The measurment of Organizational Commitment", Journal of Vocational Behavior, Vol. 14, No. 2, 1979, P. 226.

(33)   Decotiis, T. A. and T. P. Summers, Op. Cit., PP.446 – 447.

(34)   Ibid., pp. 447 – 448.

(35)   Ibid., p.448.

(36)   Mottaz, C. J., Determinants of Organizational Commitment," Human Relation, Vol. 41, No. 6, 1988, p.467.

(37)   Meyer, J. P., et al, "Commitment to Organizations and Occupations: Extension and

test of three Component Conceptualization", <u>Journal of Applied Psychology</u>, Vol. 78, No. 4, 1993, P. 538.

(38)   معتز سيد عبد الله وعبد اللطيف خليفة، <u>علم النفس الاجتماعي</u>، (القاهرة: دار غريب للطباعة والنشر، 2001)، ص 280.

(39)   Mowday, R. T., et al, Employee – Organization Linkages:.., <u>Op. Cit.</u>, P.20.

(40)   Steers, R. M. and L. W. Porter, Employee Commitment to Organization In R. M. Steers and L. W. Porter (Eds.), <u>Motivation and Behavior</u>, (New York: McGraw Hill, 1983), P. 449.

(41)   Decotiis, T. A. and T. P. Summers, <u>Op. Cit.</u>, P.448.

(42)   KO, J. W., et al, <u>Op. Cit.</u>, P.961.

(43)   Jaros, S. J., et al, <u>Op. Cit.</u>, P.953.

(44)   Kanter, R. M., "Commitment and Social Organization: Astudy of Commitment mechanisms in Utopia Communities", <u>American Sociological Review</u>, Vol. 33, No. 4, 1968, P.499.

(45)   انظر نظرية التوحد في هذا الفصل.

(46)   KO, J. W., et al, <u>Op. Cit.</u>, P.961.

(47)   O'Reilly, C. and J. Chatman, "Organizational Commitment and psychological Attachment: The Effects of Compliance, Identification and Internalization On Prosocial Behavior", <u>Journal of Applied Psychology</u>, Vol. 71, No. 3, 1986, P. 943.

(48)   Meyer, J. P. and N. J. Allen, <u>Op. Cit.</u>, P.67.

(49)   Meyer, John P., et al, "Affective, continuance, and Normative commitment to the organization: A Meta – Analysis of Antecedents, Correlates and Consequences," <u>Unpublished Article: Personal Submitted</u>, P.14.

(50)   Dunham, R. B., et al, Organizational Commitment: The Utility of an Integrative Definition," <u>Journal of Applied Psychology</u>, Vol. 79, No. 3, 1994, P.374.

(51)   KO, J. W., et al, <u>Op. Cit.</u>, P.971.

(52)   Meyer, J. P., et al, Commitment to Organizations and Occupations.., Op. Cit., P.539.

(53)   KO, J. W., et al, Op. Cit., P.962.

(54)   Allen, N. J. and J. P. Meyer, The Measurement and Antecedents of Affective, Continuance and
        Normative Commitment to the Organization," Journal of Occupational Psychology, vol. 63, No.1, 1990, P. 3.

(55)   راجع نظرية الرهانات الجانبية في هذا الفصل.

(56)   Hrebiniak, L.G. and J.A. Alutto, "Personal and Role- Related Factors in the development of Commitment",
        Administrative Science Quarterly, Vol. 17, No. 4, 1972, PP. 555-573.

(57)   Meyer, J. P. and N. J. Allen, "Testing The Side – Bet Theory" of organizational Commitment: Some
        methodological Consideration, Journal of Applied Psychology, vol. 69, No. 3, 1984, PP. 373 – 374.

(58)   McGee, G. W. and R. C. Ford, "Two (Or More?) Dimensions of organizational Commitment:
        Reexamination of the affective and Continuance Commitment Scales", Journal of Applied Psychology,
        Vol. 72, No. 4, 1987, PP.638 – 640.

(59)   Meyer, J. P., et al., Affective, Continuance and Normative Commitment to Organization......, Op. Cit.,
        PP.24-25.

(60)   KO, J. W., et al, Op. Cit., P. 963.

(61)   Stevens, J. M., et al, "Assessing Personal, Role and Organizational Predictors of managerial
        Commitment", Academy of management Journal, Vol. 21, No. 3, 1978, P 381.

(62)   Meyer, J. P. and N. J. Allen, Testing the "side – Bet theory" of Organizational Commitment..., Op.
        Cit., P. 377.

(63)   Meyer, J. P., et al, "Commitment to Organization and Occupation", Op. Cit., P. 539.

(64)   انظر نموذج اتزوني في هذا الفصل.

(65)   Ferris, K. R. and N. Aranya, "A Comparison of Tow Organizational Commitment Scales, Personel
        Psychology, Vol. 36, No. 1, 1983, PP. 87 – 98.

(66) راجع نظرية الواجب في هذا الفصل.

(67) Allen, N. J. and J. P. Meyer, Op. Cit., P. 4.

(68) Jaros, S., et al, Op. Cit., P. 955.

(69) Mayer, R. and F. Schorman, "Predicting Participation and Production Outcome Through a tow Dimensional Model of Organizational Commitment", Academy of management Journal, Vol. 35,No. 4, 1992, P.673

(70) Wiener, Yoash, Commitment in Organizations: A Normative View," Academy of Management Review, vol. 7, No. 3, 1982., P. 422

(71) Meyer, J. P., et al, "Commitment to Organizations and Occupations.....", Op. Cit., P. 539.

(72) Ibid.

(73) الدور الإضافي يقصد به سلوكيات المواطنة التنظيمية التي يقوم بها الأفراد في العمل رغم أنه لا ينص توصيف الوظيفة الخاص بهم عليها مثل: مساعدة الزملاء على حل مشكلات العمل، وتقديم مقترحات لتحسين العمل وغيرها ...، وسوف يتم تناولها بالتفصيل في الفصل التالي في هذا الكتاب.

(74) Mathieu, J.E. and D.M. Zajac, OP. Cit, p. 171.

(75) Mowday, R.T., et al, "Employee- Organization Linkages.....", OP.Cit., p.19.

(76) Mottaz, C. J., Op. Cit, P. 468.

(77) Steers, R.M., "Antecedents and Outcomes of Organizational Commitment..", Administrative Science Quarterly, vol. 22, No. 1, 1977, p.52

(78) Mowday R.T., et al, "Employee-Organization Linkages..", OP. Cit., p. 28.

(79) Mowday R.T.,et al,"The Measurment of Organization Commitment", Op. Cit, p. 241.

(80) Decotiis, T.A. and T.P. summers, OP.Cit., pp. 458-460

(81) Gibson, J.L., et al, Organizations: Behavior, Structure, Process, 6th sd. (Taxes: Business publication inc., 1988) , p. 205.

(82)   Meyer, J. P., et al, "Affective, Continuance and Normative Commitment to the Organization: Ameta-
Analysis of Antecedents , Correlates and Consequences, <u>Op. Cit.</u>, pp. 17-18

(83)   راجع في هذا الصدد:

Kushman, J.W., <u>Op. Cit.</u>, p.9.

Hart, D. R. and D. J. Willower, Principals' Organizational Commitment and School Environmental Robustness,"
<u>The Journal of Educational Research</u>, Vol. 87, No. 3, 1994, p. 175.

(84)   Meyer, J. P. and N. J. Allen, "Testing the "Side – Bet theory" of Organizational Commitment: Some
Methodological Considerations", <u>Op. Cit.</u>, P. 372.

(85)   Griffin, R. W. and T. S. Bateman, "Job Satisfaction and organizational Commitment "In C. L. Cooper and I.
Robertson, (Eds.), <u>International Review of Industerial and Organizational Psychology,</u> (New York:
Wiley & Sons Ltd., 1986), P. 168.

(86)   Cohen A. and G. Lowenberg, A re -examination of the side – bet theory as applied to organizational
commitment: Ameta Analysis", <u>Human Relation</u>, Vol. 43, No. 10, 1990, P. 1015

(87)   Carrel, M. R., et al, <u>Fundamentals of organizational Behavior</u>, (New Jersy: Prentice Hall inc., 1997), P.140.

(88)   Hackett, R. D., et al, "Further Assessment of Meyer and Allen's (1991), Three Component Model of
Organizational Commitment", <u>Journal of Applied Psychology</u>, Vol. 79, No. 1, 1994, P.15.

(89)   Hrebiniak, L. G. and J. A. Alutto, <u>Op. Cit.</u>, P. 556.

(90)   Jaros, S. J., et al, <u>Op. Cit.</u>, P. 953.

(91)   Meyer, J. P. and N. J. Allen, Testing The side Bet theory of Organizational Commitment, <u>Op. Cit.</u>, P.378.

(92)   Carrel, M. R., et al, <u>Op. Cit.</u>, P. 140.

(93)   راجع في هذا الصدد:

Porter, L.W., et al., "Organizational Commitment, Job Satisfaction and Urnover Among Psychatric Technicians," Journal of Applied Psychology, vol. 59, No. 5, 1974, P. 604.

Mowday, R. T., et al, (1979), Op. Cit., p. 226.

Mowday, R. T., et al, (1982), Op. Cit., p. 27.

(94)   Kushman, J. W., Op. Cit., P. 7.

(95)   Ibid., PP. 7 – 8.

(96)   Wiener, Yoash, Op. Cit., PP. 418 – 420.

(97)   Ibid., PP. 422 - 425.

(98)   Ibid., P. 427.

(99)   Mowday, R. T., et al., "Employee – Organization Linkages.", Op. Cit., pp.21–23.

(100)   Kanter, R.M., Op. Cit., pp. 499 – 517.

(101)   Mowday, R.T., et al, Employee – Organization Linkages.:, Op. Cit., P. 24.

(102)   Meyer, J. P., et al, Commitment to Organizations and Occupations., Op. Cit., p.539.

(103)   Morrow , P.C., Concept Redundancy in Organizational Research: The case of work commitment", Academy of Management Review, Vol. 8, No. 3, 1983, P. 487.

(104)   Jaros, S.J., et al, "Effects of Continuance, Affective and Moral Commitment….", Op. Cit., P. 953.

(105)   Meyer, J.P. and N.J Allen, "Testing the side Bet theory of Organizational Commitment..", Op. Cit., pp. 372-378.

(106)   Meyer, J.P and N.J Allen, "Athree Component Conceptualization of Organizational Commitment", Op. Cit., pp.61-89.

(107)   Meyer, J.P., et al, Commitment to Organizations and Occupations…., Op. Cit., P.539.

(108)   Meyer, J. P., et al., Affective, Continuance and Normative Commitment, Op.Cit., p.45.

الفصل السابع

7

أداء المعلمين لسلوكيات المواطنة التنظيمية بالمدارس

مقدمة:

تشهد النظم التعليمية في معظم دول العالم سلسلة من الإصلاحات التربوية من أجل تعزيز جودة التعليم المدرسي، وقد شملت هذه الإصلاحات معظم عناصر العملية التعليمية (المناهج الدراسية، والوسائل التعليمية، والإدارة المدرسية، والمعلم ...).

وهناك تأكيدات عالمية على أن إعادة هيكلة المدرسة وحدها ليست كافية لتحسين عملية التعليم والتعلم المدرسي، وإنما الجودة الفعلية للتعليم تعتمد في الأساس على المعلمين الذين ينفذون كل المهام والأنشطة التعليمية في المدارس؛ ومن ثم أصبح أداء المعلم وفعاليته موضوعا محوريا في الحركات المعاصرة للإصلاح التربوي، وتحسين المدرسة في العديد من الدول؛ انطلاقا من أن المعلم هو العنصر الأساسي لنجاح التعليم المدرسي والفعالية المدرسية عامة.[1]

وعادة ما يوصف المُعلمين بأنهم مهنيون، فالتعليم مهنة مثل العديد من المهن تحدد للمشتغلين بها القيام بأدوار محددة، ولعل الغموض الذي يحيط بمفهوم دور المعلم انعكس على مفهوم أداء المعلم، وفي هذا الصدد يذكر بدل (1995) Biddle «أنه رغم ظهور اصطلاح دور المعلم في المئات من الدراسات التربوية إلا أن استخدام هذا المصطلح ما زال غامضا، ويحمل معاني عديدة مختلفة لدى المؤلفين الذين يكتبون عنه»؛[2] وترتب على ذلك عدم الاتفاق حول معنى محدد لأداء المعلم.

وفي هذا السياق يؤكد تسو وشنج (1999) Tsui & Cheng أنه لابد أن تتجه الأبحاث

والدراسات التربوية نحو مزيد من فهم أداء المعلمين وسلوكياتهم في البيئة التنظيمية المدرسية باعتبار أن تطوير أداء المعلمين هو أحد المداخل الأساسية لتحقيق الفعالية المدرسية.(3)

وتأسيسا على ما سبق يبدأ هذا المحور بمناقشة عامة لماهية الأداء، ومناظير دراسته وأبعاده، باعتبارها خلفية نظرية ضرورية لفهم أداء المعلم وأبعاده وما يتصف به من طبيعة خاصة مصدرها طبيعة النظام التربوي والعمل داخل التنظيمات المدرسية.

أولا: ماهية الأداء.

تحتاج المنظمات المختلفة إلى أفراد مرتفعي الأداء لكي تحقق أهدافها من تقديم الخدمات المتخصصة فيها، وتحقيق التميز. والأداء أيضا مهم بالنسبة للفرد؛ فإنجاز المهام والأداء بمستوى عالي يمكن أن يكون مصدرًا للرضا والإحساس بالتمكن والفخر، وعادة ما يكافئ ماديا ومعنويا، في حين أن الأداء المنخفض وعدم تحقيق الأهداف يصاحبه عدم الرضا والإحساس بالفشل الشخصي.(4) كما يلاحظ أن الأفراد ذوى الأداء المرتفع يترقون بصورة أكثر سهولة داخل المنظمة، ويحصلون على مكافآت أكثر، ويحققون تقدما مهنيا أفضل من ذوى الأداء المنخفض.(5)

ونظرا لهذه الأهمية أصبح الأداء مفهوما محوريا في تخصصات بحثية متنوعة مثل علم نفس العمل، وعلم النفس التنظيمي/الصناعي/الاجتماعي، وإدارة الموارد البشرية، ومجالات السلوك التنظيمي المختلفة. ورغم الانتشار الواسع للأداء الفردي والاستخدام العريض لأداء الأفراد كمتغير تابع أو كظاهرة تستهدف المنظمات تعزيزها إلا أنه يمكن ملاحظة وجود اختلاف حاد ومنطقي بين الباحثين في تحديد مفهوم الأداء وأبعاده.

ومع ذلك يتفق الباحثون في السنوات الحديثة على أنه من الأفضل تعريف الأداء على أنه دالة لسلوكيات عمل الموظفين التي تسهم في تحقيق أهداف المنظمة، فعلى سبيل المثال عرف Rotundo (2002) & Sackett أداء العمل بأنه: «تلك الأفعال والسلوكيات التي يقوم بها الفرد وتسهم في تحقيق أهداف المنظمة».(6)

وتشير بعض الدراسات الحديثة إلى أن ظاهرة الأداء في بيئات العمل يمكن أن تتسع لتتضمن ثلاثة مكونات متميزة من سلوكيات العمل هي سلوك المهمة Task Behavior، وسلوك المواطنة Citizenship Behavior، والسلوك المنحرف في العمل Deviance Behavior.(7)

إلا أنه يمكن استبعاد فكرة تضمين السلوكيات المنحرفة، أو ما تسمى أحيانًا السلوكيات المضادة للإنتاجية Counterproductive Work Behavior من مفهوم أداء العمل؛ لأنها سلوكيات معوقة لتحقيق الأهداف التنظيمية، ولها آثار سلبية على الزملاء والمنظمة؛ حيث إن مفهوم أداء العمل كما استقرت عليه معظم الأدبيات يشير إلى السلوكيات التي تسهم في تحقيق الأهداف التنظيمية، وتأييدا لذلك يذكر (Landy & Conte, 2004) أن الأداء في مجال العمل هو ما تحرص المنظمة على أن يفعله أعضاؤها، إنه يتضمن فقط تلك الأفعال أو السلوكيات التي يمكن ملاحظتها وقياسها، والتي تسهم في تحقيق الأهداف التنظيمية، فالأداء هو: «ما تطالب المنظمة الفرد بفعله، وفعله جيداً».[8]

كما يعرف (Viswesvaran & Ones,(2000 الأداء في مجال العمل على أنه: «الأفعال أو السلوكيات، والنواتج القابلة للقياس التي يقوم بها العاملون أو يندمجون فيها والتي ترتبط بالأهداف التنظيمية وتسهم في تحقيقها».[9]

ويتضح مما سبق ما يلي:

- أنه ليس كل سلوك في مجال العمل يدخل ضمن مفهوم الأداء ولكن فقط السلوك الذي يرتبط بتحقيق الأهداف التنظيمية.
- أن السلوك الذي يمكن ملاحظته وقياسه هو فقط ما يتضمنه مفهوم الأداء.
- أن الأداء له جانبان الأول هو جانب السلوك والثاني هو جانب الناتج.

ومن ثم يرى البعض أنه عند تناول مفهوم الأداء يمكن التفرقة بين جانبين للأداء الأول هو جانب الفعل (أي السلوك) ، والثاني هو جانب الناتج.

أ - الجانب السلوكي للأداء Behavioral Aspect

يشير إلى ما يفعله الفرد في موقف العمل أنه يتضمن سلوكيات مثل تجميع محرك سيارة، أو بيع حاسبات شخصية، أو إجراء جراحة قلبية، أو تعليم مهارات القراءة الأساسية لأطفال المدرسة الابتدائية، وينبغي ملاحظة أنه ليس كل سلوك يمكن تصنيفه ضمن مفهوم الأداء ولكن فقط السلوك الذي يرتبط بالأهداف التنظيمية.[10]

ويستنتج من ذلك أن جانب السلوك يحدد الأداء بوصفه سلوك الفرد أو أفعاله في مواقف العمل والتي ترتبط بتحقيق أهداف المنظمة؛ وعليه فإن الأداء لا يتحدد من خلال

الفعل أو السلوك في حد ذاته ولكن من خلال عملية الحكم عليه وتقييمه بوصفه يفيد المنظمة ويسهم في تحقيق أهدافها.

ب - جانب الناتج للأداء Outcome Aspect

يشير إلى المخرجات أو نتائج سلوك الفرد، فالسلوكيات الموصوفة أعلاه ربما تؤدي إلى نواتج مثل عدد المحركات التي تم تجميعها، أو أعداد المبيعات، أو عدد العمليات القلب الناجحة، أو كفاءة التلاميذ في القراءة.

وفي مواقف عديدة ، يرتبط جانبا الأداء (السلوك، والناتج) إمبريقيًا إلا إنهما لا يتطابقان أو لا يحدثان معا في وقت واحد تماماً. كما أن جانب الناتج في الأداء يعتمد أيضا على عوامل أخرى غير سلوك الفرد فعلى سبيل المثال «تخيل المعلم الذي يشرح دروس القراءة جيدًا (الجانب السلوكي للأداء) ومع ذلك يوجد واحد أو اثنان من تلاميذه لم تتحسن مهاراتهم في القراءة بسبب ضعفهم عقليًا (جانب الناتج للأداء)، أو تخيل موظف المبيعات في شركة تجارية للاتصالات الذي يقوم بأداء متوسط في التفاعل المباشر مع الزبائن (الجانب السلوكي للأداء) إلا أنه رغم ذلك يحقق رقما ضخما من مبيعات التليفونات المحمولة (جانب الناتج للأداء) بسبب الطلب المرتفع عامة على استعمال التليفونات المحمولة».[11]

وفي الواقع العملي فقد يكون من الصعب وصف جانب الفعل (السلوك) للأداء بدون أي إشارة إلى جانب الناتج لأنه ليس أي فعل يشكل الأداء ولكن فقط الأفعال المتعلقة بالأهداف التنظيمية؛ ولذلك فإن المنظمات في حاجة ماسة إلى محكات لتقييم الدرجة التي يحقق فيها أداء الفرد الأهداف التنظيمية، ولعله يكون من الصعب تخيل كيفية تصور هذه المحكات بدون الاهتمام بجانب الناتج للأداء في الوقت نفسه، وبذلك فإن التأكيد على جوهر الفعل (الجانب السلوكي) للأداء لا يحل فعلاً كل المشكلات.[12] ويفهم من ذلك أنه لا ينبغي الاقتصار على جانب السلوك لتحديد مفهوم الأداء؛ فالسلوك في حد ذاته لا معنى له ما لم يرتبط بنتائج تسهم في تحقيق الأهداف التنظيمية.

بيد أن موتويدلو وآخرين Motowidlo et al (1997) يؤكدون أنه لا مناص أمام الباحثين من التركيز على الجانب السلوكي كأساس لمفهوم الأداء، حيث أوضحوا أن هناك سببين مهمين لاعتبار أن نموذج الأداء من الضروري أن يركز على السلوك بدلا من النتائج وهما:[13]

1- أن النتائج تتأثر أيضا بعوامل أخرى لا يمكن للفرد التحكم فيها، إذ أنه بدون ضبط هذه العوامل الخارجية فإن النتائج الظاهرة لأداء الفرد لا تمثل بصدق مساهمته نحو تحقيق الفعالية التنظيمية.

2- أن التركيز السلوكي يعتبر ضروريا لتطوير الفهم السيكولوجي لعمليات الاختيار المهني، وتطبيق المدى الكامل للمبادئ والأدوات السيكولوجية على مشكلة التنبؤ بالأداء.

ويؤيد الباحث الرأي القائل بأنه من الأفضل الإشارة إلى الجانب السلوكي عند الحديث عن أداء العاملين؛ إذ إنه الجانب الموضوعي الذي يمكن ملاحظته وقياسه مباشرة، ومن ثم تعديله، كما يمكن الحكم على مدى ارتباطه بالأهداف التنظيمية، أما النتائج فغالبًا ما تتأثر بعوامل أخرى تخرج عن نطاق تحكم الفرد وسيطرته.

ومما هو جدير بالذكر أن الأداء يعتبر مفهوما ديناميا بمعنى أن أداء الفرد ليس ثابتًا بمرور الوقت . وهذا الاختلاف في أداء الفرد بمرور الوقت يعكس كل من:

● عمليات التعلم، والتغيرات الأخرى طويلة المدى.

● التغيرات الوقتية Temporary في الأداء.

فأداء الفرد يتغير نتيجة للتعلم وقد أظهرت الدراسات أن أداء الفرد يزيد بشكل تلقائي بزيادة الوقت المنقضي في وظيفة معينة حتى يصل إلى حالة من الاستقرار النسبي.[14] وفضلا عن ذلك فإن العمليات الضمنية للأداء تتغير بمرور الوقت، فأثناء المراحل المبكرة من اكتساب المهارة يعتمد الأداء بصورة كبيرة على التشغيل الرقابي، ووجود المعرفة الصريحة والتوزيع المثالي للموارد المهمة المحدودة أما في المرحلة التالية لاكتساب المهارة فإن الأداء يعتمد بصورة أكبر على التشغيل الذاتي الآلي، والمعرفة الإجرائية والقدرات النفس حركية.[15]

ولتحديد العمليات الأساسية المتضمنة في تغيرات الأداء الوظيفي فرق مرفي Murphy بين مرحلة التحول أو الانتقال Transition ومرحلة الاحتفاظ أو الصيانة Maintenance كما يلي:[16]

● أن مرحلة التحول تحدث عندما يكون الفرد حديث العهد بالوظيفة، وعندما تكون المهام المطلوبة منه جديدة عليه .

● أما مرحلة الاحتفاظ فتحدث عندما يتم تعلم المعارف والمهارات الضرورية لإنجاز العمل، وعندما يصبح إنجاز المهام مسألة آلية تلقائية لدى الفرد.

وتلعب القدرة المعرفية دورًا كبيرًا في أداء العمل أثناء مرحلة التحول؛ لأنه من الضروري أن يكتسب الفرد المعلومات الجديدة عن أداء الوظيفة، وحيث لا يمكنه الاعتماد على الخبرة السابقة فإنه يحتاج إلى الأحكام الصحيحة عن أداء العمل، أما عندما يصل الفرد إلى مرحلة الاحتفاظ فإن القدرة المعرفية تصبح أقل أهمية في أداء الفرد وإنجازه للأعمال، بينما يزيد دور العوامل الشخصية والدافعية (مثل الدوافع والاهتمامات والقيم) في هذه المرحلة.

وتأسيسا على ما سبق يمكن إيضاح أن أداء المعلم يمثل أفعال المعلم وسلوكياته المرتبطة بتحقيق أهداف المدرسة سواء داخل حجرة الدراسة أو خارجها (في المدرسة)، وسواء كان هذا السلوك موجه نحو الطلاب أو نحو الزملاء أو نحو إدارة المدرسة، كما أن أداء المعلم قابل للتعديل والتحسين من خلال عمليات التعلم والتدريب والتنمية المهنية للمعلمين.

ومما هو جدير بالذكر أن بعض الدراسات التربوية ترادف عادة بين مصطلح أداء المعلم Teacher Performance ومصطلح فعالية المعلم Teacher Effectiveness ولذلك يمكن استخدامهما بصورة متبادلة. [17]

يقول شنج وتسو (1996): «إن الدراسات التقليدية عن فعالية المعلم قد تركزت أساسا على أداء المعلمين الفردي في الفصول الدراسية، وقد تبين أن هذا التصور الضيق لفعالية المعلم له حدوده ولم يعد يقابل احتياجات البيئات المدرسية المتغيرة خاصة في ظل مطالبة أولياء الأمور والمجتمع بجودة عالية في التعليم المدرسي». [18]

وبناء على ذلك اقترح شنج وتسو وجود ثلاثة مستويات لفعالية المعلم في أداء المهام على النحو التالي: [19]

(1) **فعالية المعلم على المستوى الفردي:** ويشير إلى فعالية المعلم الفردية في أداء المهمة المحددة له مثل التعليم في الفصل، وتقويم النواتج التعليمية للطلاب، وإدارة الطلاب في الفصل، ويلاحظ أن هذا المستوى كان محور تركيز الدراسات التقليدية عادة عن مفهوم أداء المعلم وفعاليته.

(2) **فعالية المعلم على مستوى المجموعة:** ويشير هذا المستوى إلى فعالية المجموعة أو فريق المعلمين في أداء مهام جماعتهم وتحقيق أهداف الجماعة. وبسبب اختلاف وظائف الجماعات فإن مهامها تختلف فجماعات مثل لجنة النظام، ولجنة التنمية المهنية، وجماعة العلوم،

وجماعة الرياضيات، وجماعة اللغة الإنجليزية تعتبر أمثلة نموذجية لجماعات المعلمين في المدرسة، ومن المتوقع أن نتائج تعاون المجموعة ككل أكبر من مجموع نشاط أعضائها.

(3) **فعالية المعلم على المستوى المدرسي:** ويشير هذا المستوى إلى الفعالية العامة لجميع المعلمين بالمدرسة في أداء الأنشطة المدرسية وتحقيق أهداف المدرسة. ويلاحظ أنه عندما يتصرف جميع المعلمين بصورة متناسقة ككل فإن ذلك يتيح فرصة أفضل لإنجاز المهام التربوية، وإزالة القيود الداخلية والخارجية.

والملاحظ على التصور الذي قدمه شنج وتسو لأداء المعلم أنه يقتصر على أداء الدور الرسمي للمعلمين سواء على مستوى أداء الفرد أو أداء المجموعة أو أداء المجتمع المدرسي ككل، ورغم أهمية كل مستوى من هذه المستويات للفعالية المدرسية إلا أن تركيز البحث الحالي ينصب على المستوى الأول الأداء الفردي مقتصرا على جانب أداء المواطنة منه، بيد أنه يوسع هذا المستوى من خلال دراسة أداء المعلم لسلوك المواطنة سواء داخل الفصل أو مع فريق المعلمين أو نحو إدارة المدرسة .

ورغم تعدد الدراسات التي تناولت ظاهرة أداء العاملين لسلوك المواطنة في بيئات العمل المختلفة (كالمصانع، والشركات، والمستشفيات..إلخ) إلا أن دراسة هذه الظاهرة في المجال التربوي عموما ما زالت محدودة رغم استمرار التأكيدات على أهمية أداء العاملين لسلوك المواطنة في تحقيق الفعالية التنظيمية للمؤسسات المختلفة.

ويلاحظ من مراجعة الأدبيات المدرسية أن الاهتمام بأداء سلوك المواطنة في معظمه اهتمام غير مباشر كأحد مكونات الفعالية المدرسية؛ ففي إطار حركات الإصلاح التربوي الحديثة (مثل اتجاه الإدارة الذاتية للمدرسة، والتركيز على فرق العمل) يمكن اعتبار أن سلوك المواطنة سلوك ضروري للمعلمين لاسيما وأن النظام التربوي -مثله مثل المنظمات الخدمية الأخرى- يواجه صعوبة في تحديد أهداف كمية محددة للمعلمين ولذلك فإن السلوكيات التي تتجاوز واجبات الدور الرسمي تعتبر مكونا أساسيا للفعالية المدرسية.[20] ويذكر ديبولا وتشنان أن المعلمين في المدارس الفعالة عادة ما يتجاوزون أداء الحد الأدنى المتوقع؛ مؤكدين أن المنظمات المدرسية التي تأخذ في حسابها أداء المعلمين للدور الرسمي المحدد في التوصيفات الوظيفية لن تتمكن من تحقيق أهدافها لاسيما إذا قصر المعلمون مساهماتهم فقط على أداء تلك المهام الرسمية المحددة.[21]

ثانيا: مناظير الأداء ومضامينها المدرسية:

تبنى الباحثون مناظير مختلفة لدراسة الأداء، و يمكن التمييز بين ثلاثة مناظير أساسية مختلفة على النحو التالي:

أ- منظور الفروق الفردية الذي يدرس الخصائص الفردية (مثل القدرة العقلية العامة، والشخصية) كمصادر للتباين في الأداء.

ب- المنظور الموقفى الذي يركز على الجوانب الموقفية التي تسهل أو تعوق الأداء.

ج- منظور انتظام الأداء الذي يصف عملية الأداء.

أ- منظور الفروق الفردية Individual Differences Perspective

يركز منظور الفروق الفردية على اختلاف الأداء بين الأفراد، ويسعى إلى تحديد العوامل المنبئة بذلك. والسؤال الرئيسي الذي يتطلب الإجابة في هذا المنظور هو : «أي الأفراد يؤدي أفضل؟ فالفكرة الأساسية هي أن اختلاف الأداء بين الأفراد يمكن تفسيره بواسطة الفروق الفردية في القدرات و/أو الشخصية و/أو الدافعية». [22]

وقد اقترح كامبل (1990) نموذجًا عامًا للفروق الفردية في الأداء أصبح فعالاً في هذا الصدد، وفى هذا النموذج ميز كامبل ثمانية مكونات للأداء،• ووصف مكونات الأداء كدالة للمحددات الثلاثة التالية:

1- المعرفة الصريحة: تتضمن معرفة الحقائق والمبادئ والأهداف والذات، ويفترض أنها دالة لقدرات الشخص وشخصيته واهتماماته ومستوى التعليم والتدريب والخبرة وتفاعلات الاستعداد - المعاملة .

2- المعرفة الإجرائية والمهارات: وتتضمن المهارات المعرفية والنفس حركية، والمهارات البدنية، ومهارة إدارة الذات، والمهارة البينشخصية. وتتمثل منبئات المهارات والمعرفة الإجرائية في القدرات والشخصية والاهتمامات والتعليم، والتدريب والخبرة وتفاعلات الاستعداد – المعاملة ، وبالإضافة إلى ذلك الممارسة والتطبيق.

3- الدافعية: تشمل اختيار الأداء، ومستوى الجهد، والمثابرة على الجهد. [23]

ويلاحظ مما سبق أن كامبل أهمل - بصورة كبيرة - المتغيرات الموقفية كمنبئات للأداء

حيث كان محور تركيزه ينصب على متغيرات الفروق الفردية في المعرفة والمهارة والدافعية كعوامل محددة للأداء.

وبناء على عمل كامبل و زملائه طور موتويدلو وبورمان وسكميت Motowidlo, Borman and schmit (1997) نظرية الفروق الفردية للأداء على النحو التالي: (24)

في البداية ميز موتويدلو وزملاؤه بين أداء المهمة (أداء الدور الرسمي) والأداء السياقي (أداء سلوك المواطنة)، وأوضحوا أن نظريتهم تركز على متغيرات الفروق الفردية كمحددات لبُعدي الأداء، ولم يستبعدوا احتمالية وجود محددات أخرى -غير الفروق الفردية- للأداء إلا أن تركيزهم ينصب في هذه النظرية على الفروق الفردية فقط.

ويلخص الشكل التالي نظرية الفروق الفردية في الأداء كما قدمها موتويدلو وزملاؤه: Motowidlo et al (1997), p.79.

شكل (3)

يوضح نظرية الفروق الفردية للأداء

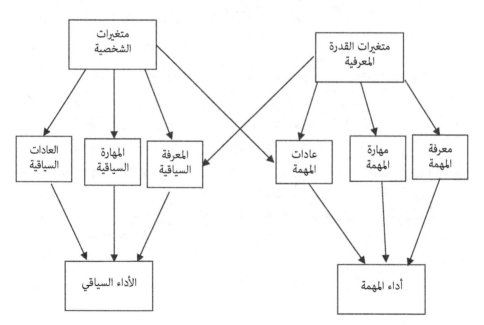

ويلاحظ من الشكل السابق أن نظرية الفروق الفردية التي يقدمها موتويدلو وزملاؤه تصنف الأداء إلى بعدين أساسيين هما: أداء المهمة Task Performance، والأداء السياقي Contextual Performance وتحدد لكل منهما منبئات محددة؛ فمتغيرات القدرة المعرفية تؤثر على معرفة المهمة ومهارات المهمة وعادات المهمة وتحدد البعد الأول للأداء (أداء المهمة/أداء الدور الرسمي) أما متغيرات الشخصية فتؤثر على المعرفة السياقية والمهارة السياقية والعادات السياقية وتحدد البعد الثاني للأداء (الأداء السياقي/أداء سلوك المواطنة التنظيمية).

كما يتضح من الشكل أن القدرة المعرفية لها تأثير ثانوي على الأداء السياقي - يتوسط من خلال المعرفة السياقية - وبالمثل فإن للشخصية تأثيرا ثانويا على أداء المهمة - يتوسط من خلال عادات المهمة. وهكذا اعتبر موتويدلو وزملاؤه أن أداء الدور الرسمي هو دالة بصورة أساسية للقدرة المعرفية بينما الأداء السياقي يعتبر دالة بصورة رئيسية للشخصية.

والحقيقة أن هناك عددًا ضخمًا من الدراسات والبحوث عن أداء الفرد ضمن منظور الفروق الفردية. والدراسات الإمبريقية في هذا المجال ليست دائمًا مرتبطة صراحة بالنماذج التي اقترحها كامبل (1990) أو موتويدلو وآخرون (1997). ورغم ذلك يمكن تصنيف جميع الدراسات عن المنبئات الفردية للأداء الوظيفي تحت منظور الفروق الفردية. وبصورة أكثر تحديدًا فإن هذه الدراسات عالجت القدرة المعرفية والشخصية والعوامل الدافعية والخبرة كمنبئات للأداء الوظيفي.[25]

المضامين المدرسية لمنظور الفروق الفردية :

يمكن استنتاج مضامين عملية عديدة من منظور الفروق الفردية من أهمها ما يلي:

● التركيز على الاختيار المهني للعاملين والمعلمين على وجه الخصوص باعتبارهم عصب العملية التربوية داخل المدرسة، حيث إنه من أجل ضمان أداء مرتفع للمعلم فإن المنظمات التعليمية تحتاج إلى اختيار المعلمين على أساس قدراتهم وخبراتهم وشخصياتهم.

● الاهتمام بتنفيذ البرامج التدريبية التي تستهدف تحسين مواصفات المعلم ومهاراته لرفع مستوى أدائه وبصورة أكثر تحديدًا فإنّ التدريب يجب أن يتركز على المعرفة والمهارات المتصلة بإنجاز المهمة علاوة على أن تعريض المعلمين لخبرات معينة مثل الورش التدريبية يمكن أن يكون له تأثير مفيد على أداء المعلمين.

ب - المنظور الموقفي Situational Perspective

يشير المنظور الموقفي إلى العوامل الموجودة في بيئة عمل الفرد التي تدعم أو تعوق الأداء. والسؤال الجوهري الذي يتطلب الإجابة في هذا المنظور هو: في أي المواقف يؤدي الأفراد بصورة أفضل؟ ويشتمل المنظور الموقفي على المداخل التي تركز على عوامل بيئة العمل إلا أنه يتضمن أيضا مداخل الدافعية - التي نبعت على سبيل المثال من نظرية التوقع - والمداخل التي تستهدف تحسين الأداء بواسطة نظم المكافآت، أو من خلال بناء مدركات المساواة والعدالة التنظيمية. [26]

وفيما يتعلق بعوامل بيئة العمل وعلاقتها بأداء الفرد يمكن التمييز بين اتجاهين كبيرين على النحو التالي:

(1) الاتجاه الأول (العوامل الداعمة للأداء)

يتضمن مدخلين: الأول هو نموذج خصائص الوظيفة، والثاني نظرية النظم الفنية الاجتماعية.

وقد قدم نموذج خصائص الوظيفة هكمان و أولدهام (,Hackman & Oldham, 1970 1976)، والذي يمثل أسلوبا لإثراء الوظائف، وافترضا فيه أن خصائص معينة للوظيفة (مثل تنوع المهارة، طبيعة المهمة، أهمية المهمة، الاستقلالية، التغذية المرتدة) لها تأثير على مشاعر الأفراد نحو عملهم والحالات النفسية الحاسمة (مثل الإحساس بالمعنى، والشعور بالمسئولية عن نواتج العمل، ومعرفة نتائج أنشطة العمل) والتي لها بالتالي تأثير على النواتج الشخصية ونواتج العمل ومن ضمنها أداء العمل. [27]

وقد توصلت بعض الدراسات إلى أن هناك تأثيرات موجبة لإجراءات إعادة تصميم العمل على أداء العاملين، حيث أظهرت الدراسات أن إعادة تصميم الوظيفة طبقا لنموذج خصائص الوظيفة له تأثير موجب على كل من الأداء الوظيفي للعاملين واتجاهاتهم نحو العمل (مثل زيادة الرضا الوظيفي، والالتزام التنظيمي). [28] ويقترح المنظور الموقفي أن أداء الفرد يمكن تحسينه من خلال تدخلات تصميم الوظيفة. فعلى سبيل المثال أظهرت الدراسات الإمبريقية عن تصميم الوظيفة أن الأداء يزيد عندما يتم منح الموظفين سيطرة أكبر على عملية العمل. [29]

واقترحت نتائج التحليل البعدي أن هناك علاقة موجبة بين خصائص الوظيفة والأداء

الوظيفي؛ فكلما زاد تنوع مهارات العمل، واستقلالية الفرد، وأهمية المهام التي يؤديها الفرد، وحصوله على التغذية المرتدة أدى ذلك إلى تحسن أداء الفرد في العمل.[30]

وبالنسبة لنظرية النظم الاجتماعية الفنية Sociotechnical Systems Theory فهي تصف نظم العمل كمركب من نظم فرعية اجتماعية وفنية، وتقترح أن تحسين الأداء يمكن أن يحدث فقط من الأمثلية المشتركة لكلاهما (النظم الاجتماعية والنظم الفنية). وبصورة أكثر تفصيلاً، تقترح نظرية النظم الفنية الاجتماعية عددا من مبادئ تصميم الوظيفة مثل الانسجام بين عملية التصميم وأهدافها، والتحديد الأدنى للمهام ، وطرق إنجازها، وتوزيع المهام، والسيطرة على المشكلات والأحداث غير المتوقعة بمجرد نشأتها كلما أمكن ذلك.[31] وتأسيسا على ما سبق يمكن القول إنّ كلا من نموذج خصائص الوظيفة، ونظرية النظم الفنية الاجتماعية يقدمان عددا من المبادئ والعوامل التي تسهم في تحسين أداء الأفراد بالمنظمات المختلفة مثل: تنوع مهارات العمل، واستقلالية العامل، والحصول على التغذية المرتدة... إلخ.

(2) الاتجاه الثاني (العوامل المعوقة للأداء)

يركز الاتجاه الثاني – ضمن المنظور الموقفي - على العوامل التي لها تأثيرات ضارة على أداء العاملين في بيئات العمل المختلفة، ومن أبرز هذه العوامل ضغوط العمل، والقيود الموقفية.

فبالنسبة لضغوط العمل فان البحث تركز بصورة أساسية على غموض الدور كأبرز مصادر ضغوط العمل المؤثرة على الأداء، وقد أظهرت نتائج التحليل البعدي في هذا المجال وجود علاقة سالبة بين غموض الدور والأداء في الوظائف الفنية والإدارية.[32]

أما بالنسبة للقيود الموقفية فتتضمن ضغوط مثل نقص المعلومات الضرورية، والمشكلات مع الآلات والتجهيزات، أيضا الضغوط داخل بيئة العمل. ويفترض أن القيود الموقفية تعوق الأداء بصورة مباشرة؛ فعلى سبيل المثال، عندما تنكسر الآلة لا يستطيع الفرد أن يستمر في إنجاز المهمة ولذلك سوف يتأثر الأداء مباشرة. وعلى أية حال فإنّ الدراسات في المنظور الموقفي تقترح أن العوامل المدعمة للأداء (مثل السيطرة على العمل، المهام ذات المعنى) تلعب دورًا أكثر أهمية من الضغوط وبصيغة مختلفة أن نقص المظاهر الإيجابية في بيئة العمل مثل السيطرة على العمل يهدد الأداء أكثر من وجود بعض الضغوط.[33]

المضامين المدرسية للمنظور الموقفي:

لما كان المنظور الموقفي يقترح أن أداء الفرد يمكن تحسينه من خلال تدخلات تصميم الوظيفة، فتأسيسًا على ذلك يمكن استنتاج مضامين عملية عديدة للمنظور الموقفي في المدارس من أهمها إعادة تصميم وظيفة المعلم - بحيث تسمح بتنوع مهارات العمل، واستقلالية المعلمين، وإحساسهم بأهمية المهام التي يؤدونها سواء داخل الفصل أو في المدرسة عامة - والاهتمام بالتغذية المرتدة عند تقييم أداء المعلم، ومواجهة الضغوط السلبية في بيئة العمل المدرسي - لاسيما تهيئة البيئة الفيزيقية للعمل، وإزالة غموض الدور من خلال تحديد أدوار المعلم وتوعية المعلمين بواجباتهم ومسئولياتهم وحقوقهم.

ج - منظور انتظام الأداء Performance Regulation Perspective

ينظر منظور انتظام الأداء نظرة مختلفة للأداء، وهو أقل اهتمامًا بالمنبئات الشخصية أو الموقفية للأداء وبدلا من ذلك يركز على عملية الأداء نفسها ويتناولها كعملية فعل. والأسئلة الجوهرية في هذا المنظور هي: كيف تبدو عملية الأداء؟ وماذا يحدث عندما يؤدي شخص ما؟ [34]

وهناك ثلاثة مداخل أساسية ضمن هذا المنظور - وهي تركز على القوى التنظيمية داخل الفرد وليس على عوامل بيئة العمل التي اهتم بها المنظور السابق، ولا على متغيرات الفروق الفردية التي اهتم بها منظور الفروق الفردية- على النحو التالي:

(1) مدخل بحث الخبرة:

إن البحث عن الخبرة والتميز له تاريخ طويل داخل علم نفس المعرفي، وقد تم الإشارة إليه بصورة متزايدة في أدبيات علم نفس العمل والتنظيم على مستويات الأداء المختلفة. ويركز بحث الخبرة على خصائص عملية أداء المهمة أنه يستهدف وصف الاختلافات بين الأفراد ذوى الأداء المرتفع والأفراد ذوى الأداء الأقل أثناء العمل على إنجاز المهمة. [35]

وتشير الدراسات إلى أن الأفراد ذوى الأداء المرتفع يختلفون عن الأفراد ذوى الأداء الأقل في طريقة مباشرة مهامهم، وكيفية وصولهم إلى الحلول، فعلى سبيل المثال أثناء فهم المشكلة يركز الأفراد ذوو الأداء المرتفع على المعلومات المجردة والعامة ويواصلون من المعلومات العامة إلى المعلومات الخاصة ويطبقون «استراتيجية اتصالية» حيث يضمون ويكاملون الجوانب المختلفة للمهمة وعملية الحل، علاوة على ذلك فإن الأفراد مرتفعي الأداء يركزون أكثر على

الأهداف طويلة المدى ويظهرون تخطيطا أكثر في المهام المعقدة والصعبة، ولكن ليس في المهام السهلة.[36]

(2) مدخل بحث الفعل:

يصف هذا المدخل عملية الأداء - كأي فعل آخر - من وجهه نظر كل من العملية والهيكل. وتركز وجهة نظر العملية على الجوانب المتتابعة من الفعل بينما تشير وجهة النظر الهيكلية إلى تنظيمها الهيراركي. فمن وجهة نظر العملية يمكن التمييز بين عمليات تطوير الهدف، والبحث عن المعلومات، والتخطيط، وتنفيذ الفعل ومراقبته، والتغذية المرتدة؛ فالأداء يعتمد على الأهداف البعيدة، والنموذج العقلي الجيد، والتخطيط التفصيلي، وعمليات التغذية المرتدة الجيدة.[37]

وقد أظهرت إحدى الدراسات في مجال تصميم البرمجيات على سبيل المثال أن الأفراد ذوى الأداء المتميز والمتوسط يختلفون فيما يتعلق بفهم المشكلة والتخطيط، وأعمال التغذية المرتدة، ومحور المهمة، فالأفراد ذوو الأداء المرتفع يهتمون بالتخطيط العام ويصفون المشكلة بصورة أكثر شمولا، ويتعاونون مع الزملاء ويهتمون بالتغذية المرتدة.[38]

ويقدم هذا المدخل إجراءات لتحسين الأداء، ومن أبرز هذه الإجراءات تحديد الهدف، والتغذية المرتدة، فالفكرة الأساسية لتحديد الهدف كإجراء من أجل تحسين الأداء هو أن تحديد الهدف والأهداف الصعبة تؤدي إلى أداء أفضل من عدم وجود أهداف أو وجود أهداف غير جيدة التحديد. وتفترض عملية تحديد الهدف أن الأهداف تؤثر على الأداء من خلال أربعة ميكانيزمات تتمثل في الجهد، والمثابرة، والتوجيه، واستراتيجيات العمل. ويقترح مدخل الفعل أن تحسين عملية الفعل ذاتها تؤدي إلى تحسين الأداء، فمثلا من المهم التشجيع على وضع وتحديد أهداف طويلة المدى، والاندماج في التخطيط المناسب، والاستفادة من التغذية المرتدة.[39]

وتفترض معظم الدراسات أن التغذية المرتدة لها تأثير إيجابي على أداء الأفراد.[40] ومن ثم فإن الجمع بين تحديد الهدف والتغذية المرتدة يؤدي إلى تحسين الأداء بصورة أفضل من الاقتصار على تحديد الهدف فقط ؛ حيث يتضمنان تحسين المعلومات والدافعية المطلوبة لأداء العمل.[41]

ومما سبق يمكن ملاحظة أن مدخل الفعل ضمن منظور انتظام الأداء يفترض أن عمليات تدريب العاملين على تحديد الأهداف بدقة والاستفادة من عمليات التغذية المرتدة يمكن أن

يسهم في تحسين أدائهم، علاوة على أن إجراءات تصميم الوظيفة يمكن أن تساعد على تحسين عملية الفعل والأداء ذاته.

(3) مدخل تعديل السلوك:

يمثل مدخل تعديل السلوك اتجاهًا مختلفًا ضمن منظور انتظام الأداء، وهو مدخل يرتكز على نظرية التعزيز. وهذا المدخل لا يهتم بالعمليات داخل الفرد التي تنظم الأداء ولكنه يهتم بالتدخلات (الإجراءات) الانتظامية من خارج الفرد، وبصفة خاصة التعزيز الإيجابي، وهذه التعزيزات يمكن أن تتضمن المعززات المالية مثل المكافآت، والمعززات غير المالية مثل التغذية المرتدة للأداء والمكافآت الاجتماعية مثل التقدير والاعتراف. وتقترح نتائج التحليل البعدي أن تدخلات تعديل السلوك لها تأثيرات إيجابية على أداء العاملين في كل من القطاع الإنتاجي والقطاع الخدمي.[42]

المضامين المدرسية لمنظور انتظام الأداء:

طبقا للمداخل المختلفة المتضمنة في منظور انتظام الأداء يمكن استنتاج العديد من المضامين العملية لتحسين أداء المعلمين بالمدارس ومن أهمها ما يلي:

- تدريب المعلمين على تحديد الأهداف قبل الشروع في أداء مهامهم المختلفة؛ فتحديد الهدف والأهداف طويلة المدى يوجه مسار العمل ويحقق فعالية إنجازها.

- الاهتمام بعملية التغذية المرتدة عند تقييم أداء المعلمين، فمن خلالها يمكن أن يتعرف المعلمون على جوانب القوة والضعف بما يسمح لهم بتدعيم نقاط القوة ومعالجة نقاط الضعف.

- الاستفادة من نظرية التعزيز ومبادئ تعديل السلوك من خلال مديري المدارس والموجهين وغيرهم من المسئولين عن تقويم أداء المعلم بحيث يمكنهم توظيف المعززات المناسبة مادية/معنوية في تعديل سلوكيات المعلم وتوجيهها الوجهة المرغوبة.

ثالثا: أبعاد الأداء.

أصبح من المسلم به أن الأداء يمثل مفهوما متعدد الأبعاد Multidimensional Concept وبنية كامنة Latent Construct معقدة تتضمن بنى فرعية وأبعادا متميزة رغم أنه ليس هناك إجماع حاليا بين الباحثين عن أي الأبعاد يجب أن يتضمنها مفهوم الأداء في معظم الوظائف.[43]

وقد قدم كامبل Campbell, 1990 - أحد الرواد البارزين في مجال الأداء الوظيفي - نموذجًا يتضمن ثمانية أبعاد لبنية الأداء - واقترح أنه يمكن تطبيقها على الوظائف المختلفة - وهي: [44]

أ - كفاءة المهمة النوعية للوظيفة (وتتمثل في الأنشطة الفنية والأساسية للوظيفة وتختلف من وظيفة لأخرى).

ب- كفاءة المهمة غير النوعية للوظيفة (تشير إلى المهام غير المحددة لوظيفة معينة وإنما تكون متوقعة من جميع أعضاء المنظمة).

ج- التواصل الكتابي والشفهي (يشير إلى كفاءة الموظف في التواصل مع الآخرين؛ بما يحقق مصالح العمل من خلال إعداد المواد المكتوبة أو تقديم العروض الشفهية).

د- إظهار الجهد (ويعني بذل الجهد الإضافي، والاستعداد للعمل تحت الظروف الصعبة).

هـ- المحافظة على الانضباط الشخصي (وتشير إلى تجنب السلوكيات السلبية أو الضارة في العمل مثل: إساءة استخدام الموارد، أو كسر القواعد التنظيمية)

و- تسهيل أداء الزملاء وفريق العمل (تدعيم الزملاء ومساعدتهم وتعزيز المشاركة الإيجابية في العمل).

ز- الإشراف/القيادة (تتضمن السلوكيات الإشرافية/القيادية مثل التأثير على التابعين، ووضع الأهداف والمكافآت والجزاءات).

ح- الإدارة (تتضمن سلوكيات تنظيم الأفراد والموارد، ومراقبة التقدم وحل المشكلات)

ويلاحظ مما سبق أن الأبعاد الثمانية التي قدمها كامبل يمكن تلخيصها بصورة أكثر اقتصادًا في بُعدين كبيرين يفترض أنهما ينطبقان على جميع الوظائف، هما الأداء المحدد بصورة رسمية، والأداء التطوعي الذي يستهدف المساهمة في فعالية المنظمة. بيد أن الباحثين يختلفون في مسمى هذين البُعدين فالبعض يطلق عليهما أداء الدور الرسمي في مقابل أداء سلوك المواطنة، بينما يطلق عليهما آخرون أداء المهمة مقابل الأداء السياقي، في حين قدم فريق ثالث تسميات مختلفة للبُعد الثاني مثل السلوك التنظيمي المحبذ اجتماعيا، والسلوك التنظيمي التلقائي.

والحقيقة أن اختلاف الباحثين في استعمال مسميات مختلفة أو مصطلحات متباينة لوصف أبعاد الأداء إنما يعكس الطبيعة المعقدة لبنية الظاهرة ذاتها (أي ظاهرة الأداء) فضلا عن

اختلاف مناظير الباحثين، وعملهم بصورة مستقلة كل عن الآخر، ورغم أن هذا الاختلاف والتنوع في المصطلحات قد أعطى ثراء لبحوث الأداء إلا أنه خلق وضعا مربكا وصعوبة في التمييز بين المصطلحات المختلفة.

ويفضل الباحث التعبير عن كلا البُعدين في مصطلحي أداء الدور الرسمي مقابل أداء سلوك المواطنة، إذ إنهما المصطلحان الأكثر شيوعا في الأدبيات فضلا عن أنهما أكثر ملاءمة في المجال التربوي وعلى المعلمين بصفة خاصة باعتبار أن للمعلم دورا رسميا تحدده اللوائح والتشريعات، ويقابله دور إضافي تطوعي يعبر عن المواطنة الجيدة للمعلمين، إلا أن ذلك لا يعني استبعاد التطورات التي تمت على كلا البعدين تحت المسميات الأخرى. وفيما يلي استعراض بُعدي الأداء مع تركيز خاص على البعد الثاني (أداء سلوك المواطنة) باعتباره محور تركيز البحث الحالي.

البُعد الأول: أداء الدور الرسمي In-Role performance

لقد تركزت المحاولات المبكرة لدراسة ظاهرة أداء الأفراد في المنظمات المختلفة-ومن ضمنها المنظمات التعليمية - على هذا البعد بصورة أساسية، وقد استخدمت مصطلحات متباينة للإشارة إليه مثل إنتاجية العاملين Productivity، وأداء المهمة Task performance، والأداء الوظيفي (بمعناه التقليدي) Job Performance، وأداء الدور الرسمي. وجميعها تشير إلى نمط الأداء المحدد بصور رسمية للعاملين والذي يتم بناء عليه تحديد المكافآت والعقوبات التنظيمية.

ويشير أداء الدور الرسمي إلى «السلوك الموجه نحو المهام والواجبات والمسئوليات المتضمنة في توصيف الوظيفة».(45) كما يعرف بأنه «إنجاز الواجبات والمهام المحددة في توصيف الوظيفة»،(46) ويعرف أيضا بأنه «مستوى إنجاز الواجبات الوظيفية المحددة رسمياً»،(47) وقد أطلق عليه بورمان وموتويدلو (1997) مصطلح أداء المهمة وعرفوه على أنه: «يمثل كفاءة شاغلي الوظائف في إنجاز الأنشطة المعترف بها رسميا كجزء من وظيفتهم، أو الأنشطة التي تسهم في الجانب الفني للمنظمة سواء بصورة مباشرة من خلال تنفيذ جزء من عملياتها التكنولوجية، أو بصورة غير مباشرة من خلال تزويدها بالمواد والخدمات المطلوبة».(48)

ويتضمن أداء المهمة (الدور الرسمي) السلوكيات التي تسهم في عمليات التحويل الأساسي وأنشطة الصيانة في المنظمة مثل إنتاج المنتجات، وبيع البضائع، وعمل الجرد، وتسليم الخدمات، وإدارة التابعين... إلخ.(49)

وقد عرف فان دين وآخرون (1998) أداء الدور الرسمي على أنه «السلوك المطلوب والمتوقع من الموظف» فهو أساس الأداء الوظيفي المنتظم والمتطور، ويتصف بأنه سلوك إجباري، محدد مسبقا في توصيف الوظيفة ، ويغطيه النظام الرسمي للثواب والعقاب التنظيمي، وإذا فشل الموظفون في أداء السلوكيات المطلوبة فلن يحصلوا على المكافآت التنظيمية (الاستحقاقات، العلاوات وغيرها من المزايا..) وربما يفقدون وظائفهم.[50]

ويعني ذلك أن عدم أداء الدور الرسمي يؤدي إلى العقوبات الرسمية مثل التأنيب الرسمي، ولفت النظر، والعواقب المالية السلبية الأخرى.

وتأسيسًا على ما سبق يمكن إيضاح أن أداء الدور الرسمي لدى المعلمين يتمثل في قيام المعلم بأعباء الدور المحدد لوظيفته بصورة رسمية من خلال توصيف الوظيفة أو اللوائح والتشريعات الرسمية المحددة لوظيفة المعلم كما هي في الواقع لا كما ينبغي أن تكون.

ومما هو جدير بالذكر أن التعمق في فهم أداء المعلم للدور الرسمي هو أمر لا يمكن إهماله باعتباره الجانب الأساسي لتقييم أداء المعلم في المدرسة؛ ولذلك تركزت معظم الأبحاث خلال العقود الماضية على هذا النمط من الأداء، إلا أن الاهتمام الحديث للباحثين يتركز حول السلوك الاختياري التطوعي،[51] باعتباره نمط الأداء الذي يسيطر عليه العامل بصورة أكبر والذي يشكل مناخ العمل، ويدعم أداء الأنشطة الرسمية، ومن ثم يسهم في الفعالية المدرسية.

البُعد الثاني: سلوك المواطنة التنظيمية Organizational citizenship Behavior

تعد ظاهرة أداء العاملين لسلوك المواطنة التنظيمية من الموضوعات الثرية التي حازت على اهتمام العديد من الباحثين في تخصصات متنوعة، ورغم أن ذلك قد أعطى ثراءًا للظاهرة إلا أنه خلق وضعًا مربكا ومحيرًا في ظل تعدد رؤى الباحثين واختلافها في أحيان كثيرة.

ويمكن وصف أداء المعلم لسلوك المواطنة التنظيمية بأنه ذلك الجانب من الأداء الموجه نحو الفرد أو الجماعة أو المنظمة ككل، والذي يوصف بأنه اختياري أو اجتهادي - متروك لحكم الفرد وتقديره - في أن يمارسه الفرد أو يمتنع عنه، وهو سلوك لا يخضع لنظام المكافآت الرسمية، ولا يمكن معاقبة الفرد على عدم أدائه، وهو في مجموعه يسهم في تحقيق الفعالية المدرسية.

ومن ثم يمكن تعريف أداء المعلم لسلوك المواطنة التنظيمية على أنه:

> ذلك السلوك الاجتهادي - الذي يؤديه المعلم بشكل اختياري تطوعي - الموجه نحو إفادة الطلاب أوالزملاء أوالمدرسة ككل ، والذي يتجاوز التوقعات الحالية للدور الرسمي، ويستهدف إجمالاً تحقيق الفعالية المدرسية.

وتحاول دراسات سلوك المواطنة التنظيمية استكشاف طبيعة السلوكيات الاختيارية Discretionary Behaviours في العمل والتأكيد على السياق الاجتماعي لبيئة العمل بجانب الطبيعة الفنية للوظائف؛[52] حيث إن هذا السياق الاجتماعي هو الإطار الذي يتم فيه أداء المهام الفنية للعمل والذي قد يسهل أداء العمل أو يعوقه.

(1) نشأة المفهوم وتطوره:

تعد فكرة برنارد Bernard, 1938 - في عقد الثلاثينيات من القرن السابق - عن السلوكيات التطوعية الاختيارية أول الأمثلة المعروفة لهذه الظاهرة (سلوك المواطنة).[53] وقد حدد كاتز 1964 Katz, سلوك المواطنة باعتباره واحدًا من ثلاث فئات مهمة للسلوكيات المطلوبة من الأفراد في العمل وهي:

● قرار انضمام الفرد وبقائه بالمنظمة.

● أداء الأدوار المحددة مسبقا بصورة يمكن الاعتماد عليه.

● الأنشطة الابتكارية والتلقائية التي تتجاوز متطلبات الدور المحدد مسبقا

وقد أطلق كاتز على هذه الفئة الأخيرة مسمى الدور الإضافي، ففي البداية يتم إغراء الأفراد للعمل بالمنظمة والبقاء بها، ثم على هؤلاء الأفراد أن يقوموا بأداء أو تنفيذ متطلبات الدور المحدد لهم، أما الفئة الثالثة فهي قيام الأفراد بنشاط ذاتي تلقائي وابتكاري يتجاوز التحديدات الرسمية للدور، وقد ذكر كاتز أنه لكي تضمن المنظمات البقاء والاستمرار فعليها الاهتمام بهذا النوع من الأداء الذي يتخطى حدود توصيفات الدور الرسمي.[54]

وفي عام 1983م قدم باتمان وأورجان دراسة - تعد بمثابة البذرة التي نبتت منها جذور تطور ظاهرة المواطنة التنظيمية - بعنوان **الرضا الوظيفي والمواطن الصالح : العلاقة بين شعور العاملين و «مواطنة» الموظف**، وتأسيسًا على ذلك قدم سميث وأورجان ونير (1983)، مفهوم سلوك المواطنة التنظيمية بشكل أكثر تحديدا.

ويذكر أورجان رائد البحث في مجال المواطنة التنظيمية أن «أفكار سلوك المواطنة التنظيمية (OCB) قد تطورت من اقتناعه بأن الرضا الوظيفي يؤثر على استعداد الناس لمساعدة الزملاء وشركاء العمل، وميلهم للتعاون بأشكال متنوعة لتحقيق الهياكل المنظمة التي تدير العمل»؛[55] ففي دراسة باتمان وأورجان (1983) أوضحا أن هناك علاقة بين الأداء (المتمثل في سلوك المواطنة) والرضا أقوى مما كانت موجودة في الدراسات السابقة بين أداء المهمة والرضا.[56]

وقد حاول أورجان وزملاؤه منذ أوائل عقد الثمانينيات تحديد سلوكيات معينة تعكس هذا الاستعداد والميل لمساعدة الآخرين من خلال سؤال المديرين أن يصفوا السلوكيات التي يحبون أن يؤديها مرءوسوهم دون أن يطالبوهم بأدائها سواء من خلال السلطة أو بتقديم المكافآت أو التهديد بالعقاب، حيث تابع سميث وأورجان ونير (1983) دراسة باتمان وأورجان من خلال اختبار أبعاد سلوك المواطنة وتوصلوا إلى وجود بُعدين أطلقوا عليهما الإيثار (سلوكيات المساعدة بين الزملاء)، والبُعد الثاني الطاعة العامة (الإنجاز وفقًا للضمير أو اتباع القواعد بصورة أكثر مما هو مطلوب).

وبعد ذلك توالت الدراسات حول موضوع أداء العاملين لسلوك المواطنة بالمنظمات المختلفة وتأسيسًا على ذلك نشر أورجان كتابه الشهير عن سلوك المواطنة التنظيمية (1988)، وفي هذا الكتاب وصف أورجان ثلاثة أبعاد أخرى لسلوك المواطنة بالإضافة إلى البُعدين الذين تم تقديمهما عام 1983 (أي سلوك الإيثار والطاعة العامة، ويشار إليهما أيضًا باسم سلوك المساعدة ويقظة الضمير) وهذه الأبعاد الثلاثة الأخرى هي سلوكيات الروح الرياضية، وسلوك الكياسة والسلوك الحضاري.[57]

وقد دار جدل كبير في الأدبيات حول هذه الأبعاد الخمسة ، واختصرها بودسكوف وآخرون (Podsakoff, 1997) من خلال التحليل العاملي إلى ثلاثة أبعاد كبرى هي: سلوك المساعدة، والسلوك الحضاري، وسلوك الروح الرياضية،[58] في حين حصرها ويليامز وأندرسون (Williams & Anderson, 1991) في فئتين كبيرتين، وذلك طبقا للهدف من ممارسة تلك السلوكيات وهما: سلوك المواطنة التنظيمية الذي يفيد المنظمة ككل، وسلوك المواطنة التنظيمية الذي يفيد أفرادا معينين، وأشارا إلى أن كلا البُعدين يمكن تمييزه بصورة دالة عن سلوكيات الدور الرسمي.[59]

(2) ماهية سلوك المواطنة وخصائصه:

تأسيسًا على ما سبق يمكن القول إن أورجان وزملائه (1983) يعتبروا أول من استخدموا اصطلاح سلوك المواطنة التنظيمية .O.C.B لوصف السلوكيات المفيدة تنظيميا التي يقوم بها الموظفون دون أن تكون مفروضة عليهم ضمن متطلبات وظيفتهم الرسمية.

وقد عرف أورجان (1988) سلوك المواطنة التنظيمية على أنه: «سلوك اختياري أو اجتهادي يؤديه الفرد ولا يغطيه نظام المكافآت الرسمية بشكل مباشر أو صريح ، وهو في عمومه يرقي التوظف الفعال للمنظمة».[60] وعرفه هنت Hunt, 2002 على أنه: «يعكس الأنشطة التطوعية الإيجابية غير المحددة مسبقا في التوصيف الوظيفي والتي يقوم بها الموظفون لتحسين الأداء التنظيمي»،[61] وعرفه ليفينز وأنسل وLievens & Anseel,2004 بأنه: «سلوك الفرد الذي يستهدف ترقية الأهداف التنظيمية من خلال الإسهام نحو تحسين بيئتها السيكولوجية والاجتماعية».[62] وعرفه آخرون بأنه: «سلوك اختياري لا يعد جزءا من متطلبات الوظيفة الرسمية، ولكنه رغم ذلك يزيد التوظف الفعال للمنظمة».[63]

ويلاحظ من التعريفات السابقة أن أداء العاملين لسلوك المواطنة التنظيمية هو أداء اختياري إيجابي يستهدف - في نهاية المطاف - تحسين الأداء التنظيمي وفعالية المنظمة، إلا أنه ليس مفروضا على العامل أداؤه بصورة رسمية؛ ومن ثم لا يغطيه نظام المكافآت الرسمية، ولا يجوز معاقبته على عدم ممارسته.

وقد حدد أورجان (1988) ثلاث خصائص لسلوك المواطنة هي:[64]

الأولى: أنه أداء اختياري أو اجتهادي Discretionary ، بمعنى أنه ليس جانبا مطلوبا بصورة محددة ورسمية للوظيفة.

الثانية : أنه أداء لا يتم مكافآته بمعنى أنه لا يندرج بصورة رسمية أو مباشرة ضمن نظام المكافآت التنظيمية. (ويلاحظ أن هاتين الخاصيتين تم تفسيرهما من خلال أورجان وغيره؛ لتعني أن سلوك المواطنة هو سلوك دور إضافي كمقابل لسلوك الدور الرسمي).

الثالثة: هي أن سلوكيات المواطنة في مجموعها تؤدي لتحقيق الفعالية التنظيمية.

ويذكر «فان دين وليبن Van Dyne & Lepine,1998» أن السلوك الاجتهادي التطوعي هو جوهر أداء سلوك المواطنة (الدور الإضافي) في المنظمات، وأنه ويتصف بثلاث خصائص أساسية هي:[65]

- أنه ليس محددًا مسبقا في توصيفات الدور، أي أنه ليس جزءا من الواجبات الرسمية للوظيفة.
- أنه لا يندرج تحت نظام المكافآت الرسمية للمنظمة.
- أنه ليس مصدرا للعقاب إذا لم يؤده شاغلو الوظائف المختلفة.

كما قدم «بورمان وموتويدلدو Borman &.Motowidlo,1997» ثلاثة افتراضات أساسية تقترن بالتفرقة بين أداء المهمة (الدور الرسمي) والأداء السياقي (سلوك المواطنة) وهى:[66]

- أن الأنشطة المتصلة بأداء المهمة تتنوع وتختلف باختلاف الوظائف بينما تعتبر أنشطة الأداء السياقي متشابهة نسبيًا في جميع الوظائف.
- أن أداء المهمة يرتبط بالقدرة بينما يرتبط الأداء السياقي بالشخصية والدافعية.
- أن أداء المهمة يعد أكثر تحديدًا وتوصيفًا ويشكل سلوك الدور الرسمي، بينما يعد الأداء السياقي تطوعيا واجتهاديًا بصور اكبر ويشكل سلوك الدور الإضافي.

مما سبق يمكن إيضاح أن سلوك المواطنة التنظيمية يمثل سلوكا تطوعيا اجتهاديا يختلف عن أداء الدور الرسمي الذي يعتبر سلوكا إجباريا إلزاميا يعاقب العامل على عدم أدائه أما سلوك المواطنة فلا يعاقب العامل على عدم أدائه، كما أنه لا يندرج صراحة تحت نظام المكافآت التنظيمية الرسمية، وهو سلوك إيجابي غرضه النهائي تحقيق الفعالية التنظيمية.

(3) أبعاد أداء المواطنة التنظيمية:

في البداية توصل أورجان وزملاؤه عام 1983 إلى وجود بُعدين رئيسين لأداء المواطنة التنظيمية أطلقوا عليهما:

- سلوك المساعدة (سلوك الإيثار).
- الطاعة العامة، ويشار إليها أيضًا باسم يقظة الضمير.

وفي عام 1988 عندما نشر أورجان كتابه الشهير المعنون «سلوك المواطنة التنظيمية» «خصائص الجندي الصالح»، اقترح نموذجا خماسيًا لأبعاد أداء المواطنة تتضمن ثلاثة أبعاد بالإضافة إلى البُعدين السابقين وهم: سلوك الروح الرياضية، وسلوك الكياسة والسلوك الحضاري على النحو التالي:[67]

● الإيثار Altruism: ويتمثل في السلوكيات التي تستهدف مساعدة زملاء العمل في المنظمة فيما يتعلق بالعمل ومشكلاته.

● الكياسة Courtesy: و تعني معاملة الآخرين باحترام، وتتضمن السلوكيات التي تشجع تنسيق العمل مع الآخرين واستشاراتهم والتعرف على آرائهم قبل اتخاذ القرارات.

● الروح الرياضية Sportsmanship: وتشير إلى تحمل متاعب العمل، والصبر عليها وعدم التذمر من المضايقات البسيطة، والإمساك عن فعل بعض الأشياء مثل إضمار المظالم التافهة.

● السلوك الحضاري Civic Virtue: ويشير إلى الاندماج الذي يظهره الموظف في الحياة السياسية للمنظمة.

● يقظة الضمير Conscientiousness وهو ما اصطلح على تسميته بالطاعة العامة General Compliance التي تتضمن قيام الموظف بما يفوق الحد أدنى للمتطلبات الوظيفية لأداء الدور الرسمي/ أداء المهمة الوظيفية.

ويلاحظ أن بودسكوف وآخرون (Podsakoff,1997) اختصروا هذه الأبعاد الخمسة من خلال التحليل العاملي إلى ثلاثة أبعاد كبرى هي: سلوك المساعدة، والسلوك الحضاري، وسلوك الروح الرياضية، وأن ويليامز وأندرسون (Williams & Anderson, 1991) صنفاها في فئتين كبيرتين وذلك طبقا للهدف من ممارسة تلك السلوكيات وهما: سلوك المواطنة التنظيمية الذي يفيد المنظمة ككل، وسلوك المواطنة التنظيمية الذي يفيد أفرادا معينين وأشارا إلى أن كلا البُعدين يمكن تمييزه بصورة دالة عن سلوكيات الدور الرسمي.

وفي المجال التربوي قدم ريجو (Rego, 2003) أربعة أبعاد لسلوكيات المواطنة لدى معلمي الجامعة على النحو التالي: [68]

● السلوك التشاركي: يشير إلى مدى اهتمام المعلم بمشاركة الطلاب في عملية التعليم/ التعلم.

● التوجه العملي: يعني أن المعلم يشرح الموضوعات الدراسية باستخدام أمثلة تتعلق بحياة الطلاب.

● يقظة الضمير التربوي: تشير إلى مدى استعداد المعلم لأداء الواجبات بشكل مهني محترف (مثل الإعداد الجيد للدروس، والتدريس بمسئولية وضمير يقظ).

● الكياسة: وتعبر عن السلوك المحترم في التعامل مع الطلاب.

ومما يؤخذ على هذا التصور الذي قدمه ريجو أنه قصر مفهوم أداء المواطنة على السلوكيات التي يمكن أن يمارسها المعلم نحو الطلاب فقط، في حين تشير معظم الدراسات التربوية التي تناولت أداء معلمي المدارس لسلوكيات المواطنة إلى أن مفهوم سلوك المواطنة هو بنية تشمل ثلاثة أبعاد على النحو التالي:

● سلوكيات المواطنة الموجهة نحو الطالب Organizational Citizenship Behavior towards Student.

● سلوكيات المواطنة الموجهة نحو زملاء العمل Organizational Citizenship Behavior towards Colleguies.

● سلوكيات المواطنة الموجهة نحو المدرسة Organizational Citizenship Behavior towards School.

(4) المصطلحات المختلطة بسلوك المواطنة التنظيمية:

لقد نالت ظاهرة أداء سلوك المواطنة اهتماما متزايدا من الباحثين، واتخذت مسميات مختلفة، فقد درسها البعض تحت مسمى الأداء السياقي، ودرسها آخرون تحت مسمى سلوك الدور الإضافي، في حين ظل آخرون متمسكين بالتسمية الأصلية لها (سلوك المواطنة التنظيمية) وعلى جانب آخر اقترح البعض مصطلح السلوكيات التنظيمية المحبذة اجتماعيا، وقدم آخرون مصطلح التلقائية التنظيمية.[69]

والعجيب في الأمر أنه رغم مرور ما يزيد على عقدين من اهتمام الباحثين المتزايد بدراسة تلك الظاهرة إلا أنهم حتى الآن لم يتفقوا على مصطلح واحد لوصفها.[70] وفيما يلي استعراض المصطلحات المختلفة التي قدمها الباحثون، والتي تختلط وتتشابك في كثير من الجوانب مع مفهوم سلوك المواطنة:

(أ) السلوكيات التنظيمية المحبذة اجتماعيا

Prosocial Organizational Behaviors (POB)

قدم «بريف وموتويدلدو Brief & Motowidlo, 1986» مفهوم السلوكيات التنظيمية المحبذة اجتماعيا وعرفاه بأنه: «سلوك يمكن وصفه على أنه يؤدى بواسطة عضو في المنظمة، ويكون موجها نحو فرد أو مجموعة أو منظمة يتفاعل معها الفرد أثناء القيام بدوره التنظيمي، ويهدف إلى تحسين أوضاع الفرد أو المجموعة أو المنظمة الموجه نحوها السلوك».[71]

وقدم بريف وموتويدلدو أمثلة عديدة لهذا السلوك مثل مساعدة الزملاء في أمور وظيفية، ومساعدتهم في أمور شخصية، وطاعة الأهداف والسياسات والقيم التنظيمية، واقتراح التحسينات التنظيمية والإدارية، وتحمل مهام إضافية بشكل اختياري، والاعتراض على الإجراءات والسياسات غير الملاءمة.[72] وهكذا فإن السلوك التنظيمي المحبذ اجتماعيا يصف ميدانا عريضا لسلوكيات المساعدة ويتضمن كثيرا من سلوكيات المواطنة، إلا أنه يتضمن أيضا السلوكيات التي ربما تكون مفيدة لفرد ما في المنظمة، ولكنها تسبب اختلالا وظيفيا للمنظمة.[73]

ويمكن تحديد الفرق الرئيسي بين سلوك المواطنة التنظيمية والسلوك التنظيمي المحبذ اجتماعيا فيما يلي:

● أن السلوك التنظيمي المحبذ اجتماعيا يحتمل أن يكون سلوك دور رسمي، أو سلوك دور إضافي، بينما سلوك المواطنة التنظيمية كما حدده أورجان (1988) هو في الأصل سلوك دور إضافي.

● أن السلوك التنظيمي المحبذ اجتماعيا من الممكن أن يكون له تأثير سلبي على المنظمة رغم أنه قد يكون إيجابيا نحو الأفراد.[74]

وواضح أن السلوكيات التنظيمية المحبذة اجتماعيا كما قدمها بريف وموتويدلدو تتضمن أشكالا من أداء الدور الرسمي مثل طاعة الأهداف والسياسات والقيم التنظيمية، كما أن السلوكيات المشار إليها مسبقا يمكن أن تتضمن سلوكيات تعوق تحقيق الأهداف التنظيمية مثل تقديم مساعدة من فرد إلى زميل لتحقيق أهداف شخصية مما قد يتعارض مع الأهداف التنظيمية، وهو ما يخرج عن نطاق أداء سلوك المواطنة الذي يستهدف تعزيز الفعالية التنظيمية.

(ب) السلوك التنظيمي التلقائي Organizational Spontaneity

قدم «جورج وبريف George & Brief,1992» مفهوم التلقائية التنظيمية وعرفوها على أنها تشير إلى: «سلوكيات الدور الإضافي التي يقوم بها الفرد بشكل تطوعي والتي تسهم في الفعالية التنظيمية»[75]

وافترضا أن السلوكيات التلقائية التنظيمية تتكون من خمسة أبعاد أساسية تتمثل في:[76]

1- مساعدة زملاء العمل.
2- حماية المنظمة.

3- تقديم مقترحات بناءة.

4- تطوير الذات (التنمية الذاتية) .

5- إبداء الشعور الودي نحو الآخرين Spreading Goodwill

ويلاحظ أن الفرق الأساسي بين السلوك التنظيمي التلقائي وسلوك المواطنة التنظيمية يتمثل في أن المواطنة التنظيمية لا تندرج تحت نظام المكافآت التنظيمية، أما التلقائية التنظيمية فيمكن أن يشملها نظام المكافآت الرسمية بالمنظمة. [77]

ويفهم مما سبق أن مفهوم التلقائية التنظيمية - كما قدمه جورج وبريف - يكاد يتطابق مع مفهوم سلوك المواطنة التنظيمية - كما قدمه أورجان وزملاؤه - فكلاهما يتصف بأنه سلوك دور إضافي يؤديه الأفراد بشكل تطوعي، كما أن كلاهما يستهدفان تحقيق الفعالية التنظيمية، إلا إن الفرق الوحيد الذي يمكن استنتاجه بينهما يتمثل في شرط الخضوع للمكافآت التنظيمية، فبينما أكد أورجان (1988) – صراحة - أن سلوك المواطنة لا يندرج تحت نظام المكافآت التنظيمية الرسمية، فإن سلوكيات التلقائية التنظيمية لا تنص صراحة على هذا الشرط ولا تستبعد أن يغطيها النظام الرسمي للمكافآت التنظيمية.

(ج) الأداء السياقي Contextual Performance

قدم بورمان وموتويدلدو (1993) مصطلح الأداء السياقي، وربطوه بمصطلح سلوك المواطنة التنظيمية الذي قدمه أورجان (1983). ويلاحظ أن أفكار الأداء السياقي قد نشأت من أصل مختلف تماما عن الأصل الذي نشأت منه أفكار المواطنة التنظيمية، فقد اهتم بورمان وموتويدلدو بالبحث والممارسة في مجال اختيار الموظفين الذي ركز على أحد جانبي الأداء الوظيفي واستبعد الجانب الآخر. واقترح بورمان وموتويدلدو أن جانب الأداء الذي ركز عليه الباحثون في أبحاث وممارسات الاختيار المهني هو ما أطلقا عليه «أداء المهمة» الذي يتكون عادة من الأنشطة المحددة في توصيف الوظيفة الرسمية، واقترحا أن هذه الأنشطة مهمة تنظيميا؛ لأنها تسهم في الأساس الفني للمنظمة سواء بصورة مباشرة من خلال تنفيذ بعض عملياته الفنية أو بصورة غير مباشرة من خلال تزويدها بالمواد والخدمات المطلوبة. وعلى النقيض فهناك جانب آخر من الأداء أكدا أنه تم تجاهله أو التغافل عنه في أبحاث وممارسات الاختيار المهني ويتضمن أنشطة مثل التطوع، المثابرة، المساعدة، واتباع القواعد، والإقرار بالأهداف التنظيمية، وأوضحا أن هذه الأنشطة مهمة تنظيميا أيضا، ولكن لسبب مختلف وهو: «أنها تدعم البيئة التنظيمية والاجتماعية والنفسية التي يتم فيها التوظف الفني». [78]

وعلى نحو أدق أن هذه الأنشطة ذات قيمة وأهمية للمنظمة لأنها تؤثر على السياق أو البيئة التي يتم فيها العمل الرسمي «الأساس الفني Technical Core» ولعل هذا ما جعل بورمان وموتويدلد يستخدمان مصطلح الأداء السياقي للإشارة إليها.

وهكذا اقترح بورمان وموتويدلدو خمسة أبعاد للأداء السياقي وهي: [79]

1- التطوع: لتنفيذ أنشطة العمل التي لا تعتبر جزءا رسميا من وظيفة الفرد.
2- المثابرة: مع الحماسة لبذل الجهد الإضافي كلما كان ذلك ضروريا لإنجاز أنشطة العمل بنجاح.
3- المساعدة والتعاون مع الآخرين.
4- اتباع القواعد والإجراءات التنظيمية.
5- تأييد وإقرار الأهداف التنظيمية والدفاع عنها.

وبذلك يمكن ملاحظة أن الأداء السياقي ليس حالة واحدة من السلوكيات المتماثلة وإنما هو في حد ذاته مفهومًا متعدد الأبعاد.

والحقيقة أن مفهوم الأداء السياقي هو أكثر المفاهيم ارتباطا واختلاطا بمفهوم سلوك المواطنة التنظيمية لدرجة أن أورجان - مبتدع مصطلح سلوك المواطنة التنظيمية - قد راجع نفسه وأعاد تعريف سلوك المواطنة التنظيمية بالطريقة نفسها التي عرف بها بورمان وموتويدلدو الأداء السياقي.

وفي هذا الصدد يعلق موتويدلدو (2000) قائلا «إن كلا المصطلحين يشيرا إلى عناصر سلوكية تبدو متماثلة في جوانب عديدة ولعل التشابه الشديد الذي بينهما كافيا لكي نتساءل ما إذا كانت التسميتين ضروريتين فعلا؟» [80]

ويبدو أن اختلاف نشأة المصطلحين قد ساهم في هذا الخلط الواضح بينهما، فكما لاحظنا أن مصطلح (OCB) نشأ للإجابة أولا عن السؤال: «كيف يؤثر الرضا الوظيفي على سلوك الفرد بالصورة التي تعد مهمة للفعالية التنظيمية؟» وثانيا عن السؤال: «ما السلوكيات التي يريد المديرون أن يقوم بها مرءوسوهم، ولكن لا يمكنهم مطالبتهم بأدائها رسميا؟» بينما نشأ مصطلح الأداء السياقي كإجابة أولا عن السؤال: «ما جانب الأداء الذي تم إهماله في بحث وممارسة الاختيار المهني؟» والإجابة ثانيا عن السؤال: «كيف يختلف ذلك الجانب من الأداء عن الجانب الأخر الذي تركزت حوله معظم بحوث ودراسات الاختيار المهني»؟[81]

ونتيجة لذلك الاختلاف الأساسي في نشأة كلا المصطلحين فإن تعريفاتهما اختلفت أيضا. وقد أشار أورجان نفسه (1997) أن اختلاف الأداء السياقي عن المواطنة التنظيمية هو «أن الأداء السياقي لا يشترط أن يكون السلوك (اختياريا) ولا أن يكون بالضرورة غير مكافئ، وقد يكون التعريف الأفضل له أنه: (ليس أداء مهمة Non Task) أو الإشارة إليه على أنه يسهم في المحافظة على و/أو تعزيز سياق العمل».[82]

كما اعترف أورجان (1997) بالصعوبات الفكرية والغموض المتعلق بمطالب تعريف سلوك المواطنة التنظيمية على أنه سلوك اختياري ولا يتم مكافآته، وناقش ضرورة أن يتضمن تعريف سلوك المواطنة هذه المطالب وانتهى إلى إعادة تعريف سلوك المواطنة التنظيمية بالطريقة نفسها التي عرّف بها بورمان وموتويدلدو (1993) الأداء السياقي باعتبار أن أداء المواطنة التنظيمية هو «الأداء الذي يدعم البيئة التنظيمية والاجتماعية والنفسية التي يتم فيها إنجاز مهام العمل».[83]

وبإعادة تعريفه فإن سلوك المواطنة التنظيمية أصبح يعني الشيء نفسه الذي يعنيه الأداء السياقي. وقد أكد ذلك بورمان وموتويدلدو وآخرون(2001) عندما استخدموا مصطلح أداء المواطنة للتعبير عن الأداء السياقي مؤكدين عدم وجود فرق جوهري بين المصطلحين طبقا للتعريف الجديد الذي قدمه أورجان (1997) لسلوك المواطنة، ويبرر بورمان وزملائه استخدام مصطلح أداء المواطنة كعنوان لدراستهم بدلا من الأداء السياقي لكون مسمى أداء المواطنة أكثر شيوعا وآلفة لدى الباحثين ليس إلا.[84]

ويذهب فينكلشتين وبينر2004 Finkelstein &. Penner, أنه عادة ما يشار أيضا إلى سلوك المواطنة التنظيمية بالأداء السياقي للتأكيد على الطبيعة التطوعية لهذا النمط من الأداء وتمييزه عن أداء المهمة أو أنشطة الدور الرسمي للفرد.[85]

ويفهم مما سبق أن الأداء السياقي وأداء المواطنة وسلوك الدور الإضافي هي مسميات متباينة لظاهرة واحدة هي ظاهرة الأداء غير المحدد للعامل ضمن متطلبات الوظيفة الرسمية.

ويذكر موتويدلو (2000) أن أحد المشكلات أنه ليست كل الدراسات والكتابات في هذا المجال على وعي بإعادة تعريف سلوك المواطنة التنظيمية الذي قدمه أورجان-الأب الروحي لهذا المصطلح- وحتى إذا كانوا على وعي بذلك فلا يبدو أنهم جميعا يتفقون معه؛ ولذلك يوجد الآن تعريفان مختلفان لأداء المواطنة في الأدبيات، ومن ثم من الضروري للذين

يستخدمون المصطلح أن يكونوا واضحين بصورة أكبر حول أي التعريفين يتبنون، فإذا تبنوا التعريف الأصلي فعليهم تفسير لماذا لا يواجهون الصعوبات الفكرية التي وصفها أورجان (1997) والمتعلقة بالمتطلبات التعريفية الأصلية لسلوك المواطنة التنظيمية والتي تتضمن كل من الاختيارية وعدم المكافأة .[86]

مما سبق يمكن القول إن الأدبيات في مجال ظاهرة أداء سلوك المواطنة تدور كلها في فلك واحد - وهو نمط الأداء غير المطلوب رسميا من العامل أدائه، والذي يستهدف تحقيق الفعالية التنظيمية سواء من خلال السلوكيات الموجهة لمساعدة الفرد أو المنظمة- رغم اختلاف المصطلحات التي استخدمها الباحثون في التعبير عن هذه الظاهرة.

ويؤكد ذلك موتويدلو مرة أخرى قائلا «عندما يدرس الباحثون المساعدة البينشخصية فيمكنهم الادعاء بصورة مشروعة أنهم يدرسون جانبا من الأداء السياقي، أو من أداء المواطنة أو جانبا من أداء سلوك الدور الإضافي». ويستطرد موتويدلو قائلا إن اختيار الباحثين للمصطلح الذي يستخدمونه في التعبير عن هذه الظاهرة من المحتمل أن يتوقف بصورة اكبر على اهتمامهم البحثي بالمساعدة البينشخصية وتفضيلهم الجمالي لأحد الكلمات على الأخرى، فإذا اهتموا بسلوك المساعدة لاعتقادهم أنه سلوك يفيد المنظمة و/أو يتجه نحو منفعتها، والذي يعتبر اختياريا اجتهادياً، ويتجاوز توقعات الدور الموجودة فإنهم يعلنون أنهم يدرسون جانب سلوك الدور الإضافي، أما إذا اهتموا بسلوك المساعدة لأنهم يعتقدون أنه: «سلوك الفرد الذي يعتبر اختياريا ولا يغطيه نظام المكافآت الرسمية صراحة، وأنه في مجموعه يرقي التوظف الفعال للمنظمة فإنهم يعلنون أنهم يدرسون جانب سلوك المواطنة التنظيمية طبقا لتعريفه الأصلي» وأما إذا كانوا مهتمين بسلوك المساعدة لأنهم يعتقدون أن السبب يتمثل في أهميته تنظيميا، وأنه يحافظ على أو يدعم السياق الاجتماعي والنفسي للعمل، ولأنهم يريدون مقارنة محدداته ونواتجه مع محددات ونواتج أداء المهمة فإنهم بذلك يعلنون أنهم يدرسون جانب الأداء السياقي، ولعل الشيء الأكثر أهمية هو أنهم يدرسون ظاهرة واحدة (سلوك المساعدة) سواء أعلنوا أنهم يدرسونها تحت مسمى أداء سلوك المواطنة أم الأداء السياقي أم أداء الدور الإضافي فجميع تلك المسميات تعبر عن ظاهرة واحدة.[87] وبناء على ذلك يمكن الادعاء بأن المسميات الثلاثة أي أداء المواطنة والأداء السياقي وأداء الدور الإضافي يمكن استخدامهم بصورة متبادلة.

وتأسيسا على ما سبق يمكن إيضاح أن الأدبيات في مجال أداء العاملين لسلوك المواطنة التنظيمية تزخر بالعديد من المصطلحات المختلفة التي قدمها الباحثون للتعبير عن ظاهرة الأداء التطوعي غير المحدد رسميا، والحقيقة أنه يمكن النظر إلى تعبير سلوك المواطنة التنظيمية باعتباره معبرا عن الظاهرة العامة التي استهدفها الباحثون بالدراسة وهي فئة السلوكيات غير المحددة رسميا في التوصيف الوظيفي، والتي تستهدف تعزيز الفعالية التنظيمية عامة.

هوامش ومراجع الفصل السابع:

(1) Yin Cheong Cheng and Kwok Tung Tsui, "Total Teacher Effectiveness: New Conception and Improvement", International Journal of Educational Management, Vol.10, No.6, 1996, p.7.

(2) Biddle, B. J., "Teachers' Roles ", In L.W. Anderson (Ed.), International Encyclopedia of Teaching and Teacher Education, 2nd Ed., (Oxford: Pergamon, 1995) , p.61.

(3) Kwok Tung Tsui and Yin Cheong Cheng, "School Organizational Health and Teacher Commitment: A Contingency Study with Multi-Level Analysis", Educational Research and Evaluation, Vol. 5, No. 3, 1999, p.250.

(4) Sabine Sonnentag and Michael Frese, "Performance Concepts and Performance Theory", Chapter in Sabine Sonnentag (Ed.), Psychological Management of Individual Performance, (New York: John Wiley & Sons, Ltd., 2002), P.4.

(5) J. Van Scotter et al., "Effects of Task Performance and Contextual Performance on Systematic Rewards", Journal of Applied Psychology, Vol.81, No.3, 2000, pp 526-535.

(6) M. Rotundo and P. R. Sackett, "The Relative Importance of Task, Citizenship and Counterproductive Performance to Global Ratings of Job Performance: A Policy-Capturing Approach", Journal of Applied Psychology, Vol.87, No.1, 2002, P.66.

(7) Patrick D. Dunlop and Kibeom Lee, "Workplace Deviance, Organizational Citizenship Behavior and Business Unit Performance: The Bad Apples Do Spoil the Whole Barrel", Journal of Organizational Behavior, Vol.25, No.1, 2004, P.67.

(8) Frank J. Landy and Jeffrey M. Conte, Work in the 21st Century: an Introduction to Industrial and Organizational Psychology, (New York: McGraw Hill book Companies, 2004), P.165.

(9) Chockalingam Viswesvaran and Deniz S. Ones, "Perspectives on Models of Job Performance", International Journal of Selection and Assessment, Vol.8, No.4, 2000, P.216.

(10) Sabine Sonnentag and Michael Frese, Op.Cit. , p.5.

(11) Ibid, p.5.

(12) Ibid, p.5.

(13)   Stephan J. Motowidlo et al., "A Theory of Individual Differences in Task and Contextual Performance", Human Performance, Vol.10, No.1, 1997, P.73.

(14)   Miguel A. Quinones et al., "The Relationship between Work Experience and Job Performance: A Conceptual and Meta-Analytic Review", Personnel Psychology, Vol.48, No.4, 1995, P.897.

(15)   Ruth Kanfer and Phillip L. Ackerman , "Motivation and Cognitive Abilities: An Integrative/ Aptitude Treatment Interaction Approach to Skill Acquisition", Journal of Applied Psychology, Vol. 74,No.4, 1989, pp.660-661.

(16)   Kevin R. Murphy, "Is the Relationship between Cognitive Ability and Job Performance Stable over Time?", Human Performance, Vol.2, No.3, 1989, P.190.

(17)   Shanna Ree Teel, "Relationship among Perceived Organizational Support, Teacher Efficacy and Teacher Performance", Unpublished Doctoral Dissertation, California School of Professional Psychology, Alliant International University, San Diego, 2003, p.6.

(18)   Yin Cheong Cheng and Kwok Tung Tsui, "Total Teacher Effectiveness: New Conception and Improvement", International Journal of Educational management,Vol.10,No.6, 1996, p.7

(19)   Yin Cheong Cheng and Kwok Tung Tsui, "Research on Total Teacher Effectiveness: Conception Strategies", International Journal of Educational management, Vol.12, No.1, 1998, pp.39-40.

(20)   Anit Somech and Anat Drach-Zahavy, "Understanding Extra-Role Behavior In Schools: The Relationships Between Job Satisfaction, Sense of Efficacy and Teachers' Extra-Role Behavior", Op.Cit. , p.655.

(21)   Michael F. DiPaola and Megan Tschannen-Moran, Organizational Citizenship Behavior in Schools and Its Relationship to School Climate", Journal of School Leadership, Vol.11, 2001, p.433.

(22)   Sabin Sonnentag and Michael Frees, Op.Cit. , pp.8-9.

• انظر نموذج كامبل في هذا الفصل .

(23)   Sabine Sonnentag and Michael Frese, Op.Cit. , p.9.

(24)   Stephan J. Motowidlo et al., "A Theory of Individual Differences in Task and Contextual Performance", Human Performance, Vol.10, No.1, 1997, pp.71-83.

(25)   Sabine Sonnentag and Michael Frese, Op.Cit. , p.10.

(26)   Ibid., p.11.

(27)   Fok Lillian, "The Relationship between Equity Sensitivity, Growth Need Strength, Organizational Citizenship Behavior and Perceived Outcomes in the Quality Environment: A Study of Accounting Professionals", Journal of Social Behavior and Personality, Vol. 15, No.1, 2000, p.101.

(28)   Ricky W. Griffin, "Effects of Work Redesign on Employee Perceptions, Attitudes and Behaviors: A long-term Investigation", Academy of Management Journal, Vol. 34, 1991, p.433.

(29)   Toby D. Wall et al.,"Advanced Manufacturing Technology, Work Design and Performance: A Change Study", Journal of Applied Psychology, Vol.75, No.6, 1990, p. 694.

(30)   Yitzhak Fried, "Meta-Analytic Comparison of The Job Diagnostic Survey and Job Characteristics Inventory as Correlates of Work Satisfaction and Performance", Journal of Applied Psychology, Vol.76, 1991, pp. 694–695.

(31)   Sabine Sonnentag and Michael Frese, Op.Cit., p.12.

(32)   T. C. Tubbs and J. M. Collins," Jackson and Schuler (1985) Revisited: A Meta-Analysis of The Relationships between Role Ambiguity, Role Conflict and Job Performance", Journal of Management, Vol.26, 2000, p. 155.

(33)   Sabine Sonnentag and Michael Frese, Op.Cit. , pp.12-13.

(34)   Ibid, p.13.

(35)   Ibid.

(36)   Harish Sujan et al., "Learning Orientation, Working Smart and Effective Selling", Journal of Marketing, Vol.58, No.3, 1994, pp. 42-44.

(37) Sabine Sonnentag and Michael Frese, Op.Cit., p.13.

(38) Sabine Sonnentag, "Expertise in Professional Software Design: A Process Study", Journal of Applied Psychology, Vol.83, No.5, 1998, p.703.

(39) Sabine Sonnentag and Michael Frese, Op.Cit., p.13.

(40) Avraham N. Kluger and Angelo DeNisi., "The Effects of Feedback Interventions on Performance: A Historical Review, A Meta-Analysis and A Preliminary Feedback Intervention Theory", Psychological Bulletin, Vol.119, No.2, 1996, p. 254.

(41) Mitchel J. Neubert, "The Value of Feedback and Goal Setting Over Goal Setting Alone and Potential Moderators of This Effect: A Meta-Analysis", Human Performance, Vol.11, No.4, 1998, p. 321.

(42) Alexander D. Stajkovic and Fred Luthans, "A Meta-Analysis of the Effects of Organizational Behavior Modification on Task Performance", Academy of Management Journal, Vol.40, No.5, 1997, pp. 1140–1141.

(43) Keith Hattrup et al.,"Prediction of Multidimensional Criteria: Distinguishing Task and Contextual Performance", Human Performance, Vol.11, No.4, 1998, p. 306.

(44) J.P. Campbell, "Modeling The Performance Prediction Problem In Industrial and Organizational Psychology", In M. D. Dunnette & L. M. Hough (Eds.), Handbook of Industrial and Organizational Psychology, (Palo Alto, CA: Consulting Psychologists Press, 1990). Cited In Maria Rotundo and Paul R. Sackett, "The Relative Importance of Task, Citizenship and Counterproductive Performance to Global Ratings of Job Performance: A Policy-Capturing Approach", Journal of Applied Psychology, Vol.87, No.1, 2002, p.67.

(45) Thomas E. Becker and Mary C. Kernan, "Matching Commitment to Supervisors and Organizations to In-Role and Extra-Role Performance", Human Performance, Vol.16, No.4, 2003, P. 328.

(46) Chockalingam Viswesvaran and Deniz S. Ones, Op.Cit., p.218.

(47) Keith Douglas McCook, "Organizational Perceptions and Their Relationships to Job Attitudes, Effort, Performance and Organizational Citizenship Behaviors", Unpublished

Doctoral Dissertation, Department of Psychology, Agricultural and Mechanical College, Graduate Faculty of the Louisiana State University , 2002, p.29.

(48)   Walter C. Borman and Stephan J. Motowidlo, "Task Performance and Contextual Performance: The Meaning for Personnel Selection Research", Human Performance, Vol.10, No.2, 1997, P.99.

(49)   Nancy Befort and Keith Hattrup, "Valuing Task and Contextual Performance: Experience, Job Roles and Ratings of the Importance of Job Behaviors", Applied H.R.M. Research, Vol. 8, No. 1, 2003, p.17.

(50)   Linn Van Dyne and Jeffrey A. LePine,"Helping and Voice Extra Role Behaviors: Evidence of Construct and Predictive Validity", Academy of Management Journal, Vol.41, No.1, 1998, p.108.

(51)   James N. Conway, "Additional Construct Validity Evidence for the Task/ Contextual Performance Distinction", Human Performance, Vol.9, No.4, 1996, P. 310.

(52)   Daniel P. Skarlicki and Gary P. Latham, "Organizational Citizenship Behavior and Performance in A University Setting", Canadian Journal of Administrative Sciences, Vol.12, No.3, 1995, P. 175.

(53)   Luis Ortiz, "A Comprehensive Literature Review of Organizational Justice and Organizational Citizenship Behavior: Is There a Connection to International Business and Cross-Cultural Research?", Social Justice Research, Vol.13, No.2, 1999, P.157.

(54)   D. Katz, "The Motivational Basis of Organizational Behavior", Behavioral Science, Vol.9, 1964, P. 132, Cited In :

C. Ann Smith, Dennis W. Organ and Janet P. Near, Op.Cit. , p.653.

John M. Orr et al., "The Role of Prescribed and Non-Prescribed Behaviors in Estimating the Dollar Value of Performance", Journal of Applied Psychology, Vol.74, No.1, 1989, P.34.

(55)   Dennis W. Organ, ""Organizational Citizenship Behavior: It's Construct Clean-Up Time", Human Performance, Vol.10, No.2, 199 p.92.

(56)   Thomas S. Bateman and Dennis W. Organ, Job Satisfaction and The Good Soldier:

The Relationship between Affect and Employee Citizenship", <u>Academy of Management Journal</u>, Vol.26, No.3, 1983, p.592.

(57)   Dennis W. Organ, "Organizational Citizenship Behavior: The Good Soldier Syndrome", (Lexington, MA: Lexington Books, 1988), Cited In: Mark Gregory Ehrhart, "Leadership and Justice As Antecedents of Unit-Level Organization Citizenship Behavior", Unpublished Doctoral Dissertation, The Faculty of The Graduate School of The University of Maryland, College Park, 2001, p. 3.

(58)   Philip M. Podsakoff et al., "Organizational Citizenship Behavior and the Quantity and Quality of Work Group Performance", <u>Journal of Applied Psychology</u>, Vol.82, No.2, 1997, p.266.

(59)   Larry J. Williams and Stella E. Anderson, "Job Satisfaction and Organizational Commitment as Predictors of Organizational Citizenship and In-Role Behaviors", <u>Journal of Management</u>, Vol. 17, No.3, 1991, p.609.

(60)   Dennis W. Organ, "Organizational Citizenship Behavior: The Good Soldier Syndrome", <u>Op.Cit</u>. , p.4, Cited in Chun Hui et al., "Instrumental Values of Organizational Citizenship Behavior for Promotion: A Field Quasi-Experiment", <u>Journal of Applied Psychology</u>, Vol.85, No.5, 2000, P.822.

(61)   Steven T. Hunt, "On the Virtues of Staying `Inside Of the Box': Does Organizational Citizenship Behavior Detract From Performance in Taylorist Jobs?" , <u>International Journal of Selection and Assessment</u>, Vol. 10, No.1/2, 2002, P.152.

(62)   Filip Lievens and Frederik Anseel, "Confirmatory Factor Analysis and Invariance of an Organizational Citizenship Behaviour Measure across Samples in A Dutch-Speaking Context", <u>Journal of Occupational and Organizational Psychology</u>, Vol.77, No.1, 2004, P.1.

(63)   Steven Appelbaum, "Organizational Citizenship Behavior: A Case Study of Culture, Leadership and Trust", <u>Management Decision</u>, Vol.42, No.1, 2004, P.19.

(64)   Dennis W. Organ, "Organizational Citizenship Behavior: The Good Soldier Syndrome", <u>Op.Cit</u>. , Cited In: Mark Gregory Ehrhart, <u>Op.Cit.</u>, P. 3.

(65)   Linn Van Dyne and Jeffrey A. Lepine, Op.Cit., p.108.

(66)   Walter C. Borman and Stephan J. Motowidlo, Op.Cit., pp.102-103.

(67)   Mel E. Schnake and Michael P. Dumler, "Levels of Measurement and Analysis Issues In Organizational Citizenship Behavior Research", Journal of Occupational and Organizational Psychology, Vol. 76, No.2, 2003, pp.284-285.

(68)   Armenio Rego,"Citizenship Behaviours of University Teachers", Active Learning in Higher Education, Vol.4, No.1, 2003, p.9.

(69)   Linn Van Dyne et al., "Organizational Citizenship Behavior: Construct Redefinition, Measurement and Validation", Academy of Management Journal, Vol.37, No.4, 1994, P.765.

(70)   Jeffrey A. LePine et al., "The Nature and Dimensionality of Organizational Citizenship Behavior: A Critical Review and Meta-Analysis", Journal of Applied Psychology, Vol.87, No.1, 2002, p.53.

(71)   Arthur P. Brief and Stephan J. Motowidlo, "Prosocial Organizational Behaviors", Academy of Management Review, Vol.11, No.4, 1986, P.711.

(72)   Ibid. , pp.712-713.

(73)   Robert H. Moorman and Gerald L. Blakely, "Individualism - Collectivism as an Individual Difference Predictor of Organizational Citizenship Behavior", Journal of Organizational Behavior, Vol.16, No.1, 1995, P.127.

(74)   Walter C. Borman and Stephan J. Motowidlo, Op.Cit., p.100.

(75)   Jennifer M. George and Arthur P. Brief, "Feeling Good–Doing Good: A Conceptual Analysis of the Mood at Work–Organizational Spontaneity Relationship", Psychological Bulletin, Vol.112, No.2, 1992, p.311.

(76)   Ibid.

(77)   Robert H. Moorman and Gerald L. Blakely, Op.Cit., p.172.

(78)   Walter C. Borman and Stephan J. Motowidlo, "Expanding The Criterion Domain to Include Elements of Contextual Performance", In N. Schmitt & Walter C. Borman

(Eds.), Personnel Selection in Organizations, (New York: Jossey-Bass, 1993), P.73, Cited In Stephan J. Motowidlo, "Some Basic Issues Related to Contextual Performance and Organizational Citizenship Behavior In Human Resource Management", Human Resources Management Review, Vol.10, No.1, 2000, p.116.

(79)   Walter C. Borman et al., "Personality Predictors of Citizenship Performance", International Journal of Selection and Assessment, Vol.19, No.1/2, 2001, P.52.

(80) Stephan J. Motowidlo, "Some Basic Issues Related To Contextual Performance and Organizational Citizenship Behavior in Human Resource Management", Human Resources Management Review, Vol.10, No.1, 2000, p.116.

(81)   Ibid., pp.116-117.

(82)   Dennis W. Organ, "Organizational Citizenship Behavior: Its Construct Clean-Up Time", Op.Cit., p.90.

(83)   Ibid., p.95.

(84)   Walter C. Borman et al., Op.Cit., p.67.

(85)   Marcia A. Finkelstein and Louis A. Penner, "Predicting Organizational Citizenship Behavior: Integrating the Functional and Role Identity Approaches", Social Behavior and Personality, Vol.32, No.4, 2004, p.384.

(86)   Stephan J. Motowidlo, Op.Cit., pp.117-118.

(87)   Ibid., p.119.

الفصل الثامن

إدارة الأداء المدرسي وتقويمه

تمهيد:

تعتبر الإدارة وسيلة المنظمات المختلفة لتحقيق أهدافها، وعلى قدر فعالية هذه الإدارة تتحدد فعالية المنظمة وقدرتها على تحقيق الأهداف التنظيمية.

وتعمل الإدارة المدرسية على تحقيق أهدافها وأغراضها مستخدمة في ذلك الطرق والأساليب التي تمكنها من تحقيق هذه الأهداف والأغراض، ولا يتسنى تحقيق ذلك إلا من خلال القيام بأداء محدد لواجبات ومسئوليات على مستوى كل وظيفة وكل مستوى إداري في التنظيم المدرسي.

ومن ثم فإنه من الضروري تحديد الوظائف المختلفة في المدرسة وتحديد مسئوليات وواجبات كل وظيفة في ضوء الأهداف والأغراض المطلوب تحقيقها، وتعيين الأفراد المناسبين (معلمين، وكلاء، فنيين، سكرتارية،... إلخ.) لأداء الوظائف المختلفة بأعلى كفاءة ممكنة، ومنحهم الصلاحيات والسلطات اللازمة لإنجاز ما تم تكليفهم بأدائه.

وتقع على الإدارة المدرسية بعد ذلك مهمة التأكد من حسن سير العمل المدرسي ومتابعة أداء العاملين لضمان تحقيق الأهداف المدرسية، وفي سبيل ذلك تعمل الإدارة على التقويم المستمر للأداء داخل المدرسة، ويشمل هذا التقويم كل الوظائف وجميع الوحدات أو الأقسام المدرسية؛ لتحديد الاختلافات أو الانحرافات بين الأداء الفعلي والأداء المرغوب، وتعمل الإدارة على تحليل هذه الاختلافات، والتعرف على أسبابها، والعمل على إجراء التعديلات والإصلاحات المناسبة سعيًا لتحسين الأداء والفعالية المدرسية.

ويركز الفصل الحالي على ثلاثة محاور أساسية على النحو التالي:

أولا: إدارة الأداء في المدرسة

ثانيا: تقويم الأداء المدرسي: مفهومه، أغراضه وأهدافه، أهمية التقويم المدرسي، ووظائفه.

ثالثا: تقويم مكونات النظام المدرسي:
- تقويم المبنى المدرسي وتجهيزاته.
- تقويم المنهج الدراسي.
- تقويم الإدارة المدرسية.
- تقويم التلميذ.
- تقويم المعلم.

أولا: إدارة الأداء في المدرسة :

1- مفهوم إدارة الأداء :

يستخدم مصطلح إدارة الأداء Performance Management بطرق مختلفة لدى الأفراد المختلفين، ويشير مصطلح إدارة الأداء عموما إلى تلك المحاولات المتنوعة التي تصمم للتأكد من أن المنظمات والوحدات والأفراد يعملون بكفاءة وفعالية. [1]

وتمثل إدارة الأداء مدخلا استراتيجيا ومتكاملا لتحقيق النجاح للمنظمات من خلال تحسين أداء الأفراد الذين يعملون فيها وذلك بتنمية قدرات الأفراد وجماعات العمل. وتتعلق إدارة الأداء المدرسي بالتخطيط للأداء، والتنمية لتحسين الأداء، وقياس الأداء، ومكافأة الأداء. [2]

كما ينظر إلى إدارة الأداء في المدرسة كعملية لتأسيس فهم مشترك لما يجب أن يتم تحقيقه، وكيفية تحقيقه، وإدارة العاملين بالمدرسة الذين سيقومون بتحقيقه. أو أنها عملية للتأكد من أن العاملين بالمدرسة يقومون بعملهم بشكل جيد، وبطريقة فعالة، وبأقصى ما عندهم من قدرات. [3]

> تُعد إدارة الأداء في المدارس مدخلا استراتيجيا متكاملا لتحقيق النجاح المستمر للمدارس من خلال تحسين أداء جميع أعضاء المجتمع المدرسي عن طريق تنمية قدرات الأفراد وفرق العمل المدرسي.

2- اهتمامات إدارة الأداء :

تتعدد اهتمامات إدارة الأداء في أية منظمة، والمدرسة كمنظمة تعليمية ليست استثناء من ذلك، ومن ثم تهتم إدارة الأداء في المنظمات المختلفة بأربع قضايا أساسية هي: [4]

أ - تحسين الأداء Performance Improvement فإدارة الأداء تهتم بشكل أساسي بتحسين الأداء من أجل تحقيق الفعالية التنظيمية والفردية والجماعية.

ب - تنمية الموظفين Employee Development وهي مسألة مرتبطة بتحسين الأداء، فتحسن الأداء لا يتحقق ما لم يكن هناك عمليات فعالة من التنمية المستمرة للعاملين بالمنظمة. وهذا يتناول الكفايات الأساسية للمنظمة وقدرات الأفراد والجماعات داخل المنظمة، ولذلك ربما يكون من الأفضل أن نطلق على إدارة الأداء اصطلاح إدارة الأداء والتنمية.

ج - إشباع احتياجات وتوقعات جميع المعنيين أو المستفيدين Stakeholders فإدارة الأداء داخل المنظمة التعليمية ينبغي أن تهتم أيضا بإشباع احتياجات وتوقعات جميع المعنيين أو المستفيدين من الخدمات التعليمية التي تقدمها المدرسة - مثل أولياء الأمور والطلاب والمعلمين والإدارة المدرسية وحتى الجمهور العام. وعلى وجه التحديد، يمكن معاملة المعلمين كشركاء في المدرسة، ومن ثم ينبغي احترام مصالحهم وتمكينهم بحيث يكون لديهم رأي في الأمور التي تهمهم، ويستطيعون اتخاذ قرارات تتعلق بعملهم، حيث ينبغي على إدارة الأداء احترام احتياجات الأفراد والجماعات التنظيمية.

د - الاتصال والاندماج Communication and Involvement تهتم إدارة الأداء بالاتصال والاندماج؛ فهي تهدف إلى خلق مناخ جيد لإدارة الحوار بين المديرين والعاملين معهم وذلك من أجل تحديد التوقعات والمعلومات المشتركة حول رسالة المنظمة وقيمها وأهدافها. وإدارة الأداء يمكنها المساهمة في تنمية الاندماج والولاء القوي للمنظمة بواسطة إشراك الأفراد والمجموعات في تحديد أهدافهم ووسائل تحقيق تلك الأهداف .

3- أهداف إدارة الأداء :

تهدف إدارة الأداء إلى توفير الوسائل التي من خلالها يستطيع الفرد أو فريق العمل أو المنظمة ككل تحقيق نتائج أفضل عن طريق فهم الأداء ضمن إطار عمل متفق عليه من الأهداف المخططة والمعايير ومتطلبات الكفاءة. إنها – أي إدارة الأداء- تتضمن تطوير العمليات لتأسيس فهم مشترك حول ما يجب تحقيقه، وطريقة تحقيقه بوصفها مدخل لإدارة وتنمية الأفراد بالطريقة التي تزيد من احتمالية تحقيقهم للنتائج المستهدفة في الأمد القصير والطويل. [5]

ويمكن تلخيص أهداف إدارة الأداء بشكل عام فيما يلي: [6]

- تمييز جهود ومساهمات العاملين الحاليين بالمنظمة .
- مكافأة العاملين طبقًا للأداء المبذول .
- حفز العاملين على تحسين الأداء .
- توجيه العاملين نحو تحقيق أهداف المنظمة .
- جذب عاملين يتصفون بالكفاءة العالية للعمل في المنظمة، وذلك من خلال نظام لإدارة الأداء يتسم بالفعالية.

أما في المجال التربوي، فتهدف إدارة الأداء إلى:

- تحسين مخرجات التعلم للطلاب من خلال تحسين جودة التدريس والقيادة.
- تكامل السياسات والممارسات والمعايير والإجراءات التي تربط الأهداف والغايات الخاصة بالمدرسة والعاملين بها .
- وضع توقعات للأداء متفق عليها، وعمليات قياس الأداء في ضوء هذه التوقعات .
- التركيز على التنمية المهنية لكل مدرسة .

4- خطوات إدارة الأداء :

يمكن تلخيص الخطوات المتبعة في إدارة الأداء بشكل عام كما يلي: [7]

- وضع خطة استراتيجية تعبر عن طموحات المنظمة وآمالها، ثم تترجمها في شكل أهداف سنوية.
- وضع تصميم وتوصيف للمهام والوظائف المطلوبة لتحقيق الأهداف.
- وضع معايير للأداء لكل وظيفة .
- ملاحظة الأداء، وتقديم تغذية راجعة مستمرة .
- تقييم الأداء في ضوء المعايير الموضوعة، وتوجيهه نحو أهداف المنظمة .
- تطوير الأداء .

ويلاحظ مما سبق أن إدارة الأداء في المدرسة عملية تواصل مستمر يشارك فيها كل من العاملين ومدير المدرسة فيما يلي:

● تحديد ووصف وظائف العمل الأساسية وربطها برسالة وأهداف المدرسة.

● تحديد معايير الأداء المناسبة للمنظمة.

● قياس الأداء في ضوء المعايير المعلنة والمتفق عليها.

● وجود التغذية الراجعة عن الأداء.

● تخطيط وتطوير فرص تعليمية وتدريبية لتحسين أداء العمل للأفراد.

ثانيا: تقويم الأداء المدرسي

اتضح لنا حتى الآن أن تقويم الأداء يمثل أحد خطوات أو عناصر إدارة الأداء. ويمثل تقويم الأداء حقيقة ثابتة في بيئات العمل المختلفة، ورغم أنه قد يتم تنفيذه بصورة شكلية وروتينية، وجميع الموظفين قد يكسبون أو يخسرون من التقويم في مختلف المنظمات، إلا أن الوضع في المنظمات المدرسية مختلف؛ فالمعلمون أو العاملون بالمدرسة ليسوا فقط المستفيدين من عملية التقويم ولكن أولياء الأمور والطلاب أيضا يستفيدون من عملية التقويم حيث تؤدي إجراءات التقويم المناسبة إلى تحسن عملية تعليم وتعلم الطلاب، وهي الغاية النهائية المبتغاة من جميع إجراءات التطوير داخل المدارس. (8)

1- مفهوم تقويم الأداء المدرسي

يتضمن مفهوم التقويم إصدار الحكم على قيمة الأشياء أو الأشخاص أو الموضوعات، وهو بهذا المعنى يتطلب استخدام المعايير أو المستويات أو المحكات لتقدير هذه القيمة، كما يتضمن أيضا معنى التحسين أو التعديل أو التطوير الذي يعتمد على هذه الأحكام. (9)

ومن المنظور الإداري يمكن القول إن التقويم هو عملية إصدار حكم على مدى تحقق الأهداف، واقتراح التحسينات والتعديلات لتحقيق جودة الأداء.

ويجري تقويم العاملين على أساس امتلاكهم بعض الخصائص الشخصية، التي تظهر من خلال السلوكيات المرتبطة بالأداء الناجح، أو إنتاج نتائج محددة. وهذه الخصائص والسلوكيات والنتائج المستخدمة في الحكم على الأداء تسمى معايير أو محكات التقويم. ويرى بعض الباحثين أن نقطة البدء في طريقة تحديد المحكات المستخدمة في تقويم أداء العاملين بالمدرسة هو نموذج توصيف الوظيفة الخاص بكل فرد. (10)

ويعد تقويم الأداء أحد الوظائف الأساسية للإدارة في المنظمات المختلفة، ويفرق بعض الباحثين بين عملية تقييم الأداء Performance Assessment / Appraisal وعملية تقويم الأداء Performance evaluation على اعتبار أن التقييم يعني قياس الأداء أو الحكم عليه أو تقديره، أما التقويم فيتعدى ذلك إلى إصلاح جوانب القصور والضعف واقتراح وسائل علاجها.

وحول العلاقة بين تقويم الأداء وعملية الرقابة Control يمكن القول إن تقويم الأداء هو الغاية الأساسية لنظام الرقابة الذي يستهدف التأكد من أن التنفيذ مطابق للإجراءات المطلوبة لما تم إقراره من سياسات وخطط، وكذلك اكتشاف الأخطاء المتوقع حدوثها ومعالجتها قبل الحدوث. وبذلك يتضح الارتباط والتداخل بين عملية الرقابة وتقويم الأداء؛ فتقويم الأداء يساعد في تحديد الانحرافات وتوضيح طرق وأساليب علاجها وذلك في مختلف المستويات التنظيمية، كما أن نظام الرقابة الجيد لابد أن يحتوي نظاما جيدا لتقويم الأداء. والرقابة بما تنطوي عليه من تقييم أداء العاملين وتقويمه تمثل في الأساس عملية إدارية ووظيفة من وظائف إدارة الموارد البشرية بالمنظمة.(11)

ويرى البعض أن تقويم الأداء هو عملية تقويم الفرد القائم بالعمل وذلك فيما يتعلق بأدائه ومقدرته الوظيفية وغيرها من الصفات اللازمة للقيام بالعمل الناجح.

ويحدد آخرون مفهوم تقويم الأداء في أية منظمة بأنه التأكد من مطابقة نتائج العمل للأهداف المحددة. وطبقا لهذا المفهوم فإن تقويم الأداء يتضمن ثلاثة عناصر:

- تحديد الأهداف أو المستويات التي يجب أن يحققها الأداء.
- قياس النتائج الفعلية للأداء.
- تحليل النتائج الفعلية ومقارنتها بما كان يجب تحقيقه وتحديد مصادر الفرق.

وفي ضوء ما سبق يمكن إيضاح أن نظام تقويم الأداء المدرسي يتضمن ما يلي:

- تقويم أداء الأفراد: تحديد جودة عمل الفرد في الوظيفة التي يشغلها، أو قياس لفعالية عمل الفرد في وظيفته، وتحديد لمدى كفاءته في أداء العمل المكلف به.
- تقويم أداء الوحدات أو الأقسام أو فرق العمل المدرسي في إطار السياسة العامة للمدرسة.
- تقويم أداء المدرسة ككل: تقدير فعالية المدرسة في تحقيق أهدافها، بمعنى الحكم على النظام

المدرسي القائم من حيث تحقيقه للأهداف الموضوعة ومدى قربه أو بعده عنها، وذلك حتى يمكن تحسين الأوضاع القائمة والنهوض بها.

ومن الجدير بالذكر أن تقويم كل مستوى من مستويات النظام المدرسي ينبغي أن يتم في ضوء معايير ومؤشرات دقيقة محددة ومعلنة، بحيث نجد أن هناك مثلا مؤشرات لفعالية أداء المعلم، ومؤشرات لفعالية فرق العمل المدرسي، ومؤشرات لفعالية المدرسة عموما بما تضمه من مبانٍ وتجهيزات، ومناهج وأدوات، ..إلخ. وهو ما سوف نوضحه فيما بعد تحت محور تقويم مكونات النظام المدرسي.

2- أغراض تقويم الأداء المدرسي وأهدافه:

إن تقويم الأداء يسهم في تحسين وتطوير الأداء لكل من الفرد والمدرسة، وهو عملية مستمرة وشاملة لجميع العاملين بالمدرسة تهدف إلى تنمية المبادئ السليمة للتعليم، وإنجاز الأهداف المدرسية، والأداء الفعال للمسئوليات الوظيفية؛ ومن ثم مقابلة الاحتياجات التعليمة للطلاب والمجتمع.

وطبقا لأغراض التقويم يمكن تمييز نوعين كبيرين من التقويم:[12]

أ - التقويم الختامي Summative Evaluation وهو التقويم الذي يجري لأغراض المحاسبية، وهذا النوع من التقويم يجرى عادة سنويا أو شبه سنويا، وتستخدم نتائجه لاتخاذ القرارات بشأن الأفراد. مثال اتخاذ قرار بترقية الموظف أو إنهاء خدمته أو نقله على السلم الوظيفي إلى مكان آخر، أو إجراء تعديل على الراتب الذي يتقاضاه.

ب- التقويم التكويني Formative Evaluation وهو يخدم الوظيفة التطويرية لتحسين أداء الفرد، فالغرض منه مساعدة الموظف في تحسين أدائه للوظيفة عن طريق توفير التغذية الراجعة له، وتقديم اقتراحات لتدريبه.

وأحياناً قد يتعارض جانبا تقويم الأداء (التكويني والختامي)؛ فالتقويم التكويني يعتمد على تأسيس وصيانة رباط الثقة بين الموظف والقائم بالتقويم من أجل تطوير أداء الموظف وتحسينه. أما التقويم الختامي فنظرا لتركيزه على إصدار الحكم النهائي على أداء الموظف فإنه يهدد بتقويض الثقة التي لابد منها لمساعدة الموظفين في تعلم سلوكيات وظيفية جديدة. ونتيجة لذلك يعتقد

بعض العلماء أن نوعي التقويم لا يمكن التوفيق بينهما في نظام واحد للتقويم ومن ثم يقترح الفصل بينهما. وعلى الرغم من أن التقويم التكويني والتقويم الختامي هما أكثر الأسباب شيوعا لإجراء تقويم الأداء بالمدرسة، إلا أن هناك أغراضًا أخرى للتقويم؛ فالتقويم أحيانا قد يستخدم لأغراض المصادقة على معايير الاختيار، وتوفير أساس للتخطيط المهني، واختيار الأفراد المستحقين للمكافآت أو الترقيات إلى وظائف ذات مسئولية أكبر.

وبناء على ما سبق يهدف تقويم الأداء المدرسي إلى:

- الكشف عن الجوانب السلبية في الأداء المدرسي من حيث الأهداف والوسائل والطرق المستخدمة في تحقيق الأهداف، ومحاولة التغلب عليها ومعالجتها، وفي الوقت نفسه تدعيم الجوانب الإيجابية.

- تحديد جوانب الضعف والقصور في أداء العاملين بالمدرسة لمعالجتها عن طريق وضع برامج وخطط تدريبية لهم .

- الكشف عن الطاقات والقدرات الكامنة لدى الأفراد وغير المستغلة في عملهم الحالي، ويمكن الاستفادة من نتائج التقويم في إعادة توزيع المسئوليات والمهام على الأفراد بما يتفق مع قدراتهم وإمكانياتهم.

- الكشف عن الأفراد الذين لا تتفق قدراتهم واستعداداتهم مع الأعمال التي يؤدونها والتي قد تتطلب مهارات وقدرات أعلى مما يتوفر لديهم، ويمكن الاستفادة من نتائج هذا التقويم في التخطيط للتنمية المهنية للعاملين بالمدرسة، وذلك لرفع مستوى مهاراتهم وقدراتهم، أو إعادة توزيعهم على العمل الذي يتناسب مع قدراتهم وإمكانياتهم، أو اتخاذ الإجراءات المناسبة للاستغناء عنهم.

- الكشف عن مواطن القوة لدى العاملين، واستخدام نتائج التقويم في تنمية عناصر التميز عند الممتازين، مما يشعرهم بأن جهودهم محل تقدير رؤسائهم.

- تحسين علاقات العمل بين المعلمين ومدير المدرسة، فوجود معايير موضوعية لتقويم الأداء يخلق الطمأنينة والراحة حيث يشعر المعلمون بأن نظام التقويم لا يهدف إلى تصيد الأخطاء بل يساعدهم على تحسين أدائهم، ويجعلهم أكثر التزاماً بالعمل وامتثالاً للنظام والقواعد التي تحكم هذا العمل.

- توفير أساس موضوعي عادل لمكافأة المعلمين المتميزين ومعاقبة المقصرين منهم، واتخاذ القرارات بهذا الشأن بناء على نتائج تقويم الأداء، وليس بطريقة عشوائية.

- إلمام مدير المدرسة بسير الأحوال في مدرسته ومدى تقدم المعلمين العاملين معه.

3- أهمية التقويم المدرسي:

إن التقويم المدرسي بوصفه عملية من عمليات الإدارة المدرسية يحتل أهمية كبيرة؛ حيث إنه - كما اتضح - وسيلة لتحقيق أهداف وليس هدفا في ذاته، ويمكن إيجاز ذلك في أن التقويم:[13]

- يبين اتجاه العملية التعليمية ومدخلاتها (الإدارة المدرسية - المدرس - المدرسة - التلميذ - المنهج... إلخ) نحو تحقيق الأهداف المرسومة ومدى ما تحقق منها، وتقدير الأساليب والنشاطات المستخدمة، وبيان ما بها من قوة وضعف.

- يتيح الفرصة لمراجعة الأهداف المرسومة، وإدخال تعديلات عليها لتصير أكثر واقعية، حتى يمكن الوصول إليها.

- يكشف عن قيمة الوسائل والطرق والنشاطات التي نسلكها أو نمارسها في سبيل تحقيق الأهداف.

- يشخص ما يقابل التعليم من عقبات ومشكلات، وما يترتب على ذلك من الوقوف على أسباب هذا القصور وتلك المشكلات.

- يساعد على توجيه الجهود نحو تحسين التعليم عن طريق علاج المشكلات التي تقابله، وتدعيم الجوانب الإيجابية في العملية التعليمية.

- يحفز إدارة المدرسة على مزيد من العمل، ويحفز المعلم على النمو، والتلميذ على التعلم.

وتأسيسا على ما سبق يمكن إيضاح أن التقويم المدرسي يمثل عملية هامة حيث أنه يساعد على:

- تحسين أداء الفرد وتطويره.
- تحسين أداء المدرسة وزيادة فاعليتها.
- التنبؤ بمستوى العمل الذي يمكن أن يؤديه الفرد في المستقبل.
- معرفة المستحقين للمكافآت والعلاوات لتوزيعها عليهم.
- إعادة توزيع المسئوليات والسلطات على العاملين بالمدرسة.

● تحديد الاحتياجات التدريبية للعاملين بالمدرسة.

● حفز كل من المعلم والطالب وجميع أعضاء الإدارة المدرسية على النمو وبذل المزيد من الجهد والعمل.

كما تعتبر نتائج تقويم الأداء أساسًا موضوعيًا للترقية والنقل والفصل من الخدمة وكذلك تحديد مدى سلامة عمليتي الاختيار والتعيين.

وبذلك يحظى موضوع تقويم الأداء في المدرسة على أهمية خاصة، حيث إن قياس أداء العاملين وتحسينه له مردود مباشر على تحسن تحصيل الطلاب وتعلمهم، وهي الغاية النهائية المبتغاة من وجود المؤسسات المدرسية.

4- وظائف التقويم المدرسي:

في ضوء أغراض التقويم المعروضة سابقا يمكن إجمال الوظائف الرئيسة للتقويم في المدرسة في أربع وظائف على النحو التالي: [14]

أ - **الوظيفة البنائية أو التكوينية Formative:** وغرضها التحسين والتطوير في أداء الأفراد وأداء المنظومة التعليمية في المدرسة ككل.

ب- **الوظيفة التلخيصية أو الإجمالية Summative:** وغرضها تحديد المسئولية والمحاسبة على الأداء.

ج- **الوظيفة النفسية أو الاجتماعية:** وغرضها استثارة الوعي نحو أنشطة معينة واستثارة دافعية الأفراد موضع التقويم نحو السلوك المرغوب أو تحسين العلاقات العامة.

د- **الوظيفة الإدارية للتقويم:** والغرض منها ممارسة سلطة الرؤساء على المرءوسين، فالرؤساء في مختلف مواقعهم الإدارية يقومون بتقويم الأشخاص ممن هم تحت إشرافهم ونفوذهم؛ وذلك لممارسة السلطة المخولة لهم.

ثالثا: تقويم مكونات النظام المدرسي:

إن التقويم الشامل للمدرسة يقتضي تقويم مختلف مكونات النظام المدرسي والتي تعمل نحو تحسين العملية التعليمية وفعالية المدرسة ونجاحها في أداء وظيفتها الأساسية وهي ترقية النمو الشامل للطلاب.

وتشمل منظومة العمل المدرسي التي ينبغي أن تخضع للتقويم المستمر المكونات التالية:

- المبنى المدرسي وتجهيزاته.
- المنهج الدراسي.
- الإدارة المدرسية.
- التلميذ
- المعلم.

ويوضح الشكل التالي المكونات الأساسية للنظام المدرسي:

شكل (1)
مكونات النظام المدرسي

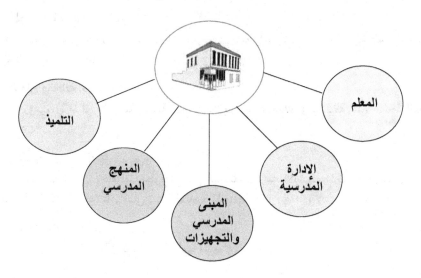

وفيما يلي عرض لطبيعة وأساليب تقويم المكونات السابقة:

1- تقويم المبنى المدرسي والتجهيزات:

يعتبر المبنى المدرسي - بما يحويه من فصول دراسية ومعامل وحدائق وملاعب، وحجرات للمعلمين والإداريين وغيرها - من أهم عناصر المنظومة المدرسية، فهو المكان الذي يتم فيه

تنفيذ جميع العمليات والأنشطة اللازمة لتحقيق الأهداف التعليمية، ومن ثم تحقيق الأهداف المنشودة من المدرسة.

وقد تغيرت الصورة التقليدية فأصبح المبنى المدرسي الحديث يخضع لشروط ومواصفات علمية من حيث اختيار الموقع والتنظيم العام للمبنى وتوزيع الإضاءة والفصول المدرسية والكراسي المريحة، ووجود حجرات متعددة الأغراض والملاعب والورش والمخازن والمكتبة وغيرها من العناصر المهمة في تشكيل المدرسة. [15]

ويتضح من ذلك أن المبنى المدرسي وتجهيزاته يمثل أحد العناصر الأساسية للنظام المدرسي؛ باعتباره المكان الذي تتم فيه معظم الأنشطة التعليمية بل والإدارية داخل المدرسة، ولذلك فمن الطبعي أن تؤثر كفاءة المبنى المدرسي وتجهيزاته على أداء جميع عناصر منظومة العمل المدرسي.

وقد قدمت الجمعية الأمريكية لمديري المدارس مجموعة من المعايير الأساسية للحكم على المبنى المدرسي وتقويمه من أهمها ما يلي: [16]

● **المواءمة للمناهج الدراسية:**
هل يقدم المبنى المدرسي الفراغ والتسهيلات للبرنامج المدرسي (المناهج، الأنشطة ...) والتي تحتاج إليها المدرسة؟

● **الأمان والحالة السليمة:**
هل روعي في المباني المدرسية حماية الموجودين بها من الأخطار والمحافظة على الصحة العامة للطلاب؟

● **التنسيق الوظيفي:**
هل صممت المباني وخططت بطريقة تتيح الفرصة لممارسة الأنشطة المختلفة دون أن يعوق نشاط نشاطا آخر، وتساعد على تنفيذ المناهج المختلفة.

● **الكفاءة والاستخدام**
هل خططت المباني بشكل ييسر استخدامها بسهولة؟

● **الناحية الجمالية للمبنى:**
هل الشكل العام وتنظيم المبنى يهيئ مناخا مناسبا ومريحا للطلاب.

● **المرونة:**

هل تم تخطيط المباني المدرسية بشكل يمكن من التوسع المستقبلي أو إعادة تنظيمها وترتيب أجزائها داخليا لمواجهة حاجات تعليمية جديدة بأقل تكلفة ممكنة؟

● **الاقتصادية:**

هل تم تخطيط المباني بشكل يمكن معه القول أن هناك استفادة بكل ما تم إنفاقه على إنشائها.

وبناء على ما سبق يمكن تلخيص مؤشرات Indicators تقويم المبنى المدرسي، على النحو التالي:[17]

✍ موقع المدرسة وملاءمته للعملية التعليمية، وسهولة الوصول إليه.

✍ المظهر الجمالي للمبنى وصيانته.

✍ مساحة المبنى، وتهويته، ومناسبته لأعداد الطلبة وأعمارهم.

✍ صلاحية حجرات الدراسة والقاعات، وتأثيثها تأثيثا مناسبا.

✍ مدى وفاء المبنى باحتياجات المنهج المدرسي وأغراضه التربوية.

✍ مدى توافر حجرات الأنشطة التربوية وتوظيفها.

✍ مدى توافر حجرات المعلمين، والهيئة الإدارية، وغيرهم من العاملين.

✍ صلاحية فناء المدرسة ومدى اتساعه في ضوء أعداد الطلبة وأعمارهم للقيام بالأنشطة التربوية المختلفة.

✍ مدى توافر حديقة خضراء بالمدرسة.

✍ مدى توافر مساحات مرنة للعمل الفردي، والجماعات الصغيرة، ولقاء الجماعات الكبيرة.

✍ توافر وسائل الأمان بالمدرسة، وبخاصة طرق الصعود والنزول، من خلال سلالم المبنى ومداخله المتعددة.

✍ مدى توافر المختبرات، وملاءمة تجهيزاتها، وتنوعها.

✍ توافر المقاعد، والسبورات، وطلائها وصيانتها.

✍ سهولة الاتصال بين وحدات المبنى وتأمينه.

- الإضاءة والتهوية والنظافة.
- مدى توافر مقصف المدرسة، ونظافته، وتعاملاته.
- مدى توافر مسرح المدرسة وصلاحيته وتجهيزاته.
- مدى توافر مكتبة المدرسة وصلاحيتها، وتنوع مقتنياتها وتوظيفها.
- كثافة الفصول.
- توظيف أماكن الدراسة المختلفة توظيفا يسهم في تحسين نوعية تعلم الطلبة.

2- تقويم المنهج الدراسي:

يختلف خبراء التربية في تعريف المقصود بالمنهج Curriculum، فيرى بعضهم أن المنهج هو المجموع الكلى لخبرات وفرص التعلم التي تقدم عن طريق المدرسة أو من خلالها، والتي يعبر عنها في ضوء ماذا تقدم، ولماذا تقدمه؟ ومتى تقدمه؟ وكيف تقدمه؟ بما يحقق أعلى فائدة لدى جميع الطلاب، ويشتمل ذلك على الجانب الأكاديمي، وكذلك العملي، بالإضافة إلى المنهج الخفي[(18)].

وعلى الرغم من أن التعريف الشائع للمنهج هو «خبرات التعلم التي يتم تخطيطها» إلا أن هذا التعريف يجعل المنهج مرادفا لعملية التعليم Instruction، في حين أن المنهج يجب أن يوجه هذه العملية؛ لذلك يرى بعض خبراء التربية أنه يمكن تعريف المنهج بأنه «سلسلة هرمية منظمة من نواتج التعلم المرجوة التي تشمل: المعارف، والرموز، والمفاهيم، والتعميمات، والمهارات العقلية والنفسية والحركية، والاتجاهات والميول والقيم والتذوق، وغير ذلك» ويتم في ضوء هذه النواتج المتوقعة انتقاء أنشطة تعليمية متنوعة مناسبة تساعد في تحقيقها لدى الطلبة.[(19)]

ويهدف المنهج إلى تحقيق عدة أغراض رئيسية أهمها: [(20)]

- العمل على تنمية شخصية التلميذ إلى أقصى ما يمكن.
- إيجاد جو يحفز التلميذ على الفهم والتفكير.
- تنمية حب الاستطلاع لدى الفرد والبحث عن المعرفة.
- إعداد الفرد للحياة الصالحة والمواطنة الديمقراطية السليمة.

ويشير مصطلح تقويم المناهج إلى مفاهيم متعددة مختلفة ولكنها مترابطة، فقد استخدم

بعض الخبراء هذا المصطلح ليشير إلى تقويم نواتج المنهج Curriculum Product Evaluation واستخدمه آخرون للإشارة إلى تقويم برنامج المنهج Curriculum Program Evaluation، وتستند نواتج المنهج المتمثلة في المقررات والكتب المدرسية إلى محكات خارجية محددة سلفا، وكذلك بيانات تتعلق بالنواتج، ويتم جمعها ميدانيا أثناء عملية التجريب. أما تقويم برنامج المنهج فإنه يشير إلى مجموعة متشابكة من التفاعلات بين منهج معين أو برنامج تعليمي معين وبين المواقف التي يستخدم فيها. [21]

وتعتبر عملية تطوير المنهج عملية مستمرة تمر بعدة خطوات أو مراحل هي: [22]

● صياغة الأهداف والأغراض المقصودة من المنهج.

● اختيار المحتوى المناسب وما يتصل به من اختيار للمصادر التعليمية والأنشطة والبرامج.

● تطبيق المحتوى بمصادره وأنشطته وبرامجه ووضعه موضع التنفيذ.

● تقويم النتائج التي يسفر عنها تطبيق المحتوى في ضوء الأهداف الموضوعة.

● إجراء التعديلات في ضوء التغذية الراجعة لنتائج التقويم.

وهناك معايير ومؤشرات كثيرة يمكن تقويم المنهج في ضوئها ومن أهمها ما يلي: [23]

▧ مدى إسهام المنهج في تحقيق مستويات معرفية عليا لدى الطلاب.

▧ مدى مناسبة محتوى المنهج لقدرات الطلاب.

▧ مدى إسهام المنهج في إعداد الطلاب للتعامل مع المجتمع.

▧ مدى وفاء المنهج باحتياجات الطلاب المتعلمين ومتطلبات نموهم المتكامل.

▧ مدى التواصل أو الترابط في حلقات المنهج بين المراحل السابقة والمراحل التالية.

▧ مدى احتواء المنهج على أنشطة مصاحبة.

▧ مدى فاعلية الأنشطة المصاحبة للمنهج، وكذلك الأنشطة اللاصفية في تحقيق الأهداف التربوية.

▧ مدى توافر الترابط بين موضوعات المنهج وأبعاده.

▧ مدى تنظيم المنهج واتصاله بالخبرات التعليمية للتلاميذ.

▧ مدى مناسبة المنهج لتحقيق الأهداف المحددة سلفا.

- مدى توافق الأهداف المعلنة للمنهج مع الأهداف العامة للمرحلة التعليمية بخاصة والأهداف العامة للتعليم بصفة عامة.

- مدى قدرة المنهج على تنمية أنماط التفكير المختلفة لدى الطلاب.

- مدى اهتمام المنهج بالجوانب العملية والتطبيقية.

3- تقويم الإدارة المدرسية:

اتضح لك في الفصول السابقة أن الإدارة المدرسية هي مجال للدراسة والممارسة يتعلق بعمل المدارس، فالإدارة المدرسية معنية بتحقيق الأهداف التربوية داخل المدرسة من خلال تنسيق جهود جميع أعضاء المجتمع المدرسي من إداريين ومعلمين وغيرهم، وهي ليست عملا فرديا يقتصر على مدير المدرسة، وإنما هي عمل تشاركي بين مدير المدرسة وبقية فريق الإدارة المدرسية وغيرهم من المعنيين بالعملية التعليمية داخل المدرسة.

ومسألة تقويم الإدارة المدرسية تعني الحكم على مدى فعاليتها وتحقيقها للأهداف المدرسية المسئولة عن إنجازها، ومدى كفاءتها في الأداء، ومن المنطقي أن يرتبط تقويم الإدارة المدرسية بالأهداف المناطة بها. ومن ثم يمكن الحكم على أدائها في ضوء مدى إنجازها للأهداف ومدى كفاءتها في هذا الإنجاز.

ويلخص بعض العلماء أبرز المعايير التي يمكن من خلالها تقويم الإدارة المدرسية عامة، وهي على النحو التالي: [24]

📑 **المعيار الأول:** وضوح الأهداف التي تسعى الإدارة المدرسية إلى تحقيقها، وبحيث تتحقق جميع مستويات العاملين بالإدارة المدرسية بالأهداف الموضوعة والدور المناط بكل منهم في تحقيق هذه الأهداف، وعادة ما يؤدي غموض الأهداف إلى التضارب في تنفيذها وتقويم الأداء الخاص بها.

📑 **المعيار الثاني:** التحديد الواضح للمسئوليات، وبحيث يكون كل فرد في المدرسة (تلميذ، معلم، إداري، معاون) على معرفة تامة بالواجبات والمسئوليات المفوضة إليه، فالتحديد الدقيق الواضح لهذه الواجبات يساعد على تحقيق أهداف المدرسة بسرعة وكفاءة.

📑 **المعيار الثالث:** أن تسخر المدرسة جميع إمكاناتها وطاقتها لخدمة العملية التعليمية فيها.

فالإمكانات المادية والبشرية والعمليات التي تقوم بها الإدارة المدرسية ليست غاية في حد ذاتها بل جميعها وسائل لتحقيق الغايات المنشودة من المدرسة في تربية الأبناء. وهذا يفرض على الإدارة المدرسية استغلال هذه الطاقات والإمكانات بأفضل صورة من أجل تحقيق هذه الأهداف.

- **المعيار الرابع:** توافر نظام جيد للاتصال، سواء أكان هذا الاتصال داخل المدرسة أم مع المجتمع المحلي والجهات التعليمية الأخرى.

ويتضح من المعايير السابقة أنها جميعا تدور حول مدى كفاءة الإدارة المدرسية وفعاليتها في إنجاز الأهداف المنوطة بها.

4- تقويم التلميذ Student Evaluation

واقع الأمر أن عملية تقويم التلميذ تهدف في الأساس إلى الكشف عن اتجاهات نموه والعوامل التي تؤثر في هذا النمو، حتى يستطيع المعلم وضع خطة للخبرات التعليمية التي يقدمها إلى تلميذه، وحتى يحسن توجيه نشاطه وعلاج جوانب الضعف ودعم جوانب القوة.[25]

ولن يبلى القول إن التلميذ هو محور العملية التعليمية، فهو المدخل الرئيسي وأهم المخرجات التعليمية، بل هو الغاية النهائية من جميع جهود التحسين والتطوير التي تتم على جميع عناصر ومكونات المنظومة التعليمية برمتها، فنحن نطور في الأبنية والتجهيزات، ونطور في المناهج والأساليب، بل نطور في إعداد المعلم وتدريبه كل هذا بغرض تحسين عملية تعليم وتعلم التلاميذ في مدارسهم.

وتمثل قضية تقويم التلاميذ إحدى القضايا الشائكة التي تشغل بال معظم خبراء ومسئولي التعليم في مختلف المجتمعات، فالانتقادات دائما موجهة نحو مدى موضوعية أساليب التقويم وعدالتها، ومدى قدرتها على التعبير الحقيقي عن مستوى التلميذ، ومدى شمولها لجميع جوانب شخصيته.. إلخ.

وعادة ما يشمل تقويم التلميذ ما يلي:[26]

- تقويم القدرات العقلية باستخدام اختبارات الذكاء واختبارات القدرات الطائفية والخاصة وتقويم اتجاهاته وميوله.

- تقويم العمل المدرسي للتلميذ باستخدام أدوات متعددة، منها الامتحانات. وحيث إن الامتحانات المدرسية تمثل أداة مهمة من أدوات القياس والتقويم فإنها لا ينبغي أن تنصب على جانب واحد من جوانب العمل المدرسي، ومن هنا كانت ضرورة تنوع أدوات القياس والتقويم لتشمل الاختبارات التحصيلية من اختبارات المقال والاختبارات الموضوعية، وملاحظات المعلمين، والسجلات والتقارير وغيرها.

ومن أبرز الطرق المستخدمة في تقويم التلاميذ ما يلي:

- الامتحانات التحريرية (الموضوعية والمقالية بأنواعها المختلفة) في آخر العام.
- الامتحانات الفصلية أو امتحانات منتصف العام.
- الامتحانات الشفهية.
- ملف إنجاز ونشاط الطالب (البورتفوليو) خلال العام الدراسي.
- أعمال السنة ودرجات سلوك الطالب والتزامه.

5- تقويم المعلم Teacher Evaluation

إن وظيفة المعلم من أهم الوظائف المؤثرة في المجتمع، ومع هذه الوظيفة المؤثرة يتأتى قدر كبير من المسئولية، ومعظم المعلمين عادة ما يكونون على علم بهذه المسئوليات من خلال الاطلاع على توصيف وظائفهم قبل الالتحاق بالوظيفة، وعلاوة على ذلك يكون لديهم مسئوليات عامة؛ إذ يقفون مكان الآباء، ويأخذون مسئوليات مماثلة من تنمية التلاميذ وحمايتهم بالإضافة إلى مسئولياتهم التعليمية الرسمية المتمثلة في تعليم التلاميذ المعرفة والمهارات الضرورية للانسجام مع المجتمع.

وينظر إلى أداء المعلم بوصفه عملية محورية في المدارس من أجل تنمية كفاءة المعلمين ومن ثم جودة التعليم. فنظام تقويم الأداء عادة ما يكون له تأثير مهم على اتجاهات وسلوكيات المعلمين والتي تؤثر بالتالي على أداء المعلمين ونواتج تعلم الطلاب. والحقيقة أن مسألة تقويم المعلم في معظم دول العالم تمثل مشكلة مستمرة؛ فهي عملية معقدة وعادة ما تتعرض لانتقادات كثيرة بوصفها غير فعالة في تحسين الجودة التعليمية للمعلمين. ومن أمثلة المشكلات المرتبطة بتقويم المعلم: التعارض بين الأغراض البنائية والأغراض الختامية للتقويم، وضعف الاتفاق على محكات ملائمة للتقويم، ومدى صدق وثبات طرق التقويم المتبعة، والمدركات السلبية

للمعلمين نحو نظام التقويم. [27]

إن نظام تقويم أداء المعلمين يتضمن أغراض متعددة – كما سبق ذكره – منها الأغراض البنائية، والأغراض الختامية، فالأغراض البنائية Formative Purposes تركز على توفير المعلومات لمقابلة احتياجات النمو المهني للفرد المعلم، بهدف مساعدة المعلمين لتحقيق مستويات أعلى من الكفاءة. أما الأغراض الختامية Summative Purposes فتهدف إلى توفير معلومات لأغراض المحاسبية وقرارات إدارة الأفراد مثل الترقية، وتحديد الأجور، وعلاوات الأداء. [28]

أ - طرق تقييم أداء المعلم

هناك طرق متعددة لتقييم أداء المعلم وتتوقف فعالية استخدام طريقة ما على عوامل كثيرة منها الهدف أو الغرض من التقويم، وتوافر الأدوات المناسبة لإجراء التقويم، ومدى قدرة وكفاءة المقومين أنفسهم ..إلى غير ذلك من العوامل التي تجعل من طريقة معينة أكثر ملاءمة للاستخدام في وقت معين وموقف معين، ومن أكثر الطرق استخداما في تقييم أداء المعلمين ما يلي: [29]

● **اختبارات المعلم Teacher Examination**

تقيس اختبارات المعلم بصورة نموذجية مدى ما يمتلكه المعلم من معرفة أكاديمية بالمادة الدراسية أو المعارف والمهارات التربوية. ومما يؤخذ على هذه الطريقة أنها لا تحدد مدى المعرفة والمهارات المطلوبة للمعلم الفعال.

● **الملاحظات (الزيارات) الصفية Classroom Observations**

يعد هذا الأسلوب أكثر الأساليب شيوعا واستخداما في تقويم أداء المعلم حيث تمثل الملاحظات (الزيارات) الصفية للمعلم من خلال مقومين مؤهلين (مديري المدارس أو الموجهين أو المشرفين التربويين) إحدى طرق التقييم الشائعة لأداء المعلم، وفيها يكون التركيز عادة على المهارات التربوية.

ويستند هذا الأسلوب إلى افتراض أنه يمكن للمقومين تعرف التدريس الفعال عندما يلاحظونه، والتوصل إلى أحكام مقارنة بين المعلمين، حيث يقوم المقوم المتخصص بوضع تقديرات للمعلم في أبعاد متعددة منفصلة مثل: تخطيط الدرس، أسلوب التدريس، إدارة الفصل، الالتزام وتحمل المسئولية..إلخ، أو وضع تقدير عام لفعالية المعلم ككل.

ويتميز هذا الأسلوب بأنه أكثر واقعية حيث تجرى ملاحظة المعلم في مواقف الصف المدرسي مباشرة، ويمكن تنفيذه بكلفة قليلة، وتجميع ملاحظات وتعليقات في ضوء معلومات مسبقة عن المعلم، ورغم ذلك مما يؤخذ على هذه الطريقة أنها تستهلك وقتا كبيرا من المقومين.

والآن حاول تكوين رأيك في أسلوب الزيارة الصفية كطريقة لتقويم المعلم من خلال التفكير في النقاط التالية:

📄 هل يجب أن تتم ملاحظة المعلم أثناء التدريس دون إخباره مسبقا بموعد الزيارة؟

📄 ما رأيك في القول بأن هذا الأسلوب في تقييم أداء المعلم يخضع - إلى حد كبير - إلى ذاتية القائم بالتقويم؟

📄 ما مقترحاتك لضمان موضوعية هذا الأسلوب في تقويم أداء المعلم؟

● **تقييم الطلبة للمعلم:**

يعد هذا الأسلوب من الأساليب الشائعة – حديثا نسبيا - في تقويم أداء المعلم وفعاليته وبخاصة في التعليم العالي والمدارس الثانوية. فالطلبة ربما يعرفون عن معلمهم أكثر مما يعرفه المدير أو المشرف التربوي الذي يحكم على أداء المعلم من ملاحظاته لمدة زمنية قصيرة، ويمكن أن تضيف تقديرات الطلبة للمعلم معلومات مفيدة على المعلومات المستمدة من ملاحظات الخبراء.

والآن حاول تكوين رأيك في أسلوب تقييم الطلبة للمعلم كطريقة لتقويم أداء المعلم من خلال التفكير في النقاط التالية:

📄 هل تقييم الطالب للمعلم قد يتأثر بعوامل أخرى لا علاقة لها بفعالية المعلم وجودة أدائه.

📄 هل الطلاب قادرون على فهم كل أبعاد عملية التعلم وخاصة الطلاب صغار السن؟

● **نتائج الطلاب كأسلوب لتقويم المعلم:**

عندما يقوم المعلم بتدريس مقرر تعليمي معين لطلبة أحد الصفوف، فإنه يتوقع حدوث تغييرات محددة مسبقا في سلوكهم، مثل زيادة معارفهم ومهاراتهم وتغير اتجاهاتهم. ولذلك فإن أحد أساليب تقويم أداء المعلم وفعاليته هو تحديد التغيرات التي حدثت في أداء الطلبة، ومدى الإنجاز والنجاح الذي يستطيعون تحقيقه بعد انتهاء المقرر.

والآن حاول تكوين رأيك في أسلوب تقويم المعلم استنادا إلى أداء الطلاب ونتائجهم التحصيلية من خلال التفكير في النقاط التالية:

- 📄 هل هناك عوامل أخرى تؤثر في نتائج الطلاب غير أداء المعلم؟

- 📄 في رأيك، ما العوامل التي قد تؤثر على أداء الطلاب ونتائجهم؟

- 📄 ما مقترحاتك لضمان فعالية هذا الأسلوب في تقويم أداء المعلم؟

● **التقويم الذاتي Self Evaluation**

من المفيد للمعلم أن يجري تقويما ومراجعة منظمة لأدائه في العمل وخاصة التدريس، وذلك من أجل الحصول على صورة دقيقة فيما يتعلق بقدراته ومهاراته. غير أن كثيرًا من المعلمين لم يحصلوا على قدر كاف من التدريب على كيفية التركيز في تقويم أنفسهم على الجوانب المهمة في عملهم، حيث إن معظمهم يعمد إلى نقد جوانب شكلية مثل المظهر، والصوت، واستخدام المواد التعليمية. كما أن معظمهم ربما اعتاد على الضبط الخارجي ومساعدة الآخرين لهم في حل المشكلات التي يواجهونها داخل الصف، ويميلون إلى المغالاة في تقدير أنفسهم.

ورغم ذلك تبقى طريقة التقويم الذاتي من أهم الطرق الحديثة المستخدمة في تقويم أداء المعلم لاسيما عندما يكون الهدف من التقويم تحديد نقاط القوة ونقاط الضعف في الأداء بغية علاج نقاط الضعف ودعم نقاط القوة.

● **تقييم البورتفوليو Portfolio Assessment**

تعد طريقة البورتفوليو مصدرا شائعا حاليا للحصول على بيانات لتقييم أداء المعلمين، وقد اكتسبت هذه الطريقة شيوعا وانتشارا لكونها وسيلة أكثر موثوقية وصلاحية لقياس الأداء. ورغم ذلك يشكو كثير من المعلمين من أن وجود الوثائق والمذكرات يستهلك وقتا كبيرا، ولا يعد ممثلا لقدراتهم الحقيقية كمعلمين.

ب- محكات تقويم الأداء التعليمي للمعلم: (30)

إن تقييم العاملين يتم على أساس امتلاك خصائص شخصية معينة، أو إظهار السلوكيات المرتبطة بالأداء الناجح، أو تحقيق نتائج محددة. ويطلق على الخصائص والسلوكيات والنتائج المستخدمة في الحكم على الأداء مصطلح المحكات Criteria.

ولتحديد المحكات التي يمكن استخدامها في تقييم العاملين في مختلف الوظائف ربما يكون نموذج الوظيفة نقطة بداية مناسبة، فنموذج الوظيفة يتضمن المهام والنتائج المتوقع تحقيقها من الشخص شاغل الوظيفة، ولذلك يكون من المنطقي أن ينصب تقويم الأداء على مدى نجاح العاملين في تحقيق هذه النتائج.

ورغم أن المعلمين مطالبون بأداء مهام كثيرة بيد أنه ليس من بينها ما هو أكثر أهمية من التعليم، وهناك الكثير من المحكات التي يمكن استخدامها في تقييم الأداء التعليمي للمعلم وفي جميع الحالات ينبغي أن تتصل هذه المحكات بنتائج التعلم المرغوبة. ودور المقيم هو تحديد ما إذا كان المعلم يستخدم سلوكيات تدريسية مناسبة، ويجب أيضا أن يكون الحكم على ما إذا كان هذه السلوكيات تستخدم في المواقف المناسبة. ويلاحظ أن سلوكيات التدريس لا يمكن وصفها مثل ما يفعل الطبيب في أن يصف الدواء للمصاب، فالمعلم يجب أن يفهم سلوكا معينا عندما تدعو الحاجة، ويجب أن يكون قادرًا على استخدامه في تلك اللحظة، وهذا القرار يجب أن يأخذ في الاعتبار الأهداف التعليمية للمعلم، وأنواع الطلاب في الصف، والوضع في الفصول الدراسية في لحظة معينة.

وهكذا يجب أن ينظر خبير التقويم في مسألتين عند تقييم أداء التدريس:

● هل المعلم قادر على أداء السلوك موضع السؤال؟

● هل المعلم يستخدم السلوك عندما يكون من المناسب القيام بذلك، ولا يستخدمه في غير المناسب؟ فالمسألة الأولى هي مسألة المعرفة والثانية هي مسألة الحكم.

وبصفة عامة فإن هناك خمسة محكات عامة تستخدم لتقييم فعالية الأداء التعليمي للمعلم هي: معرفه الموضوع، والإعداد والتخطيط للتعليم، وتنفيذ وإدارة التعليم، وتقييم الطالب، والبيئة الصفية، وفيما يلي عينة لبعض المؤشرات لكل محك منها، والتي تعتبر مناسبة خاصة لأغراض التقويم النهائي/الختامي:

● **معرفة الموضوع:**

- المعلم يُظهر فهما للمواضيع التي يقوم بتدريسها.
- المعلم يساعد المتعلمين على فهم مغزى المواضيع أو الأنشطة الدراسية.

● **الإعداد والتخطيط :**

- يعد المعلم خططًا تعليمية يومية وطويلة الأجل.
- يعمل المعلم ترتيبات مسبقة للمواد والمعدات، والتجهيزات اللازمة للتعليم.
- يطور المعلم إجراءات التدريس لتناسب أهداف الدرس.
- يجهز المعلم خططا بديلة لاستخدامها من قبل المدرسين عند الضرورة في حالة غيابه.
- يعمل المعلم بتعاون مع الزملاء في المدرسة والمنطقة لتطوير المناهج الدراسية واختيار المواد تعليمية.

● **تنفيذ وإدارة التعليم :**

- يضع المعلم أهدافًا و تعليمات واضحة لجميع الطلاب.
- يراقب المعلم أداء الطلاب ويعدل وتيرة ومستوى صعوبة التعليم حسب الحاجة.
- يستعرض المعلم المواد التي تم شرحها سابقا قبل تقديم مواضيع جديدة.
- يحافظ المعلم على اهتمامات الطالب باستخدام مجموعة متنوعة من الأساليب التعليمية.
- يضع المعلم اختبارًا لفهم الطلاب للمواد الجديدة ويعيد الشرح عند اللزوم.
- يعمل المعلم على استخدام أفكار الطلاب لإدخال مفاهيم جديدة وكذلك تعزيز المواد التي تم شرحها سابقا.
- يقوم المعلم بتخصيص وقت للأنشطة التي تنتج أعلى معدلات لتعلم الطلاب.
- يسأل المعلم الأسئلة المتعلقة بالمنهج، والتي يمكن لمعظم الطلاب الإجابة عنها بشكل صحيح.

● **تقييم الطلاب :**

- يكلف المعلم الطلاب بالواجبات المنزلية ويجمعها ويقيمها بانتظام .
- يستخدم المعلم اختبارات من عنده أو اختبارات اعتيادية لتقييم تطور الطلاب.
- يقدم المعلم التغذية الراجعة عن أداء الطلاب.
- يستخدم المعلم نتائج تقييم الطلاب لتعديل طرق التعليم وأشكاله.
- يوفر المعلم توجيهات مفصلة لإنجاز المهام، ويقيم أعمال الطلاب على أسس ومعايير محددة.

● **البيئة الصفية :**

- يتسم المعلم بالعدالة والنزاهة في التعامل مع جميع الطلاب مهما اختلفت دياناتهم وجنسياتهم.

- يتصرف المعلم تجاه جميع الطلاب بطريقة مقبولة وودية.

- يظهر المعلم توقعات عالية لكمية ونوعية العمل الذي يقوم به الطلاب ويعرب عن ثقته في قدرتهم.

- يحافظ المعلم على المناخ الجاد للتعلم دون عنف أو أذى.

- يوفر المعلم بيئة آمنة، منظمة وجذابة.

- يستخدم المعلم الأساليب غير العقابية والتقنيات الوقائية لتقليل الإزعاج والحفاظ على مشاركة الطلاب.

ج- واقع تقييم أداء المعلم في مصر:

إن تقييم أداء العاملين بالمدارس في جمهورية مصر العربية يتم وفقًا للقرار الوزاري رقم (271) والخاص بقياس كفاية الأداء لجميع العاملين في مجال التعليم قبل الجامعي [31] ويعتبر هذا القرار تطبيقًا لقانون العاملين المدنيين بالدولة رقم (47) لسنة (1978) على الوظائف التعليمية، وينص القانون على: [32]

● أن قياس الأداء يكون مرة واحدة خلال السنة قبل وضع التقرير النهائي لتقدير الكفاية.

● يعتبر الأداء العادي هو المعيار الذي يؤخذ أساسًا لقياس كفاية الأداء، ويكون تقدير الكفاية بمرتبة ممتاز أو جيد جدًا أو جيد أو متوسط أو ضعيف، ويجب أن يكون التقدير بمرتبتي ممتاز وضعيف مسببًا ومحددًا لعناصر التميز و الضعف التي أدت إليه؛ ولا يجوز اعتماد التقرير إلا باستيفاء ذلك.

● أن السلطة المختصة تضع نظامًا يتضمن تحديد الإجراءات التي تتبع في وضع وتقديم واعتماد تقارير الكفاية للعاملين والتظلم منها.

وبالفحص الدقيق لما ورد بالقانون من مواد وبنود يلاحظ أنه يتسم بالعمومية؛ حيث يتم تطبيقه على جميع العاملين بالدولة دون تفرقة بين قطاعات العمل المختلفة؛ ودون مراعاة لخصوصية كل وظيفة، وبناء على ذلك يصعب توقع صلاحية تطبيق بنود ومواد هذا القانون على تقييم أداء المعلمين.

وفي ضوء القانون رقم (47) والقرار الوزاري رقم (271) يتولى مدير المدرسة أساسا عملية وضع تقرير كفاية المعلم، وتقويم أدائه باعتباره الرئيس المباشر للمعلم، وذلك بالتعاون مع المدرس الأول والموجه الفني للمادة الدراسية التي تعتبر مجال تخصص المعلم، ونظرًا لغياب الضوابط أو القواعد التي تنظم وتحدد العلاقة بين كل من مدير المدرسة من جهة والموجه الفني من جهة أخرى عند وضع هذا التقرير وتقويم كفاءة أداء المعلم؛ فإنه غالبا ما يكون مدير المدرسة هو أساس وضع التقرير أو المهيمن عليه، وفي ضوء ذلك فإن التقرير الشخصي لمدير المدرسة يكون العامل الحاكم والحاسم في تقويم كفاءة أداء المعلم حتى لو اشترك معه الموجه في وضع التقرير.(33)

ويتم تقييم أداء المعلم - في مصر - طبقا لنموذج تقرير كفاية المعلم الذي صممه الجهاز المركزي للتنظيم والإدارة، وبتحليل هذا النموذج يلاحظ أنه يتكون من ثلاثة عناصر: أولها أداء العمل ومستواه، وثانيها القدرات الإدارية، وثالثها المهارات السلوكية.(34)

ويلاحظ أن النموذج المستخدم في تقويم أداء المعلم في مصر هو ذاته النموذج المستخدم في تقرير كفاءة العاملين سواء في الوظائف الفنية، أو الوظائف الإدارية، أو الوظائف المكتبية، الأمر الذي يتنافى مع مبادئ التخصص الوظيفي الذي يفرض مهاما محددة وأنشطة معينة تختلف بطبيعة الحال من وظيفة لأخرى.

كما أن مهنة التعليم تختلف عن المهن الأخرى؛ إذ إن معظم معاملات مهنة التعليم مع البشر على النقيض من المهن الأخرى التي قد تتعامل مع إمكانات مادية أكثر بجانب معاملات أقل مع البشر.(35)

وقد أثبتت إحدى الدراسات الميدانية أن الأداة المستخدمة حاليًا في تقويم أداء المعلم (نموذج تقرير الكفاية السنوي) تعاني عددًا من أوجه القصور؛ حيث تتسم بالعمومية والتركيز على الشق الإداري، والسلوك اليومي للمعلم كموظف عمومي، كما أن عناصر التقويم التي يتضمنها التقرير ليست كافية للحكم على مستوى كفاءة أداء المعلم، كما أنها غير محددة ويصعب قياسها وتفسيرها، وهي أيضا لا تقيس مختلف جوانب شخصية المعلم، ومختلف المهام التي يتولى مسئولية القيام بها، ومن ثم فإن الأحكام والنتائج المترتبة على هذه العناصر لا تصلح أساسا للمفاضلة بين معلم وآخر، أو للتفريق بين المعلم الكفء والمعلم غير الكفء، والأرجح أن عدم وضوح الأسس الفنية والمهنية التي ترتكز عليها عملية التقويم وعدم تعدد مصادر

البيانات والمعلومات اللازمة لتكوين صورة متكاملة عن مستوى أداء المعلم قد أفقد التقويم سمات الدقة والشمولية والاتساق والموضوعية.[36]

ورغم تعدد الأطراف القائمة بتقييم أداء المعلم في مصر لتشمل مدير المدرسة والموجه الفني والمدرس الأول إلا أن عدم التنظيم والتحديد المتعلق بعلاقة كل طرف بالآخر في عملية تقييم أداء المعلم جعل مدير المدرسة يستأثر عادة بالحكم وتقييم أداء المعلم مما قد يقلل من موضوعية التقييم، ويتيح المجال للشك والمحسوبية والتملق والإحساس بالظلم من جانب بعض المعلمين.

وبناء على ما سبق يمكن القول إنه سواء قام مدير المدرسة وحده بتقييم أداء المعلم أو اشترك معه الموجه الفني أو المدرس الأول إلا أن هذا التقييم يفتقد الأسس العلمية والموضوعية لإجراءات عملية تقويم الأداء، والأدلة التي يمكن أن نسوقها على ذلك متعددة، ولعل من أهمها ما يلي:

● أن من القواعد العلمية المسلمة بها أن يتم هذا التقييم في ضوء معيار معلن ومحدد، وفي هذه الحالة يكون المعيار هو نموذج الوظيفة الخاص بالمعلم والذي يفترض أن يتضمن مهام محددة ومكتوبة ومعلنة يتم بناء عليها محاسبة المعلم، وتقييم أدائه إلا أن الواقع يشير إلى قصور التوصيف الوظيفي الحالي لعمل المعلم وعدم صلاحية استخدامه كمعيار لتقييم أداء المعلم.

● أن نظام تقييم أداء العاملين في وزارة التربية والتعليم ومن ضمنهم معلمو المدارس لا يختلف من فئة لأخرى أو من نوعية إلى نوعية سواء كانت تلك الفئات أو النوعيات الوظيفية معلمين، أو إداريين، أو وظائف معاونة، بل إن الأمر لا يتوقف عند هذا الحد حيث لا يختلف أسلوب قياس كفاءة الأداء بين وزارة التعليم وغيرها من الوزارات الخدمية الأخرى.[37]

ملحق رقم (1)

وزارة التربية والتعليم

إدارة ....

تقرير كفاية لشاغلي وظائف التدريس وأخصائي النشاط

وباقي الوظائف التخصصية المعادلة

عن الفترة من / / حتى / /

أولاً : بيانات من واقع ملف خدمة العامل

الاسم: .... الإدارة التي يعمل بها: ....

تاريخ الميلاد : .... اسم المدرسة: ....

الدرجة وتاريخها : .... تاريخ استلام العمل: ....

المؤهلات الدراسية : ....

الوظيفة التي يشغلها: ....

الدورات التدريبية: ....

اجتياز الدورات التدريبية : ....

بيانات أخرى: ....

ثانياً : بيانات تملأ بمعرفة العامل نفسه

الأعمال البارزة التي قام بها خلال فترة التقرير :

....

نواحي التقدير المادية والأدبية للأعمال الممتازة خلال فترة التقدير:

....

ثالثا: قياس كفايـــة الأداء

عنـاصـر التقويـم	الدرجة القصوى	التقـــديـــــــــر						عناصر التمييز والضعف
		الرئيس المباشر		المدير المحلى		الرئيس الأعلى		
		الحروف	الأرقام	الحروف	الأرقام	الحروف	الأرقام	
أولاً : أداء العمل ومستواه								
• كمية العمل	20							
• درجة إتقان العمل	25							
ثانياً : القدرات الإدارية والفنية								
• القدرة على تنمية المعلومات والمهارات	10							
• القدرة على البحث و التحليل	10							
• القدرة على التصرف وتحمل المسئولية	10							
ثالثاً : المهارات السلوكية								
• علاقات العمل	10							
• الانضباط	15							
المجموع	**100**							
مرتبة التقدير								
التوقيع								

عرض على لجنة شئون العاملين ووافقت على تقدير الكفاية بمرتبة ،،،

يعتمد،،،

رئيس لجنة شئون العاملين

هوامش ومراجع الفصل الثامن:

(1) Anne Storey, Performance Management in Schools: Could the Balanced Scorecard Help, School Leadership And Management, Vol.22, No.3, 2002, P.321.

(2) Harry Tomlinson, Educational leadership, London: Sage Publication, 2004, p.130

(3) Franklin, H. & Others, Getting the best out of performance Management in your school, London: Kogan Page Ltd. 2001, p.3.

(4) Michael Armstrong, Strategic Human Resource Management: A Guide To Action, "London: kogan page: 2006", p.143.

(5) Ibid, , p.143.

(6) محمود عز الدين عبد الهادي، المدخل في الإدارة التربوية، (القاهرة: مشروع الدبلومات الافتراضية بكلية التربية جامعة عين شمس)، 206، 58.

(7) المرجع السابق، 58.

(8) Harry Tomlinson, Educational leadership, (London: Sage Publication, 2004), p.130

(9) فؤاد أبو حطب وسيد أحمد عثمان، التقويم النفسي، (القاهرة: الأنجلو المصرية)، 1984، ص9.

(10) Seyfarth, john T., Personnel Management for Effective School, (Boston: Allyn and Bacon), 1996, pp.153.

(11) أحمد سيد مصطفى، المدير في عالم متغير: (القاهرة: بد .ن، بد.ت)، ص 330.

(12) Seyfarth, john T., Op.Cit. pp.150-151.

(13) أحمد إسماعيل حجي، إدارة بيئة التعليم والتعلم: النظرية والممارسة داخل الفصل والمدرسة، (القاهرة: دار الفكر العربي، 2001)، ص ص 127-128.

(14) محمد منير مرسي، الإدارة المدرسية الحديثة، (القاهرة، عالم الكتب، 1999)، ص ص 181-182.

(15) المرجع السابق، ص 47.

(16) الجميل محمد عبد السميع شعلة، التقويم التربوي للمنظومة التعليمية، (القاهرة: دار الفكر العربي، 2005)، ص ص 98-100.

(17)   يرجى مراجعة ما يلي:

صلاح الدين محمود علام، التقويم التربوي المؤسسي: أسسه ومنهجياته وتطبيقاته في تقويم المدارس، (القاهرة: دار الفكر العربي، 2003)، ص ص 351-352.

محمد منير مرسي، مرجع سابق، ص 49.

(18)   Shuttleworth, Vic, Middle Management in Schools Manual: A Practical Guide to Combining Teaching and Management Roles (London: Pearson Education Limited & FTPH, 2000),p.216. cited in

هالة عبد المنعم أحمد، «إدارة التغيير التربوي في المدرسة الثانوية العامة ب ج.م.ع باستخدام مدخل إعادة الهندسة»، رسالة دكتوراه غير منشورة، مقدمة إلى قسم التربية المقارنة والإدارة التعليمية، كلية التربية – جامعة عين شمس، 2005، ص: 100.

(19)   صلاح الدين محمود علام، مرجع سابق. ص ص 40-41.

(20)   محمد منير مرسي، مرجع سابق، ص 152.

(21)   صلاح الدين محمود علام، مرجع سابق، ص 43.

(22)   محمد منير مرسي، مرجع سابق، ص ص 154-155.

(23)   الجميل محمد عبد السميع شعلة، مرجع سابق، ص ص 91-92.

(24)   شاكر محمد فتحي أحمد وآخرون، الإدارة المدرسية في مرحلة التعليم الأساسي: ط2 (القاهرة: دار النهضة المصرية، 2006)، ص ص 54-55.

(25)   أحمد إسماعيل حجي، إدارة بيئة التعليم والتعلم: النظرية والممارسة داخل الفصل والمدرسة، مرجع سابق، ص 130.

(26)   المرجع السابق، ص ص 130-131.

(27) Khim Ong Kelly, Teacher Appraisal and Its Outcomes In Singapore Primary

Schools, Journal of Educational Administration, Vol. 46 No. 1, 2008, p. 39.

(28) Ibid., p. 39.

(29)   يرجى مراجعة ما يلي:

Normore, A.H., the Edge of Chaos: School Administrators and Accountability, Journal of Educational Administration, Vol. 42. No .1, 2004.

Flowers, C.P. and D.R. Hancock, An Interview Protocol and Scoring Rubric For Evaluating Teacher Performance, Assessment In Education, vol.10, no.2, 2003.

Newmann, F.M., et al, Accountability and School Performance, Harvard Educational Review, Vol.67, No.1, 1997.

صلاح الدين محمود علام، مرجع سابق، ص ص 330-333.

(30)   Seyfarth, john T., Op.Cit., pp.151-153.

(31)   وزارة التربية والتعليم، قرار وزاري رقم (271) بتاريخ 1992/11/21، بشأن قياس كفاية الأداء، (القاهرة: مكتب الوزير، 1992).

(32)   محمد أحمد جادو وفاطمة الزهراء عباس، القانون رقم 47 لسنة 1978 بنظام العاملين المدنيين بالدولة طبقا لأحدث القوانين (الجزء الأول)، ط22، (القاهرة: الهيئة العامة لشئون المطابع الأميرية، 2004). ص ص27-28.

(33)   همام بدراوي زيدان، «مهام المعلم وتقويم أدائه في مصر: النشأة والتطور»، المبحث الرابع في فؤاد أحمد حلمي، تحليل مهام معلم الفصل ووضع نموذج موضوعي لتقويمه، (القاهرة: المركز القومي للبحوث التربوية والتنمية، 1991)، ص 123.

(34)   أنظر ملحق رقم (1) في نهاية الفصل.

(35)   فؤاد أحمد حلمي وشاكر محمد فتحي، «تقويم أداء المعلم في مصر: بدائل مقترحة»، المبحث الخامس في فؤاد أحمد حلمي، تحليل مهام معلم الفصل ووضع نموذج موضوعي لتقويمه، (القاهرة: المركز القومي للبحوث التربوية والتنمية، 1991، ص 145.

(36)   آمال سيد مسعود وآخرون، معايير جودة الأداء التدريسي لمعلم التعليم العام في مصر، (القاهرة: المركز القومي للبحوث التربوية والتنمية، 2001)، ص 88.

(37)   المرجع السابق، ص 64.

Printed in the United States
By Bookmasters